新経済学ライブラリ—14

経済政策

井堀利宏 著

新世社

編者のことば

　経済学にも多くの分野があり，多数の大学で多くの講義が行われている。したがって，関連する教科書・参考書もすでに多くある。

　しかし現存する教科書・参考書はそれぞれ範囲もレベルもまちまちばらばらであり，経済学の全体についてまとまったビジョンを得ることは必ずしも容易でない。

　そこで何らかの統一的な観点と基準の下に，体系的な教科書・参考書のライブラリを刊行することは有意義であろう。

　経済学を体系化する場合に，おそらく二つの方向がある。一つは方法を中心とする体系化であり，もう一つは対象分野，あるいは課題を中心とする体系化である。前者はいわゆるマルクス経済学，近代経済学，あるいはケインズ派，マネタリスト派などというような，経済学の特定の立場に立った体系ということになる可能性が大きい。このライブラリはそうではなく対象分野を中心とした，体系化をめざしている。それは経済学の既成の理論はいずれにしても，経済学において，というよりも現実の社会経済の問題すべてを扱うのには不十分だからであり，また絶えず変化する経済の実態を分析し，理解するには固定した理論体系では間に合わないからである。

　そこでこのライブラリでは，学派を問わず，若い世代の研究者，学者に依頼して，今日的関心の下に，むやみに高度に「学問的」にするよりも，経済のいろいろな分野の問題を理解し，それを経済学的に分析する見方を明確にすることを目的とした教科書・参考書を計画した。学生やビジネスマンにとって，特別の予備知識なしで，経済のいろいろな問題を理解する手引として，また大学の各種の講義の教科書・参考書として有用なものになると思う。講義別，あるいは課題別であるから，体系といっても固定的なものではないし，全体の計画も確定していない。しかしこのライブラリ全体の中からおのずから「経済」という複雑怪奇なものの全貌が浮かび上がってくるであろうことを期待してよいと思う。

竹内　　啓

はじめに

　本書は，経済学の基礎知識をもっていない読者（社会人や学生）を対象に，経済政策論の基礎を説明したものである。経済学はアカデミックな意味で高度に精緻化された学問であるが，同時に，現実の経済問題を解決するための処方箋を提供する責任ももっている。しかし，経済学の中身が専門化，分業化するにつれて，経済分析と経済政策のギャップは拡大している。その結果，経済学者は現実の経済問題よりアカデミックな論文に関心をもつようになり，経済学の専門知識を身につけていないエコノミストと呼ばれる人たちが，実際の経済政策について議論している。

　しかし，現実の経済も経済政策もあまり芳しくない。90年代以降，多くの大企業も倒産して失業する人が増えている。デフレ下で，企業や銀行の不良債権は累積して，金融不安も収まりそうにない。財政赤字は記録的な数字であり，政府の借金が増加して，国の財布も厳しくなっている。最近，政府の経済政策は有効に機能しておらず，その失敗ばかりが目につく。

　それでも，世界のなかで日本経済を冷静にみると，私たちは世界最高水準の経済活動や経済生活を維持している。ただし，韓国や中国の経済発展はめざましいものがあるし，アメリカの経済活力も突出している。21世紀に入って，わが国の経済政策が大きな課題に直面しているのは，読者のみなさんも実感していることだろう。

　このような日本経済の諸問題を理解するにも，あるべき経済政策について考えるにも，ミクロ経済学やマクロ経済学という経済学の標準的な経済分析が役に立つ。エコノミストの恣意的な経済政策論に物足りない読者は，まず，経済学の基礎的な概念を理解することが有益である。経済分析に基づいた経

済政策を議論する点が，本書の大きな特徴である。

　なお，一般的に，ミクロ経済学，マクロ経済学の標準的なテキストには，多少の数式やモデルが登場する。数学が苦手な人には少し取っつきにくいのも事実だろう。本書では，数式の代わりに，直感を用いて，全体の流れを説明している。したがって，理論的な説明は，できるだけ肝心な点に集中している。あえて，細かい議論には立ち入っていない。その点で，より深い理論分析を期待する読者には不満があるかもしれない。その代わりに，経済政策のエッセンスを，短時間で要領よく，しかも，できるだけ論理的に理解するには，もっとも優れたテキストに仕上がっているはずである。

　さらに，本書では，経済政策の抽象的な理論とともに，あるいは，それ以上に，現実の経済政策，特に，最近の日本経済との関連で重要な関心がもたれている具体的な経済政策を説明することにも力点を置いている。たとえば，環境政策，NPO政策，財政政策，金融政策などを取り上げて，今日の日本経済が直面する問題をわかりやすく解説している。また，国際的な経済環境の変化が日本経済に与える重要性に考慮して，WTOやODAなど，国際的な経済政策についても，いろいろな角度から説明を加えている。したがって，単なる経済政策論のテキスト以上に，日本経済を読み解く解説書としても，読み応えのある内容になっている。

　経済政策論を体系的に理解したい人には，最初から順に読み進めるのがいいだろう。日本経済の諸問題について，気になるトピックを理解したい人には，関連する項目から適宜読み始めるのもいいだろう。また，コラムのページを参照して，経済政策の応用例を頭に入れるのも，役に立つ活用法である。

　最後に，本書の企画から，文章の校正まで，幅広い形で協力を惜しまれなかった新世社編集部の御園生晴彦，本宮稔氏に，感謝の言葉を述べたい。両氏の献身的な努力無しには，本書が完成することはなかったからである。

2003年4月

井堀　利宏

目　　次

1　経済政策の主役　　1

1.1　経済政策の課題 …………………………………2
1.2　経済を動かす主役 ………………………………4
1.3　本書の構成 ………………………………………15
コラム　経済目標と公約違反 ……………………16

2　経済活動と経済政策　　19

2.1　市場機構と経済活動 ……………………………20
2.2　マクロの経済活動 ………………………………25
2.3　経済政策の目的 …………………………………34
コラム　複数均衡 …………………………………38

3　資源配分機能　　41

3.1　外部性 ……………………………………………42
3.2　モラル・ハザード ………………………………47
3.3　逆選択 ……………………………………………53
3.4　独占と公的規制 …………………………………56
3.5　ミクロ的政策のコスト …………………………60
コラム　京都議定書 ………………………………66

4 公共サービスの供給　69

- 4.1 公共財の供給 …………………………………70
- 4.2 費用便益分析 …………………………………77
- 4.3 公共財の私的供給 ……………………………84
- 4.4 準公共財 ………………………………………87
- 4.5 私的供給 ………………………………………91
- コラム　公社民営化と財政負担 ………………96

5 安定化政策：財政政策　99

- 5.1 裁量的な安定化政策 …………………………100
- 5.2 裁量政策と非裁量政策 ………………………105
- 5.3 財政運営と財政赤字 …………………………107
- 5.4 財政構造改革 …………………………………112
- コラム　個人向け国債 …………………………118

6 安定化政策：金融政策　121

- 6.1 金融と経済 ……………………………………122
- 6.2 安定化政策：*IS-LM*分析 ……………………125
- 6.3 金融政策の効果 ………………………………129
- 6.4 金融行政と金融システム ……………………134
- コラム　インフレターゲット …………………142

7 経済成長と日本経済　145

- 7.1 ハロッド・ドーマーのモデル ………………146
- 7.2 新古典派のモデル ……………………………148

7.3　内生的成長モデル ……………………152
　　7.4　日本の経済成長 ………………………157
　　7.5　日本経済の構造変化 …………………159
　　コラム　企業倒産 …………………………166

8　個人間再分配政策　　169

　　8.1　再分配政策の考え方 …………………170
　　8.2　所得再分配のモデル分析 ……………174
　　8.3　公債発行と世代間再分配政策 ………179
　　8.4　社会保障制度の改革 …………………185
　　コラム　失業 ………………………………192

9　地域間再分配政策　　195

　　9.1　わが国の再分配政策 …………………196
　　9.2　地域間再分配の考え方 ………………198
　　9.3　地域間再分配政策の改革 ……………204
　　コラム　経済特区 …………………………210

10　国際経済　　213

　　10.1　国際収支と為替レート ………………214
　　10.2　国際経済と安定化政策 ………………219
　　10.3　国際経済と日本経済 …………………224
　　10.4　国際化と日本の役割 …………………227
　　コラム　自由貿易協定 ……………………234

11　政府と政党　　　　　　　　　　　　　　237

    11.1　政府の信頼度 …………………………………238

    11.2　民意と政策 ……………………………………242

    11.3　党派的な政府 …………………………………250

    11.4　連立政権と経済政策 …………………………254

    11.5　経済政策の考え方 ……………………………258

    コラム　規制改革３カ年計画 ……………………262

文献案内 …………………………………………………265
索　引 ……………………………………………………266

1

経済政策の主役

　この章では，経済政策の主役である家計，企業，政府の行動を説明し，金融市場や中央銀行についても解説する。経済政策とは，経済問題を解決，あるいは改善するために，政府が何らかの対策を講じることである。たとえば，失業率の上昇を抑制して雇用を促進するために，労働市場の規制緩和をしたり，公共事業を増加したりする政策は，代表的な経済政策である。同時に，政府は経済以外の分野でも政策を行っている。外交政策，司法，行政政策などさまざまである。経済政策を他の公的政策と比較してみよう。

1.1　経済政策の課題

■ **経済政策の目標と手段**

　一般的に，ある目標となる政策を**政策目標**，また，そのために行われる政策を**政策手段**と呼ぶ。ある政策を適切に遂行するには，政策目標を明確にするとともに，その実現にもっとも適した政策手段を選択しなければならない。1つの政策目標を達成するのに，複数の政策手段が利用可能であるとしよう。この場合は，どの政策手段を用いても同じ政策を実現することができるから，政策の遂行は容易である。しかし，現実には，政策手段の数には限度がある。

　ここで2つのケースを区別したい。政策目標の数を n，政策手段の数を m で表すと，$n = m$ のケースと $n > m$ のケースである。

　前者のケースでは，たとえば，完全雇用の実現と国際収支の均衡という2つの政策目標を実現する際に，財政政策と金融政策という2つの政策手段が利用可能である。この場合，どちらかの政策手段をどちらかの政策目標の実現に用いることになる。一般的に，n 個の政策目標を実現するのに n 個の政策手段が利用可能であれば，それぞれの政策目標により効果的に寄与する政策手段を用いるのが好ましい。これが，政策手段の割り当て問題である。

　たとえば，金融政策が国際収支の均衡により有効であり，財政政策が完全雇用の実現により有効であれば，そのように財政金融政策を割り当てればよい。そして，景気の調整と物価の安定というような複数の政策目標を同時に達成するため，金融政策と財政政策などの各種の政策をうまく組み合わせることを，**ポリシー=ミックス**という。

　しかしながら，多くの場合には，政策目標の数よりも政策手段の数の方が少ない（$n > m$）。たとえば，完全雇用の実現と国際収支均衡の達成を，為替レートの調整という1つの政策手段で対応する場合である。このケースでは，ある政策目標を実現することと別の政策目標を実現することの間に，「トレード・オフ」の関係が存在する。すなわち，一方の政策目標の実現を

優先しようとすれば，もう1つの政策目標の実現が困難になる。

また，政策を実行する強い意志も必要となる。さらに，政策を実施する際の制約を十分に理解することが重要である。以上の議論は，経済政策のみならず一般的に公的政策において，ある所与の政策目標を実現する際の基本的な原則である。

■ 経済政策の制約

経済政策以外の分野では，政策目標と政策手段の関係が主要な関心となる。たとえば，教育政策において，義務教育の内容を設定する場合には，義務教育としてどのような内容がふさわしいかを議論すればよい。より具体的には，小学校の算数において円周率を3.14とするか，3とするかの選択である。

しかし，経済政策では，他の政策を実現する場合よりも，別の点により注意する必要がある。それは，経済活動あるいはそれにかかわる経済主体の行動に対して，政府が直接影響を及ぼすことに，大きな**制約**がある点である。特に，経済政策の場合，政府がある政策目標を実現するために，法律でそれを強制したとしても，経済的にもっともらしい根拠がなければ，うまく機能しない。

たとえば，失業率をゼロにすると公約して，各企業に求人にきた労働者をすべて雇用するように法律で強制したとしよう。各企業は，採算を度外視してまで新規の雇用を拡大し続ければ，それによって赤字になり企業の生産活動が停止するかもしれない。あるいは，各企業はそうした法律に従わなくなるだろう。その結果，経済が混乱するだけで，望ましい効果は得られない。

このように，経済的制約を考慮する場合，各経済主体がどのように行動しているのかと，経済全体で経済主体の行動がどのように調整されるのかという2つの点が問題となる。本章では，以下で第1の点を取り上げる。第2の制約は第2章で取り扱う。

■ ミクロとマクロ

　経済政策はミクロ的な政策とマクロ的な政策に分類される。ここで，**ミクロ（微視的）とマクロ（巨視的）**の相違は，個別の経済現象を対象とするのか，もっと大きな国民経済を対象とするのかの相違である。

　すなわち，ミクロの経済政策では家計や企業という個別の経済主体の最適行動を前提として，市場における需要と供給の調整メカニズムを考慮しながら，ある政策を設定する。なお，家計の場合は経済的満足度（効用）を最大にするように，消費，貯蓄，労働供給などを決める。企業の場合は，利益を最大にするように，労働雇用や投資行動を決める。こうした目的達成のために行う行動が最適化行動である。したがって，ミクロの経済政策では個別経済主体の最適化行動の中身や他の経済主体との相互依存関係を考慮して，個別具体的な政策の効果を考える。たとえば，労働市場での規制緩和政策である。

　これに対して，マクロの経済政策では，インフレーションや国民総生産など国民経済全体の経済活動の動きに関する政策目標を取り上げる。たとえば，インフレの抑制や高い経済成長の実現などである。最近では，マクロの経済政策論でも，ある程度のミクロ的基礎（個別経済主体のミクロレベルでの最適化行動を前提とした分析）に基づく政策提言が重要視されている。

　前述したように，経済政策を議論する際には，特に，経済的な制約を十分に考慮する必要がある。本章では，まず経済政策にかかわる主役である代表的な経済主体について簡単に説明する。

1.2　経済を動かす主役

■ 家計の目的

　家計は夫婦，子どもなどからなる家族の集合である。つまり，家計とは，それぞれの家族の経済行動をまとめたものである。家計はおもに**消費**や**貯蓄**をする主体である。ほとんどの人々がこうした経済活動を日常的に行ってい

る。

　経済学では，家計の経済活動の目的を次のように考えている。すなわち，家計は，自らの消費活動から得られる**経済的満足度＝効用**を最大にするように，さまざまな財・サービスを**消費**するとともに，**労働**などの生産要素を供給することで，**所得**を稼ぐ。そして，所得を原資として消費生活を営みながら，さらに将来のために**貯蓄**し，また，**租税**を政府に納入する。

　ある家計は月給を稼ぐと，そのうち，何万円かをその月の消費の資金に配分し，残りの所得を貯蓄に回す。このように，所得を消費と貯蓄に配分する行動が，家計の消費・貯蓄行動である。たとえば，具体例として，月給が 20 万円のときに（2 万円だけそれまでの貯蓄を取り崩して）22 万円を消費に回し，月給が 30 万円になれば 28 万円だけ消費して，残りの 2 万円を貯蓄し，月給が 50 万円のときには 40 万円の消費をして，10 万円の貯蓄をする行動である。

　家計の所得の大きさを Y で表し，消費の大きさを C で表すと，消費 C は所得 Y に依存する形で，次のように決まる。

$$\text{所得}（Y）\implies \text{消費}（C）$$

このような所得と消費の関係を定式化したのが，**消費関数**である。消費関数は，「所得が消費を決める」と考えている。

■ マクロ消費関数

　日本全体など一国には無数の家計がいる。それぞれの家計は上のような消費行動をしている。マクロの消費関数は，個別の家計の消費関数を総計したものである。したがって，マクロの消費関数は，

$$\text{マクロの所得}（\text{GDP}）\implies \text{マクロの消費}（C）$$

と定式化できる。

　ただし，**所得 Y**（あるいは，**国内総生産 GDP：Gross Domestic Product**）が 1 万円増加しても，消費 C は 1 万円以下しか増加しない。所得の増加ほどに消費が増加しないとき，消費の増加分は所得の増加分より小さくなる。

この差額は貯蓄の方に回される。すなわち，所得が増加すると，消費と貯蓄の両方が増加する。また，所得がないときにも消費される量はプラスである。なぜなら，所得がなくても，生存のために何らかの消費が必要になるからである。それは，所得以外の外生的な資源，たとえばそれまで蓄積してきた資産を食いつぶすことで可能になる。

所得がいままでよりも追加的に1万円増加したとき，それによって増加した消費の大きさ ΔC を所得の増加分 ΔY（いまの場合は1万円）で割った比率＝（$\Delta C/\Delta Y$）を**限界消費性向**と呼ぶ。また，貯蓄の追加的な増加分 $\Delta(Y-C)$ を所得の増加分 ΔY で割った比率＝（$\Delta(Y-C)/\Delta Y$）を**限界貯蓄性向**と呼ぶ。c を限界消費性向と表すと，$1-c$ が限界貯蓄性向 s となる。つまり，両者の合計は常に1に等しくなる。なお，消費と所得との比率である C/Y は**平均消費性向**，貯蓄と所得の比率（$Y-C$）$/Y$ は**平均貯蓄性向**と呼ばれる。平均消費性向と平均貯蓄性向の合計も常に1に等しくなる。

マクロ消費関数の例を挙げてみよう。日本のデータでは，GDP が500兆円程度に対して，マクロの消費は300兆円程度である。たとえば，マクロ消費関数は以下のようになる。

$$C = 10 + 0.6Y$$

ここで，$C=$ マクロの消費，$Y=$ マクロの所得（GDP）である。このとき，限界消費性向 $c=0.6$ である。限界貯蓄性向は0.4である。したがって，$Y=0$ のときに $C=10$ である。$Y=500$ のときに $C=310$ である。縦軸に消費 C を，横軸に所得 Y を表す図で，上の消費関数を描いてみよう。上の消費関数は，この**図1.1**に示すと，切片10，傾き0.6の直線となる。

一般的にマクロ消費関数は，以下のように定式化される。

$$C = c_0 + c_1 Y$$

限界消費性向は直線の傾き c_1 で一定である。平均消費性向は

$$\frac{C}{Y} = \frac{c_0}{Y} + c_1$$

となる。これは原点 O からの傾きで示されるから，c_0 がプラスであれば，Y

図1.1 マクロ消費関数

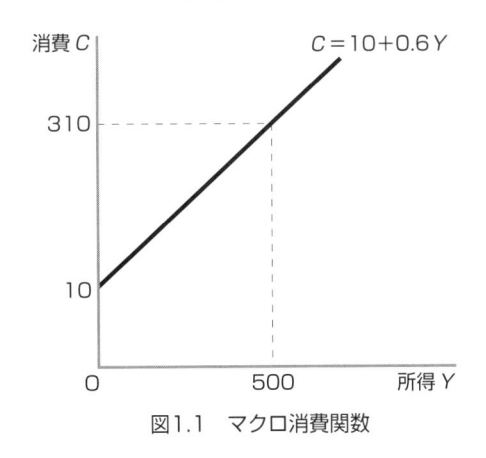

の増加とともにしだいに逓減する。

　マクロ経済活動が活発になる好況期では，マクロの消費も増加する。また，わが国の高度成長期のように，毎年 GDP が大きく増加する場合にも，マクロの消費は毎年増加する。逆に，経済活動が不活発になる不況期では，マクロの消費も低迷する。1990年代のわが国では，消費が低迷する不況期が続いた。政府はマクロの消費を刺激するために，財政金融面で多くの政策を実施した。

■ 家計の労働供給

　家計は財やサービスを需要するだけではない。**労働**を供給して**労働所得**を稼いでいる。人はなぜ働くのだろうか。もちろん，働くこと自体に何らかの満足感もある。特に会社人間と呼ばれるサラリーマンにとっては，給料を稼ぐという意識以上に，働くこと自体が目的となっているかもしれない。しかし，所得がなければ働く意欲はなくなる。したがって，所得を稼ぐために働くと考えると，賃金が増加すれば，**労働供給**（勤労意欲）も増加するだろう。

　ところで，家計が所得を得ようとして働く場合でも，労働時間を自分で最適に調整できるとは限らない。アルバイトなどパートで働く場合は，自らの意思で何時間働くか決定できる。しかし，多くのフルタイム労働者は，どこ

の会社で働くか（＝就職先での企業）は選択できても，1日何時間働くか，1年に何日働くかはあまり選択できない。

なお，労働供給時間はどのくらい熱心に働くかの指標と解釈することもできる。同じ時間働いても，熱心に働く場合は，実質的にはより長い時間働いているのと同じである。熱心に働くほど収入も増加するが，疲れもよりたまる。セールスマンやタクシーの運転手などはこうした例に当てはまる。また，残業をどのくらいするのか，有給休暇を何日間取るのかなども，自由裁量の余地がある。フルタイムの労働者であっても，残業などの仕事についてある程度自ら調整可能である。また，働く時間が決まっている場合でも，どのくらい熱心に働くかは自ら選択できる。したがって，経済学では，労働者は自らの働く時間を最適に選択できるという想定で，議論を進めている。

働く意欲はあるけれども，雇用されない状態である失業は，労働という資源を無駄にしている。失業をなるべく少なくするのは，重要な政策目標である。

■ 企業の目的

家計とともに，**企業**は今日の経済社会において，生産活動の中心的な経済主体として，大きな役割を果たしている。企業は，**労働**，**資本**，**土地**という3つの生産要素を用いて生産活動を行う。企業の目的は売り上げから生産コストを差し引いた**利潤**を**最大化**することである。

企業利潤の一部は利子や配当として家計に分配される。また，残りの資金は企業内部に蓄えられ（これを**内部留保**という），**投資**に使われる。企業は儲けるために最大限の努力をする。しかし，同時に，企業が社会のなかで長期的に活動するには，公害対策，環境保全，社会的なボランティア活動など，しかるべき**社会的責任**を果たすことが求められている。

雇用と並んで，特に重要な企業活動が投資行動である。企業の投資行動では，生産に投入される資本が最適水準にあるかどうかが問題となる。資本の最適水準を実現するための調整過程として，投資行動をとらえることができ

る。ここで，資本ストックの最適水準は，**資本の限界生産**と**資本の限界費用**が一致する点で求められる。

なお，資本の限界生産とは，資本ストックを1単位増加させたときの生産の増加分を市場価格で評価したものであり，追加的なメリットを示す。また，資本の限界費用とは，資本ストックを1単位市場でレンタルしたときの借り入れコスト＝利子率であり，追加的なデメリットを意味する。

資本の限界生産が限界費用を上回る限り，資本を生産に追加的に投入することで利益が増加する。したがって，生産要素である資本を追加投入するメリットとデメリットが一致する点が，最適な資本の需要水準となる。利子率が上昇すると，資本のコストが上昇するので，資本の最適水準が低下し，投資意欲は減少する。

中古の資本市場で資本のレンタルが可能であれば，企業は最適な資本をいつも保持しているはずである。しかし，現実には，**資本の調整**には時間がかかる。時間をかけて最適資本を実現する投資行動が一般的だろう。ただし，この理論では，最適な資本ストックと現実の資本ストックのギャップが存在するときに，どのようなスピードでそれを埋めるように企業が投資行動するかは，説明できない。

■ ケインズ的な投資理論

マクロ経済学で有力な考え方である**ケインズ**（Keynes, J. M.）的な投資理論では，投資行動を将来期待と動物精神（アニマル・スピリット）で説明する。投資活動は資本を増加させることであるが，単に機械を購入すれば，資本が増加するとはいえない。その機械を使いこなすには，さまざまな調整費用がかかる。たとえば，労働者がその機械の使用に熟練するまで時間がかかる。このような投資の調整費用を重視するのが，ケインズ的な投資理論である。

したがって，ケインズ的な投資理論では，投資資金を調達する際の資本コストである**利子率**が変化しても，あまり投資には影響しないと考える。たと

え,資本のコストが低下しても,調整費用が大きければ,資本をより増加させるのが得になるともいえない。むしろ,将来の市場環境がどうなるかの方が,企業の投資意欲に効いてくる。

たとえば,将来のGDPが増加すると予想すれば,同じ利子率のもとでも,企業は生産能力を増加させて,より多くの財を市場に供給することが,得になる。したがって,投資意欲が刺激される。しかし,将来の市場動向は現在は明確にわからない。

ここで重要な概念が**将来の期待**と**動物精神**(アニマル・スピリット)である。動物精神とは,リスクをおそれないで冒険しようという企業の気迫である。もし企業が将来に強気の期待をもっていて,動物精神も旺盛であれば,利子率が少し上昇しても,投資意欲は抑制されない。逆に,企業の期待が弱く,動物精神が強くなければ,利子率が低下しても,投資意欲は活発にならない。企業の投資は景気変動において重要な役割をもっている。

このように投資は将来の期待に大きく依存するので,好況期には投資が過熱する一方で,不況期には投資は低迷する。こうした投資の不安定性をなるべくなだらかにして,安定的でかつ社会的にも有益な投資を促すのは,経済政策の重要な目標である。

■ 政府の目的

現在の経済社会生活において無視できない存在が,**政府**である。旧ソ連や東ヨーロッパ諸国,中国などの社会主義経済では,政府が国民経済全体の運営に大きな役割を果たしてきた。これに対して,わが国やアメリカなどの自由主義経済では,民間市場での自由な経済活動が基本である。家計や企業が経済活動の主役だから,政府の経済的役割は限定的なものになる。

それでも,民間の経済活動は政府の政策によって大きく影響される。政府は教育などの公的なサービスを供給したり,経済活動を円滑に進めるために法的な整備をしたり,秩序を維持したりしている。たとえば,道路,公園,下水道やダムなどの社会資本を建設したり,警察,消防,保健所などの公共

サービスを提供して，社会生活の秩序を維持したり，生活保護，失業保険や医療保険，公的年金を提供して，社会厚生を向上させている。国民は義務教育を受けるが，これも政府の重要な経済政策の一つである。大学などの高等教育や研究開発にも政府資金が投入されている。こうした面で政府が貢献している分野は多い。

また，ミクロ的な規制，補助金，あるいは，マクロの財政政策，金融政策を用いて，ミクロ，マクロの経済活動が円滑に進むように調整している。市場に任せているだけでは，景気が低迷して失業者が生まれたり，景気が過熱して，インフレ（物価の上昇）になったりする。したがって，失業者が多く出ないようにしたり，物価を安定させたりするのも政府の役割である。また，市場に任せただけでは，必要な公共サービスや望ましい経済成長は実現しない。これへの対策も必要である。さらに，低所得者など社会的弱者を経済的に支援するのも，政府の責任である。

反面，そうした公的活動の財源として，租税の形で多くの資源を民間部門から徴収している。税金は家計や企業が負担するコストである。

■ 日本の公共部門

今日の経済では，政府の存在はきわめて大きい。一国の政府部門を集計する際には，**一般政府**という概念を用いる。一般政府とは，中央政府（国），地方政府（地方公共団体）＝（都道府県，市町村）と社会保障基金（公的年金など）の各部門を合わせ，その相互の重複関係を調整したものである。わが国では一般政府レベルで，対 GDP 比でみて，政府消費を 10％程度，政府投資を 6％程度支出している。これにさらに公的企業（公団，政府金融機関等）を合わせたのが**公共部門**と呼ばれる。

中央政府＝国は公共部門の中心的な位置にあって，地方公共団体＝地方政府の活動を指導，監督している。中央政府は，直接税，間接税等の税金の形で多額の収入を得る一方，自ら行政サービスをしたり，財・サービスの購入という形で一定の政府支出活動を行ったりする。また，地方政府に対しては

地方交付税交付金，各種補助金などで財源の補助や移転を，社会保障基金に対しては社会保障特別会計等への繰入れ（公的年金や医療保険に対する国庫補助等）などを行っている。

　また，国は財政投融資の機関（日本政策投資銀行，日本道路公団など）を通じて，財政投融資を行っている。財政投融資は，国の制度・信用を通じて集められる各種の公的な資金（郵便貯金など）を主な財源として，国の政策目標実現のために行われる公的な投融資活動である。

■ 小さな政府と大きな政府

　何ごとも，ただで供給することはできない。政府の公共サービスも同じである。政府が何らかの公共サービスを供給するときには，その財源として税金を国民に課すことになる。

　しかし，実際には，政府による公共サービスを望む人でも，また，そのためには税金の徴収が不可欠であることを理解する人でも，自分の税負担が増加することには反対しがちである。その大きな理由は，公共サービスに受益者負担の原則が適用しにくいことにある。公共サービスは，誰でも消費可能である。自分が税金をいくら負担したかとは無関係に，公共サービスを消費できる。たとえば，ある人が税金をまったく払わなかったからといって，その人が道路を利用するのを制限したり，その人の家が火災にあったときに消防サービスを提供しないというわけにはいかない。

　つまり，公共サービスの大きな特徴は，受益者負担の原則を適用できないために，他人に税負担を押しつけて公共サービスの受益だけを得ようとする**ただ乗り現象**を引き起こす点にある。第4章でも説明するように，このただ乗り現象をどう克服するのかが，経済政策を考えるうえで重要である。

　小さな政府を支持する限定的な考え方は，**安価な政府＝夜警国家**と呼ばれ，効率性を重視する人々に受け入られている。すなわち，政府の役割を，市場経済では不十分にしか供給されない**純粋公共財**の供給，市場メカニズムがうまく働かない市場の失敗に対する是正等，ミクロ・レベルでの政策に限定す

る考え方である。

これに対してより大きな政府の役割を強調するものに、ケインズ的な考え方がある。1930年代の大不況を背景として、ケインズは、市場経済において完全雇用が常に実現されるとは限らないことを強調した。完全雇用を保障する**有効需要**の水準が、**賃金の下方硬直性**という価格メカニズムの不完全性のために、必ずしも実現しないと考えた。そして、経済が不完全雇用の状態にとどまり、有効需要の不足が価格メカニズムによって速やかに解消されないときには、政府が有効需要をコントロールすべきであると主張した。すなわち、マクロ・レベルでの市場の失敗に対する是正を政府の重要な課題と考えたのである。

失業の防止を政府の義務の1つに掲げたケインズ主義は、失業を**非自発的失業**とみなすことによって、失業者を自らの責任でないにもかかわらず苦痛を背負わされた存在とみなした。これは、個人主義＝自主自責・自助努力の原則に修正をもたらすものであり、政府主導型の社会保障の思想に理論的根拠を与えるものである。完全雇用を目的とした経済活動の安定化、生存権に基づく社会保障の充実は、福祉国家を意図したものであり、古典的な小さな政府の考え方とは対照的なものである。

■ 金融市場と貨幣

世の中には、お金があるのに当面使う予定のない人や、お金がないのに今すぐ使いたい人がいる。前者が資金余裕者で、後者が資金不足者である。金融とは、資金不足者と資金余裕者の間で資金の融通をし合うことである。こうした資金融通の場が**金融市場**であり、貨幣の存在を抜きにしては取引が成立しない。

最初に、**貨幣の機能**から考えてみよう。貨幣の基本的な機能は、財と財との交換を円滑にすることにある。もし貨幣がなければ、すべての市場での取引は**物々交換**でなされる。ある財を手にいれるのに、自分が相手のものを必要とし、同時に、相手も自分の持っているものを欲しがるようでなければ、

円滑な交換が成立しない。これでは市場の取引がなかなか成立せず，たくさんの種類の財を自ら供給，保有せざるを得ない。事実上，自給自足が中心となり，人々が自分の得意な仕事に専念する状態（＝分業）は，実現しない。貨幣経済における分業の発達は，経済を活性化し，国民全体の経済厚生の向上に大きく寄与している。

　交換手段の他に貨幣の機能として重要なものは，**富の蓄積手段**である。貨幣は，公債，社債などの債券や株式，土地，家などの実物の財と並んで，資産蓄積のために保有される。これは，資金の余剰な主体から資金の不足している主体への資金の融通という機能をもつ。すなわち，資金余裕者は資産を蓄積する手段として，貨幣などの金融資産を利用する。金融資産の取引は金融市場で行われる。

■ 中央銀行の役割

　中央銀行は金融制度の中核としてつくられた銀行である。次の3つの機能をもっている。第1は，銀行券を独占的に発行できる**発券銀行**である。第2は，市中金融機関に資金を融通する**銀行の銀行**である。第3が，国庫金の出し入れを行う**政府の銀行**である。

　特に，金融市場は通常の財・サービスの市場よりも不安定になりやすい。企業の投資活動同様，金融市場の安定化は大きな政策目標である。各国の中央銀行は，金融市場が円滑に機能し，経済の発展と調和がとれるように行動している。通貨量の調整を通じて，景気の変動を緩和し，物価の安定を図るのが，中央銀行による金融政策の大きな目的である。

1.3 本書の構成

　第2章では経済活動の仕組みについて，ミクロ，マクロの2つの視点で解説する。また，経済政策の主要な機能を説明する。本章と並んで，経済政策を理解するうえで基本的な概念を説明する。

　第3章では，外部不経済，情報の非対称性などミクロ的な意味で市場が失敗するときに，望ましいミクロ的な経済政策を取り上げる。また，公的規制の意義を考える。第4章では，政府による公的な財・サービス（公共財）のあるべき供給について考える。

　第5章では，GDPの決定メカニズムを説明するとともに，マクロ的な経済政策のうち，財政政策について説明する。第6章では，$IS\text{-}LM$モデルを用いて，マクロ的なもう1つの経済政策である金融政策を取り上げる。第7章では，経済成長理論を解説するとともに，経済成長と経済政策との関係を考察する。また，わが国の戦後の高度成長を振り返り，今後の政策課題を整理する。

　第8章では，累進的な所得税による個人間の再分配政策を取り上げる。また，世代間の再分配政策である公的年金の課題を考察する。第9章では地域間の再分配政策を取り上げる。また，国と地方政府の役割分担を議論する。第10章では，開放経済に議論を拡張して，世界経済との関係で経済政策のあり方を議論する。

　最後に，第11章で政府の行う政策の信頼性を議論するとともに，政党行動と政策決定の関係を考える。

━━ コラム① ━━

経済目標と公約違反

　経済目標といっても，抽象的な理念に関する目標から具体的な数値目標までいろいろなレベルで目標が設定される。たとえば，小泉総理の財政運営に関する政策目標では，「無駄な歳出を削減する」という抽象的な政策目標から，「公債発行を30兆円以下に抑制する」という具体的な数値目標まで，いろいろな公約＝政策目標が併存していた。2002年度の当初予算ではこの数値目標は守られたが，その後補正予算で公債が5兆円ほど追加発行され，また，2003年度の当初予算でも公債発行額は40兆円に達してしまい，結果として，公債発行を30兆円以下に抑制するという公約は放棄された。しかし，小泉総理は，理念目標である「無駄な歳出を削減する」は維持するとしている。2003年の国会における衆議院の予算委員会で，この点を公約違反ではないかと野党に追及された小泉総理が，「この程度の公約違反は，大したことではない」と開き直った答弁が話題となった。

　経済政策を実行する場合，当初は何らかの公約あるいは政策目標に沿って，具体的な政策手段が決められる。しかし，その後経済環境が変化したり，思うような成果が実現できない場合に，政策手段とともに政策目標も変更される。2002年度のマクロ経済状況も，イラク問題やアメリカでの株価低迷など，外的な不透明要因が予想以上に拡大した結果，わが国経済にマイナスのショックが大きくなった面もある。こうした予想外の変化を反映して，政策目標あるいは政策手段を微調整することは，よくみられる現象である。

　これを政策目標の適切な変更と肯定的にとらえるのか，公約の放棄，違反と否定的にとらえるのかは，微妙な点である。経済は生き物であり，政策当局が前もって完全に予想することはできない。予想外の事態になれば，臨機応変に政策目標を修正したり，別の政策手段を用いたりするのは当然である。しかし，あまり大きく変更すると，当初の政策目標に

対する信頼性が損なわれるし、公約違反という不信感も大きくなるだろう。公約なり政策目標が簡単に修正されると人々が考えるようになると、そもそもの政策は有効でなくなる。

　たとえば、環境対策としてCO_2の排出を抑制するために、排出規制を強化するという政策を実施しても、近いうちにまたその排出規制が緩和されると人々が予想する場合には、厳しい排出規制を満たすような技術を開発する意欲は生じないだろう。政府が非現実的な政策目標や公約を設定しても、それがいずれ修正されると人々が考えれば、そうした政策は当初から効果がない。

　たしかに、理念目標だけでは具体的な政策が何を意味するのか曖昧であるし、そのための政策手段が何であるのかも不透明になる。経済環境が変化すると、具体的な数値目標を当初のまま維持し続けるのは困難である。それでも、具体的な政策目標をなるべく変更しないようにすることは、政策遂行に対する信頼感を維持するうえで重要なポイントである。

2

経済活動と経済政策

　本章では，まずミクロ的な経済政策論の背後にある市場における経済活動の考え方，すなわち，市場メカニズムの評価について説明しよう。市場の機能とメリットを最初に理解しておくことが，ミクロ的な経済政策全体の理解にとってきわめて有益である。

2.1　市場機構と経済活動

■ 市場メカニズム

　市場がうまく機能しているときには，市場で財の需給を一致させるように価格が自動的に調整され，社会的にみて必要なものが必要な量だけ供給される。このような**市場メカニズム**に任せておけば，市場は望ましい財を自らつくりだしてくれる。政府が提供する財と民間で提供する財が同じものであれば，わざわざ政府が提供しなくても，民間の企業に任せておけばよい。ミクロ的な経済政策の目標は，市場メカニズムが十分に発揮されるように，その環境を整備することである。

　そこで，最初に市場の経済的な機能について考えてみよう。ある財・サービスの市場とは，その財に関心をもつ人々が取引をする場であり，その財を手に入れたい人（需要する主体：消費者など）とその財を売りたい人（供給する主体：企業など）とが財と貨幣を交換する場である。

　市場といっても，株式市場や外国為替市場，あるいは魚や野菜の卸売市場のように，供給する主体（あるいは供給量）と需要する主体（あるいは需要量）とが一堂に集まって，1つの場所で需給を調節するように価格が決まる例は，現実には希である。通常の多くの財では，パソコンや自動車の市場のように，無数の取引が無数の場所で行われ，そこでの需給が市場価格で調整されている。それらの需要と供給が一致するところが，市場均衡である。

　こうした市場の機能を理解するために，ある財の需要曲線と供給曲線を図2.1に描いてみよう。縦軸にある財の価格，横軸にその財の需要量，供給量をとると，**需要曲線**は右下がりであり，**供給曲線**は右上がりである。価格が上昇すれば，需要者はいままでよりも少ない財を需要したいと思うし，供給者はいままでよりも多くの財を供給したいと思うだろう。この図で2つの曲線の交わった点 E の価格では，需給が一致している。すなわち，需要曲線と供給曲線の交点で市場価格が決定される。

2.1 市場機構と経済活動

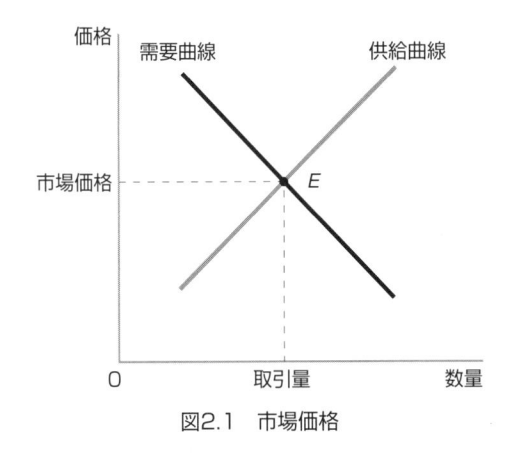

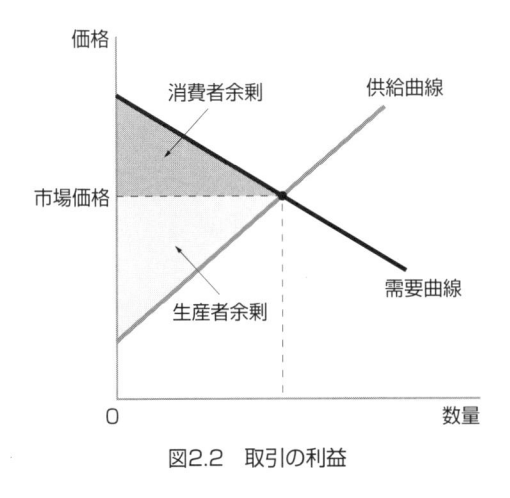

図2.1 市場価格

図2.2 取引の利益

　市場価格で取引が行われる場合，その財を供給する経済主体とその財を需要する経済主体，両者ともに最大限の利益を得る。需要者，供給者ともに強制されて取引するわけではない。どちらの側も，自らの利得が増加するから，取引に応じる。供給者の利得を**生産者余剰**，需要者の利得を**消費者余剰**と呼んでいる。生産者余剰は利潤であり，消費者余剰は消費者の経済的満足度＝効用の増加分（の金銭的評価）である。**図 2.2** に示すように，市場価格線と需要曲線との間の面積が消費者余剰の大きさであり，市場価格線と供給曲

線の間の面積が生産者余剰の大きさである。消費者余剰と生産者余剰との合計が**社会的余剰**であり，これが市場による取引の経済的な利益の総額を表している。市場メカニズムがうまく機能するときには，この社会的余剰がもっとも大きくなる。

■ 社会的な限界評価

ところで，価格は，その財に対する**社会的な限界評価**＝社会的な希少性の大きさを示している。図 2.3 のように，他の財の需要曲線と比較して，あるいは，他の時期のその財の需要曲線と比較して，ある財の需要曲線が右上方に位置すると，均衡価格は高くなる。これは，社会的にその財・サービスに対する限界評価が大きいことを意味する。その結果，価格は生産コストよりも高い水準に決まるから，他の産業から新しい企業が参入する。企業にとってみれば，市場価格が高いことは，採算上有利な条件だからである。

より多くの企業がその財を生産するようになると，その財の供給全体が刺激される。このようにして，高い市場価格がシグナルとなって，新規参入をもたらし，社会的な限界評価の高い財・サービスの生産に多くの資源が投入される。最初に市場で評価の高い財を供給する企業は，高い価格で販売できるから，多くの利潤＝創業者利得を得る。しかし，類似の財を他の企業も供給するようになると，市場価格が低下し，創業者利得は消滅する。カップ・ラーメンやウォークマンなどのケースが，その典型であろう。

逆に，他の財の需要と比較して，あるいは，他の時期のその財の需要と比較して，その財の需要が小さいと，価格は低水準に決まる。その財の社会的な限界評価が小さいと，低い価格がシグナルとなって，企業にとってその財を生産することがあまり有利ではなくなるから，その財の生産を止める企業がでてくる。企業は価格のより高い財の生産へと，生産資源の転換を図る。需要が大きく，市場価格が高ければ，ある程度コストがかかっても，その財を生産することが社会的に望ましい。しかし，需要が小さく，市場価格が低ければ，高いコストをかけてまで，その財を生産しても社会的にはあまり意

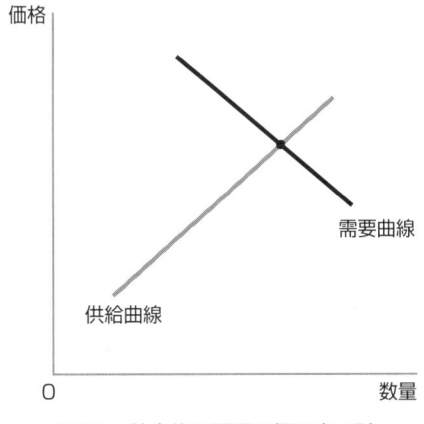

図2.3 社会的な限界評価の高い財

味がない。

　実際の世界でも，需要が減退して，その財の生産がなくなってしまったものは多い。たとえば，CD が供給されるにつれて，レコードやレコード・プレーヤーの生産は停止された。また，わが国では石炭の生産が事実上消滅している。

■ 資源配分メカニズム

　中長期的にみれば，価格が**シグナル**（取り引きされる財・サービスの情報を間接的に表す指標）となって，社会が必要とするものを多く供給するように，生産構造は大きく変化する。そうした**産業構造の変化**の過程で，短期的に失業者は増大するかもしれない。しかし，そうした短期的コストを負担しても，産業構造が柔軟に変化することで，長期的に国民経済全体が豊かになっていく。これが，市場メカニズムのメリットである。その結果，消費者余剰と生産者余剰の合計である社会全体の余剰も大きくなる。

　ヒト，モノ，カネが地域間で頻繁に移動するようになると，どのような産業構造が望ましいのかを先験的に政府が見通すことは，きわめて困難になる。経済発展の途上にある国よりも，経済がある程度発展してきた国の方が，市

場メカニズムを活用するメリットは大きい。逆に、社会主義経済では、経済発展の初期段階では計画経済のメリットが発揮できたが、経済が発展するにつれて、価格のシグナルとしての機能がうまく働かないために、失業者は存在しないものの、社会的に不必要なものが生産され、無駄に浪費されてしまう弊害が大きくなった。1980年代に入って、旧ソ連や東欧諸国が相次いで市場経済への改革を試みるようになった背景には、社会主義経済における価格のシグナル機能の軽視があった。

このように、市場では**価格のシグナル機能**によって、社会的に必要な財が必要な量だけ供給され、それを生産するために資源が適切に配分される。市場での価格形成を通じて各財の生産に資源が適切に配分されるという市場機能のもつ**資源配分メカニズム**がうまく機能するためには、需要曲線と供給曲線の交点（＝**市場均衡点**）で価格が決まる必要がある。それによって、価格がシグナルとして有効に機能する。ミクロ政策の目的は、こうした価格のシグナル機能が十分に発揮できる環境を整備することである。

■ 価格破壊とシグナル効果

近年、「**価格破壊**」がさまざまな分野で進行している。円高による内外価格差の拡大に対する批判、規制緩和、消費者の意識の変化などがその背景にある。1980年代後半からの急激な円高の進行によって、同じ品質の財の価格がわが国で割高となり、相対的に安い外国からの輸入品が増加している。ビールやミネラル・ウォーターから野菜や家電まで、多くの消費財が現地生産されて日本に輸入されている。また、これまでわが国において生産性の遅れていた流通や農業など労働集約的な産業での規制に対して、内外からその緩和を求める圧力も大きくなってきた。大店法の緩和によって、スーパーなどの大型店が出店しやすくなり、価格競争に拍車がかかっている。

価格の下落はこのような情報を提供するシグナルとなっている。こうした価格の下落は、需要面での限界評価が低下したのではなくて、生産コストが低下したために、その財を供給する際の社会的な希少性が低下したことによる。

2.2 マクロの経済活動

■ GDPとは何だろうか

　次に，マクロ的な経済政策論の背後にあるマクロ経済活動の考え方を，GDPの概念を中心に説明しよう。**GDP**とは，**国内総生産**（Gross Domestic Product）の略語である。GDPは，ある一定期間にある国の国内で新しく生産された財やサービスの付加価値の合計である。ある国の一定期間（たとえば1年間）のマクロ経済活動の大きさを測る指標として，もっともよく用いられている。ここで，**付加価値**とは，それぞれの経済主体がその生産活動によって，一定期間（たとえば，1年間）に新しくつけ加えた価値のことである。つまり，それぞれの企業の生産額から原材料費を差し引いたものである。

　国内総生産には，生産で使われて減耗する機械などの減耗分（**固定資本減耗**）が含まれている。これを差し引いたものを**国内純生産**（NDP：Net Domestic Product）という。これがその年において純粋に生産された付加価値の額である。

　また，付加価値は市場価格で評価されるから，国内純生産には，国民のつくり出した価値とは関係のない間接税も含まれている。また，政府の**補助金**の分だけ市場価格が安くなっている。したがって，国内総生産から間接税を差し引き，補助金を加えたものを**国民所得**（NI：National Income）という。

　なお，GNP（Gross National Product）とは，**国民総生産**のことである。これは，一国の国民が国の内外を問わず，稼いだ付加価値の合計である。昔はGNPがよく用いられていた。現在では一国国内の経済活動をあらわす適切な指標として，GDPの方が一般的に用いられている。国民経済全体として，マクロ経済活動が活発であるのかそうでないのかを判断する基準として，国内総生産の大きさはもっとも有益な指標と考えられる。

■ GDPの概念：注意点

　国民総生産の概念について，3つの注意点がある。第1に，経済学では，**ストックとフロー**の区別が大切である。マラソンにたとえれば，ストックはこれまでに走ってきた距離を，フローはいま走っているスピードを意味する。GDPはある一定期間というフローの概念である。わが国は，1960年代から高度成長の時代に入り，1970年代前半まで毎年の国内総生産が10％を超えるほどのスピードで上昇した。しかし，住宅について「兎小屋」が問題になるように，生活関連の資本や社会資本（＝ストック）をみると，まだまだ遅れている。GDPというフローのレベルで経済大国になっても，資産というストックのレベルでは経済大国になっているとはいえない。

　第2の点は，付加価値の中身である。付加価値は，企業などの生産者が生産活動によってつくり出した**生産額**から，その企業などの生産者が購入した原材料や燃料などの**中間投入物**を差し引いたものであるから，国民総生産を計算するときに，中間投入物を差し引くことが重要である。

　第3に，GDPは市場で取り引きされる付加価値の合計である。取引は市場価格で評価される。したがって，市場で取り引きされないものは，市場価格がないため，たとえそれに新しい付加価値があるとしても，GDPには含まれない。たとえば，家庭内での家事労働やボランティア活動のような無償の行為は，たとえ社会的に有益であっても，GDPには含まれない。

■ GDPの3面等価

　これまで，国内総生産を生産における付加価値の合計として，生産面からみてきた。ところで，生産されたものは，誰かに分配され，誰かの所得になっているし，何らかの形で使われているはずである。したがって，国内総生産には，3面等価の原則があてはまる。

　まず第1に，生産面のGDP＝分配面のGDPという関係がある。いいかえると，付加価値の合計として生産されたものは，必ず，誰か，すなわち，家計か企業か政府かの収入となっている。この関係は，

2.2 マクロの経済活動

　　　GDP＝雇用者所得＋固定資本減耗＋間接税－補助金＋営業余剰

と表される。

　次に，分配面の GDP＝支出面の GDP という関係がある。いいかえると，分配されたものは，必ず何らかの形で支出されているはずである。すなわち，

　　　GDP＝民間最終消費支出＋政府最終消費支出＋国内総固定資本形成
　　　　　＋在庫品増加＋海外経常余剰

という関係が成立する。

　3面等価の原則とは，国内総生産を生産面からみても，分配面からみても，支出面からみても，すべて等しいことを意味する。なお，3面等価の原則は事後に成立する関係である。計画通りに販売できなかったものを在庫品の増加として，計算上，投資に含めることで，貯蓄と投資を事後的に等しくさせている。

■ GDP と経済厚生

　国内総生産は，ある一定の期間（たとえば1年間）のうちに，どの程度国民経済にとって利用可能な資源が増加したかを示している。いいかえると，家計や企業など各経済主体が行った経済活動の結果，どの程度新しく資源が増加したかを示す。したがって，国民総生産が大きいほど一般的には望ましいといえる。経済政策の1つの重要な目標は，GDP の拡大である。わが国でも，1960年代からの高度成長を経て，国内総生産が大幅に拡大して，結果として物質的にかなり豊かな社会となった。GDP でみると，現在では，アメリカに次いで世界2番目の経済大国である。

　しかし，国民総生産が増加すれば，すべての面でよくなるのかというと，必ずしもそうではない。市場で取り引きされないものは，国民総生産のなかには基本的に入っていない。特に，公害や環境汚染に代表されるようなマイナスの経済活動は，GDP の計算には何ら考慮されていない。

　また，総額としての国内総生産が大きくなっても，その分配の仕方が偏っている場合には，必ずしも社会的に望ましいともいえない。たとえば，金持

ちがますます豊かになる一方で多くの国民の所得が低下する場合，その結果，日本全体のGDPが増加しても，豊かな社会になったとはいえない。

しかし，**環境汚染**や**不平等**のコストを数字で評価するのは大変である。GDPには市場価格という客観的な数字で経済活動を評価しているというメリットがある。GDPの拡大は客観的な政策目標としてもっともらしい。同時に，その**限界**も認識して，幅広い観点から経済政策目標を設定することが望ましい。

■ 完全雇用

現実の世界では，1970年代の石油ショックや2001年のアメリカ同時多発テロなど，予想外の大きな**外生的ショック**（経済分析のモデル内で決定されない要因の影響）が起きることもある。その結果，マクロ経済活動は不況に陥る。そのようなマイナスのショックがあれば，たとえ市場の調整メカニズムが長期的に働くとしても，短期的には，失業や資本の遊休，企業の倒産は避けられない。

本来であれば，賃金が適切に調整されれば，失業は生じないかもしれない。また，価格が伸縮的であれば，社会的に希少な財・サービスの市場では価格が上昇することで，新しい企業が参入して，雇用も増加する。しかし，現実には，価格の硬直性や独占などさまざまな理由のために，市場の価格調整メカニズムはうまく機能していない。政府が何もしないで，放っておけば，失業者が増大したり，企業の倒産が続出するかもしれない。

そのように，経済全体に大きな悪影響が出てくる場合，政府がそのショックのもたらす悪影響を緩和するために経済的に介入するのは，望ましい。特に，マクロ経済学の発展に大きな影響を与えたケインズ経済学では，失業をマクロ経済活動の調整がうまくいかないから生じる現象と考えた。そして，賃金の引き下げで失業問題を解決するのではなく，政府の責任で対応すべきだと考えた。すなわち，マクロ経済が低迷していて，失業者が救済されないときに，政府が総需要を刺激すべきであると主張した。このように，**完全雇**

用の実現は経済政策の重要な課題である。

■ 一般物価水準

価格といっても，世の中にはさまざまなもの（財・サービス）に値段がついている。**一般物価水準**は，一国全体のさまざまな財・サービスの価格の平均的な水準である。これを指標化したものが**物価指数**である。物価指数としては，**消費者物価指数**と**卸売物価指数**がある。前者は，消費財から構成される物価指数である。後者は，原材料や輸入・輸出財など企業の生産活動に用いられる財から構成される物価指数である。

家計の消費行動にとってもっとも身近な物価指数は，消費者物価指数である。この指数が上昇するとき，家計は消費するもの（財・サービス）の価格が上昇して，インフレが進行していると感じる。企業にとっては卸売物価指数も重要な価格指数となる。生産活動をするのに財の購入は不可欠である。その際に問題となるのは消費財ではなく，生産に投入される財である。卸売物価指数がそれほど上昇していなければ，たとえ消費者物価指数が大きく上昇しても，生産活動にそれほどの影響はない。

また，**GDP デフレーター**という物価指数もある。これは，名目 GDP と実質 GDP の比率として計算される物価指数である。名目 GDP が実質 GDP よりも大きな率で上昇すれば，GDP デフレーターがその率で上昇したとみなすことになる。GDP デフレーターは，消費財の価格も生産財の価格もともに考慮した物価指数だから，一国全体の価格の変動をまとめてみる際には，もっとも適切な指数といえる。

物価水準の安定は，マクロの経済政策では重要な政策目標の1つである。

■ インフレとデフレとは何か

インフレーションは，継続的に一般物価水準が上昇を続ける現象である。反対に，**デフレーション**は，継続的に一般物価水準が下落を続ける現象である。日本経済は戦後 50 年の間ほぼ一貫してインフレを経験してきた。1970 年

代の石油ショックのときには，年率20％以上のインフレも経験した。この時期にはインフレの抑制が重要な政策目標となった。しかし，1990年代後半以降一般物価水準は下落傾向を示しており，最近ではデフレを経験している。このため，デフレからの脱却が重要な政策目標になっている。インフレもデフレも，経済活動を円滑に行うには，望ましい現象ではない。**物価の安定は重要な政策目標の1つである。**

インフレは，需要量の増加に対して生産量が追いつかないために生じる**ディマンド（需要）・プル・インフレーション**と，賃金や原材料費・燃料費のコスト（費用）上昇率が，労働生産性の増加率を上まわることによって起こる**コスト・プッシュ・インフレーション**に大別できる。前者は，景気が過熱して生じるインフレである。後者は，1970年代の石油ショックのように，不況でも生じる。さらに，輸入価格の上昇や通貨供給過剰によるインフレーションなどもあり，その発生メカニズムは多様である。

またインフレ率が加速するにつれ，5％から10％程度で上昇する**クリーピング・インフレーション**，10％から20％程度で上昇する**ギャロッピング・インフレーション**，20％以上で，ときには100％を超える猛烈なスピードで上昇する**ハイパー・インフレーション**などに区別される。

■ 資産価格とバブル

1980年代後半からここ20数年間，一般物価水準は基本的に落ち着いている。それに対して，1980年代後半に株価や地価などの**資産価格**は大きく上昇し，1990年代に入って株価も地価も大きく下落した。一般物価水準よりも資産価格の方が大きく変動している。

このような資産価格の動きは，日常の経済生活にも否応なしに大きな影響を与える。たとえば，バブル期に住宅を購入した人の多くは，多額の住宅ローンを抱えながら，資産価格の下落による損失も被っている。資産の価値はその価格が変化するだけで変動する。資産価格の上昇による利益は，**資本利得（キャピタル・ゲイン）**である。逆に，資産価格の下落による損失は

資本損失（キャピタル・ロス）と呼ばれる。

ところで，資産価格が変動するだけでは，バブルと呼ばない。バブルとは，経済の実勢と乖離する形で資産価格が暴騰する現象である。たとえば，ある土地（あるいは絵画）の価格が上昇するだろうとみんなが予想すると，誰もがその土地（絵画）を購入したいと思うようになり，実際にその土地（絵画）の価格が上昇する。それがますます，その土地（絵画）への需要を増大させて，価格を引き上げていく。期待が期待を増幅するのが，バブル特有の現象である。

しかし，やがて，その土地（絵画）の需要が増大しすぎると，新規の需要がなくなって，バブルは破裂し，資産価格は暴落する。1980年代後半に，地価や株価は3倍以上に上昇したが，90年代に入ると，ピーク時の4分の1以下に急落した。このように，バブルの発生と崩壊があると，資産価格は一般物価水準以上に大きく変動する。

■ 景気循環と経済成長

マクロ経済活動は，ある程度規則的な拡張と収縮をくり返している。このようなマクロ経済活動の動きを**景気循環**あるいは**景気変動**と呼ぶ。

景気循環は，4つの局面に分けられる。

(1) 不況から経済活動が上昇する**回復**，

(2) 経済の拡大が続き，生産・投資・雇用が増える**好況**，

(3) 需要に対して生産が過剰となり，生産が減退して，投資・雇用の縮小が始まる**後退**（それが急激に表れると恐慌），

(4) 経済活動が沈滞におちいり，底に達する**不況**

の4つである。

この周期的な循環運動は，資本主義の発展とともに19世紀初め頃から約10年の周期で起こるようになった。ただし，第2次世界大戦後はそれまでのような深刻な不況（＝恐慌）は表れていない。景気循環の幅が小さくなることは，望ましい。これを実現するのは，政府のマクロ経済政策の大きな目

標である。

これに対して，経済成長は，国民経済全体における経済活動の規模（GDP）の拡大を意味する。経済成長は，国内総生産の増加という形で数量化される。国内総生産の一定期間（1年間）の増加率を，**経済成長率**と呼ぶ。高い成長率の達成も重要な政策目標である。

マクロ経済が高い率で成長するには，家計の貯蓄率が高く，企業の投資活動が活発に行われること，また，技術革新（イノベーション）が積極的になされることなどが必要である。

■ 国際的な経済活動

現代の国々は，1つの国のなかだけで経済活動を行っているわけではない。財・サービスを外国から購入したり，外国に販売したりしている。前者が**輸入**，後者が**輸出**である。また，資金を国際的に移動して，国際的に資金の貸し借りを行っている。企業や金融機関も世界中で活動している。

国際的な経済活動のなかでも，特に重要な位置を占めるのが**貿易**である。各国がそれぞれ得意とする生産性の高い分野の商品を生産して，その商品を輸出し，生産性が低く不得意な分野の商品を輸入すれば，世界全体の生産量は増大し，各国ともより豊かになる。これが，**国際分業の利益**である。

国際分業には，2つの型がある。その1つは先進国相互間の分業で，完成品あるいは工業製品間の**水平的分業**である。もう1つは発展途上国が得意とする一次産品や労働集約的な製品と，先進国が得意とする資本集約的な完成品との間の分業で，これが**垂直的分業**である。さらに，輸出入だけでなく，労働や資本も国際的に移動している。

最近では，財だけでなく，巨額の資産が少しでも高い収益を求めて，国際的に動き回っている。たとえば，企業は国内だけでなく，外国にも工場などの生産拠点をつくって活動している。また，金融機関も世界市場で資金を融通している。家計の貯蓄も，その一部は外国の資産購入に向けられる。このような国境をこえた経済活動によって，一国の経済は世界経済と結びついて

2.2 マクロの経済活動

いる。日本経済も国内の経済活動のみで成り立っているわけではない。世界経済のなかで円滑に外国とつきあって、貿易や国際資本移動の利益を享受することは、重要な政策目標である。

■ 内需と外需

　内需とは国内需要である。また、外需とは外国からの需要である。家計が消費する場合、国内で生産されたものを需要するのが内需になる。しかし、外国から輸入されたものを消費する場合には、内需にならない。国内総生産は、日本の国内で生産された経済活動の大きさを表しているから、輸入が増加しても、国内総生産は増加しない。

　これに対して、貿易相手国では、日本への輸出が増加すれば、その国の国内生産は増加する。つまり、貿易相手国では日本への輸出は外需になる。同様に、日本にとっても、外国への輸出は外需になる。

　このように、内需も外需も、国内の総生産を増加させる需要である。しかし、外需に頼るばかりでは、外国ではその国内で需要が増加しないから、外国からは批判される。内需を中心にする経済成長であれば、外国からの輸入も増加する。外国の経済活動にも貢献する。したがって、外国との摩擦を起こすことなく、成長を続けることも可能である。

　1990年代の日本のように、国内の景気が悪いときには、企業は輸出を増加して、経済活動を維持しようとする。逆に、国内の所得（GDP）が増加していないと、家計の消費は伸びないから、輸入もそれほど増加しない。その結果、国際収支は黒字になりやすい。しかし、外需に頼る景気回復には限界がある。これからの政策目標は、内需を中心とした経済の活性化である。

2.3 経済政策の目的

■ 資源配分上の機能

本来,個人主義,自己責任の市場メカニズムを前提としている資本主義経済では,政府の経済政策は必要ないはずである。しかし,現実の経済では市場メカニズムはデメリット(=影)の部分ももっており,それに対応して,経済政策には大きな役割が期待されている。経済学では,一般的に経済政策のあるべき目標として,4つの機能を想定している。

第1は,市場による**資源配分機能**を適切に補完することである。これは,経済政策のあるべき機能としてもっとも基本的なものである。市場メカニズムのもとでも,すべての財・サービスが適切に供給されるわけではない。たとえば,社会資本や公共サービスは,民間で提供される普通の財とは異なる性質をもっている。便益が特定の経済主体に限定されずに,広く国民経済全体に拡散するケースである。このような財・サービス(=**公共財**)については,政府が適切に供給しないと,資源配分上の非効率な状態が生じる。民間に任せておいたのでは,その財・サービスは採算がとれる水準までしか供給されなくなるため,社会的に望ましい水準まで供給されない。

生産活動に投入される資源を,政府の介入によって,通常の財・サービスの分野からそのような公共的な財・サービスの分野に少し移転させることで,すべての国民の経済的な満足度を増加させることが可能になる。あるいは,公害などの外部不経済や情報の不完全性がある場合でも,市場メカニズムは適切に機能しない。

第3,4章で説明するように,このように民間経済において資源配分上の非効率性があるときに,政府が積極的に経済政策を実施することが正当化される。

2.3 経済政策の目的

■ 所得再分配機能

　資源配分上の機能と並んで公共部門の役割として重要な機能が，**所得再分配機能**である。社会全体の治安や秩序を維持し，経済活動を円滑に発展させるためにも，ある程度の所得再分配政策は政府の望ましい政策目標である。市場メカニズムが完全に機能して，資源が効率的に利用されていても，必ずしも社会全体として理想の状態が実現できるとは限らない。人々の経済的な成果は，その人々の当初の資産保有状態にも依存するからである。

　ある経済活動をする以前に，資産をどのくらいもっているか，あるいは，どのような質の労働サービスをどのくらい供給できるか，これらは親からの遺産や贈与，労働能力など，その人個人の経済活動の以前にすでに決まっている場合が多い。いかに市場メカニズムが完全であったとしても，結果として人々の間で不平等，不公平な状態は避けられない。20世紀に入って経済全体の規模が拡大するとともに，人々の間での事後的な所得格差もしだいに拡大していった。

　その理由は2つある。第1に，競争の機会が均等でなければ，不平等感，不公平感は避けられない。事前の意味での不平等である。また，第2に，たとえ機会が均等であっても，経済活動の成果は運・不運に依存するところも大きく，病気や災害などのために，結果として経済状態の恵まれない人々もいる。事後の意味での不平等である。機会の平等と結果の平等のどちらを重視するかは，大きな論点である。

　いずれにしても，政府が，経済状態の恵まれた人から所得をある程度取り上げ，それを何らかの形で，恵まれない人に再分配するのは，多くの人の価値判断として，もっともらしいところであろう。また，地域間の再分配についても，同様な評価があり得る。生活保護，雇用保険，医療保険や年金などの社会保障や地方財政における財源調整機能は，こうした考え方に基づいている。ただし，民間の市場に任せておいても，寄付やボランティアなどの自発的な再分配行為はある。こうした行動と政府の介入とを比較することも，有益である。本書では，第8，9章で，主として所得再分配政策に関連する

政策問題を取り上げる。

■ 安定化機能

　経済政策の3つめの目標は，**経済全体の安定化**のための役割である。市場メカニズムが完全であったとしても，短期的には，予想できないショックのために，失業や資本の遊休は避けられない。まして，現実には，価格の硬直性や独占などさまざまな理由のために完全競争の市場メカニズムがうまく機能しておらず，予想外のショックによって大きな悪影響が出てくる。

　このような場合，そのショックのもたらす悪影響を緩和するために，政府が経済的に介入するのは，望ましい。特に，マクロ経済学の発展に大きな影響を与えたケインズ経済学では，経済が不完全雇用の状態にとどまり，有効需要の不足が解消されないときに，政府が有効需要を刺激すべきであると主張している。最近では，国際的な資本移動の活発化に伴い，グローバルな資本主義に内在する不安定性も問題視されている。

　マクロ的な経済全体の不安定性をどうすれば回避できるのか，そのための有効な手段は何か，これらは，公共部門が担う安定化のための役割という観点から，重要な政策課題である。本書では，第5，6章でこうした安定化政策のメリットとデメリットを議論する。

■ 将来世代への配慮

　市場メカニズムだけでは，必ずしも最適な経済成長は達成されない。なぜなら，**将来世代**のことを必ずしもきちんと考慮して，現在の人々（＝現在世代）が消費，貯蓄を決定しないからである。現在生きている人が自らの利害のみを考慮して行動する場合に，長期的な視点からみた最適な経済成長は市場では実現しない。その結果，現在の消費を優先して将来への貯蓄が過小になったり，財政赤字が拡大したり，環境破壊が進行したりするかもしれない。

　これに対して，将来の人々（＝将来世代）の利害を適切に配慮すべき主体が政府である。望ましい経済成長を実現するために，政府が果たすべき役割

も大きい。特に，途上国が経済発展を成功させるには，道路，港湾などの公的インフラの整備や将来の生産に寄与するための教育制度の拡充が必要となる。明治以降の日本における経済発展のなかでも，将来世代を配慮した公的な政策，財政負担が重要な役割を果たしてきた。

　もちろん，経済成長は高ければ高いほどいいものではない。どの程度の成長が望ましいのか，そして，どのような経済政策によって経済成長を操作できるのか，この点は，将来世代の経済状態をどの程度配慮するかの問題でもある。こうした点を，本書では第7章で議論する。

━━ コラム② ━━

複 数 均 衡

通常，ミクロの市場均衡でも，マクロのGDP決定のモデルでも，均衡は1つであると想定している。すなわち，ミクロの市場均衡であれば，需要曲線と供給曲線の交点で決まる市場均衡点は1つしかない。マクロの財市場の均衡条件を考える場合でも，第5章で説明するように，45度線と総需要曲線の交点は1つしかなく，そこで均衡GDPが求められる。したがって，何らかの理由で需要曲線や供給曲線が変化（シフト）する場合，均衡点がどう動くかも簡単に予想することができる。たとえば，ある財に対する人々の評価が突然増加すれば，需要曲線が右上方にシフトするから，価格は上昇し，供給量は増加する。また，マクロ総需要が外生的な理由で増加すれば，総需要曲線が上方シフトするから，GDPは増加し，雇用も促進される。

しかし，場合によっては，均衡点が複数存在することもある。ミクロの市場で図2.4のような右下がりの供給曲線をもっている場合，2つの均衡点があり得る。労働供給関数では，所得が増加すると余暇をより好む傾向があるので，こうした可能性は排除できない。また，マクロの市場でも，図2.5のように総需要曲線がくびれている場合，3つの均衡点をもつことがあり得る。GDPが増加するときに，総需要がそれ以上の大きさで上昇する場合である。投資もGDPに依存すると考えると，場合によっては，GDPが増加するときに，消費と投資を合計した総需要はそれ以上に増加するケースもあり得る。

さて，複数均衡が存在する場合，どの均衡点が実現するかは，一般的には何ともいえない。均衡点である以上，どの点であっても需要と供給は等しいから，取引が行われる。ただし，調整過程を考えると，安定な均衡点と不安定な均衡点に区別できる。ミクロ市場の図2.4でいえば，需要が供給よりも大きい超過需要のときに価格が上昇すると考えると，A点は安定的な均衡点であり，B点は不安定な均衡点になる。A点とB

コラム

図2.4 ミクロの市場均衡

図2.5 マクロの市場均衡

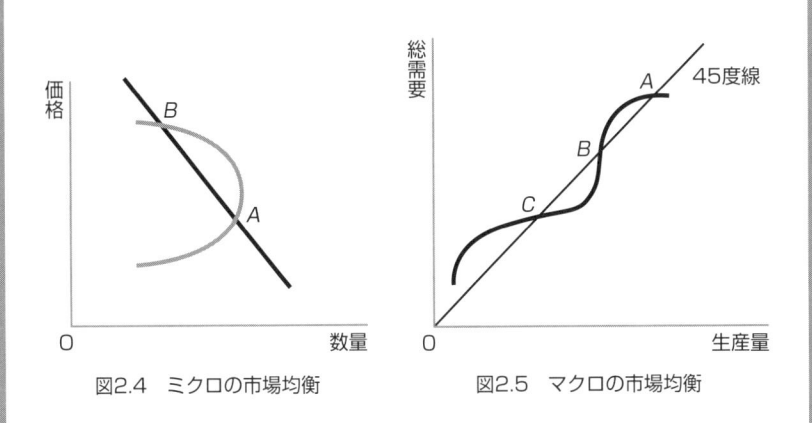

点の間では超過供給になっているから，価格（あるいは賃金）は下落する。したがって，B 点よりも A 点の方が実現しやすい。

マクロ市場の**図 2.5** では，超過需要に応じて GDP が拡大すると考えると，A 点と C 点が安定的な均衡点であり，B 点が不安定な均衡点となる。B 点の周辺では，AB の間で超過需要になれば，A 点の方に動くし，BC の間で超過供給になれば，C 点に動く。したがって，A 点と C 点という複数の安定均衡点が存在している。このうち，A 点は GDP も雇用も大きな「良い均衡」であり，C 点は GDP も雇用も小さい「悪い均衡」である。

「良い均衡」と「悪い均衡」という 2 つの均衡点が存在する場合，政府はなるべく良い均衡が実際に実現するように，政策を行うべきである。たとえば，現実の GDP が AB 間にくるように，一時的に総需要を刺激して，総需要曲線を上方にシフトさせれば，継続的に総需要刺激政策を採用して，ずっと総需要曲線を上方に維持しなくても，経済はいずれ A 点に到達できる。

3

資源配分機能

　この章では市場における価格の調整機能がうまくいかないいくつかの例を取り上げ，それを是正するためのミクロ的な経済政策について分析する。ミクロ的な政策を用いて，政府が何らかの直接的な経済活動をしたり，民間の経済活動に間接的に介入する理由は，（民間）市場での失敗を調整して，市場の機能＝働きを補完するためである。たとえば，市場にまかせておくと，ある企業の生産活動によって，公害が発生して，周りの企業や消費者が迷惑を被るかもしれない。独占企業が価格をつり上げたり，生産量を抑制したりして，競争妨害行動をとるかもしれない。このように市場が失敗するときには，政府による公的な介入・規制など，ミクロ的な経済政策が正当化される。

3.1 外 部 性

■ **外部経済と不経済**

　この節では，最初に，市場が失敗する1つの例として，経済活動における外部性を想定しよう。**外部性**とは，ある経済主体の活動が市場を通さなくて，別の経済主体の環境（家計であれば消費行動，企業であれば生産行動）に直接影響を与えることである。外部性のうち，他の経済主体に悪い影響を与える外部性を**外部不経済**と呼び，良い影響を与える外部性を**外部経済**と呼んでいる。

　外部不経済の代表的な例は，**公害**である。わが国では1960年代の高度成長期に経済活動が活発になるにつれて，工場からの廃棄物が周囲の環境に悪影響を与えて，公害問題が顕在化した。水俣病などの大きな公害被害では多くの人々が後遺症に苦しんできた。また，自動車からの騒音や排気ガスによって，幹線道路の周囲での生活環境が悪化するというケースもある。さらには，タバコの煙による非喫煙者への健康被害，近所でのカラオケやピアノあるいはペットなどによる生活騒音や暴走族による交通騒音など，生活に密着した公害も多い。最近では，二酸化炭素やフロンガスの蓄積，温暖化，酸性雨など地球規模での環境汚染問題も，人類が直面する重要な外部不経済である。

　しかし，ある主体の経済活動が他の主体の利益になる良い外部効果も存在する。たとえば，近所の家に立派な庭があれば，周りの住民もそれを借景として楽しむことができる。あるいは，果樹園の生産者にとっては近くに養蜂業者がいると，果物の成長にプラスになるだろう。義務教育もこのようなプラスの外部効果をもっている。誰でも読み書き・算術ができることが，経済活動の円滑な運営にプラスに働くからである。最近では，通信技術の発展によるネットワークが経済活動でも重要な機能を果たしているが，このネットワークも外部効果の高い財である。

3.1 外部性

■ モデル分析

いま2つの企業1, 2が生産活動を行っているとし,企業1は企業2に対して負の外部性(=公害)を発生しているとしよう。すなわち,企業1はある財を生産して,競争市場で販売して利潤を稼ぐが,この財の生産によって企業2は利潤の減少(損失の増加)を被るとしよう。企業1の生産量が拡大するとともに企業2の損失も逓増する。

市場機構では,企業1は外部効果を無視して行動するから,企業1の利潤が最大になる点で生産水準を決定する。図3.1で価格 p と限界費用 MC が一致する点 M が,企業1にとって最適な生産水準 x^* である。

この条件の直感的な意味を考えてみよう。価格 p は生産量を1単位拡大したときの限界的な収入の増加(=**限界収入**)を意味する。市場価格が一定のもとでいくらでも販売できる完全競争の世界では,限界収入は常に一定の市場価格に等しい。限界収入は生産量とは独立に与えられるから,生産量が拡大しても一定値 p のままである。

限界費用は生産量を1単位拡大するときにどれだけ費用が増加するかを示す。限界収入が限界費用よりも大きければ,もう1単位追加的に生産を拡大

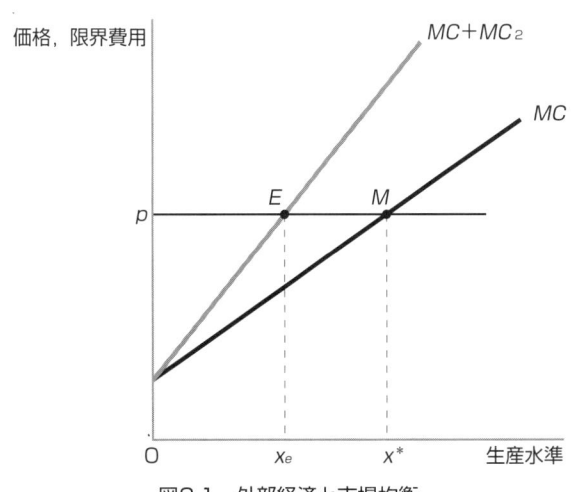

図3.1 外部経済と市場均衡

することで,利潤をさらに増大させることができる。したがって,生産を拡大することが企業の利益になる。逆に,限界収入よりも限界費用が大きければ,追加的に生産を拡大することで,利潤は減少する。この場合は,生産を拡大するよりは生産を縮小する方が,企業の利益になる。限界収入 p と限界費用 MC が一致している点では,これ以上生産を拡大することも縮小することも,企業の利益にならない。したがって,そうした点が企業の主体的な均衡点となる。

　企業 1 が生産する際には,この財の生産に要する私的なコストは考慮するが,企業 2 に迷惑をかけているという社会的なコストは考慮しない。そのために,社会的な最適水準からみると,この財は過大に生産される。これが「**市場の失敗**」である。

　外部不経済のある世界で資源配分の効率性を実現するには,この財の生産を拡大する際の社会的な限界費用を計算する際に,企業 1 が本来認識している限界費用 MC に加えて,企業 2 に与える公害の限界費用 MC_2 も考慮する必要がある。この総限界費用 $MC + MC_2$ が生産量を拡大する際の社会的にみた限界デメリット(=社会的限界費用)であり,これがこの財の社会的な限界評価である価格 p に一致する点が,この財の望ましい水準である。図 3.1 で E 点に対応する x_e が社会的に望ましい生産水準である。

■ 外部経済の内部化:ピグー課税

　社会的な最適生産水準 x_e を市場経済で実現する方法として,以下の 3 つの方法が考えられる。1 つは,関連する 2 つの企業が合併する方法である。これは,**外部経済の内部化**として理論的にもっとも簡単な方法である。しかし,現実的な解決方法としては,合併は容易でない。政府が強制しても当事者同士を合併させることはできない。そこで,それぞれの経済主体が独自性を維持しつつ外部経済を内部化する政策的な対応として,古くから主張されてきたのが,政府が外部効果を相殺する額だけ課税すること(=**ピグー**(Pigou, A. C.)**課税**)である。

3.1 外部性

ピグー課税は,外部不経済を出す企業に対して,その外部効果を課税という形でコストとして認識させることで,市場機構のもとでも最適な資源配分($= x_e$ の量だけ x 財を生産すること)を実現させる。すなわち,MC_2 の大きさだけ課税すれば,企業1が認識する限界費用を社会的な総限界費用 $MC + MC_2$ に一致させることができる。

ただし,ピグー課税は資源配分の効率性を達成する手段であり,所得分配については何も議論していない。政府はピグー課税によって税収を確保できるが,その使い道は何ら限定されない。たとえば,その税収を外部不経済を被っている企業2のために使用しないで,企業1に一括補助金として返還する場合でも,資源配分の効率性は実現される。

■ コースの定理

ピグー課税では,政府が課税・補助金政策を用いて政策的に介入することで,市場の失敗という弊害が是正される。しかし,そのためには政府が民間経済で発生する外部不経済に関する技術的情報をすべてもっている必要がある。これは実際上は無理な要求であろう。

これに対して,政府が介入しなくて民間の経済主体の自主性にまかせておくだけで,市場の失敗が解決できる可能性を強調したのが,コース (Coase, R. H.) である。コースは,**交渉による利益**が存在する限り,当時者間で交渉が行われる動機が存在し,その結果,交渉の利益が消滅するまで資源配分が変更され,最終的には市場の失敗も解決されることを明らかにした。これが,**コースの定理**である。

さらに,コースの定理は,当事者間で交渉に費用がかからなければ,どちらに法的な権利を配分しても,当事者間での**自発的な交渉**は同じ資源配分の状況をもたらし,しかもそれは効率的になることを主張する。市場機構に問題があっても,当事者間の自発的交渉という新しい点を考慮することで,最適な資源配分が達成されることを示したことは,理論的にも政策的にも貴重な貢献であり,コースはこの定理によってノーベル経済学賞を受賞した。政

府は当事者間の交渉が円滑に進むように，環境を整備するだけでよい。外部不経済に関する技術的情報を政府が保有する必要はない。

いままでと同様，2つの企業間での外部不経済のモデルで考えてみよう。企業1にこの財を生産する際に環境を汚染する権利があれば，企業1の利潤が最大となる M 点に対応する点で生産が行われている。しかしこの x^* 点では生産量を限界的に減少させることで，企業1の利潤の減少分 ($p - MC(x)$) よりも企業2の損害の減少分 ($MC_2(x)$) の方が大きい。したがって，企業2は企業1にお金を払ってでも，この財の生産を減少させようという誘因が働く。どれだけのお金を企業2が支払うかは，2つの企業間での交渉力に依存して不確定であるが，$MC_2(x)$ よりは小さく，$p - MC(x)$ よりは大きなものになる。そして，この2つの限界損害の減少幅と限界利潤の減少幅の大きさが等しくなる点 E 点で，それ以上の x の減少を企業2が企業1に働きかける誘因がなくなり，均衡が実現する。

次に環境保全の権利を企業2がもっている場合を想定しよう。今度は，企業1が生産活動のため企業2から環境汚染権を購入することになる。当初の均衡点では生産は行われていないが，そこでは企業1の限界利潤 ($p - MC(x)$) の方が企業2の限界損失 ($MC_2(x)$) を上回っているから，企業1は企業2にお金を支払ってでも，生産を開始する誘因をもつ。どれだけのお金を実際に企業1が企業2に支払うかは，2つの企業間での交渉力に依存して不確定であるが，$MC_2(x)$ よりは大きく，$p - MC(x)$ よりは小さいものになる。そして，この2つの大きさが等しくなる点 E で，それ以上の生産量の拡大を企業1が企業2に働きかける誘因がなくなり，均衡が実現する。

■ コースの定理の意義と限界

政府が直接介入する場合には，当事者の利益や不利益に関する情報が政府に十分に開示されていないと，適切なピグー課税は実現できない。そのような場合でも当事者間にまかせておくだけで，市場の失敗が回避できるのであれば，政府の役割はかなり小さくなる。市場が失敗しているからといって，

政府が直接介入する必要のないことを示したのは、ミクロ経済政策の役割を限定できる意味で、コースの定理の重要な貢献である。

しかし、コースの定理にも問題がある。まず、当事者間で交渉をする場合にどちらの側に法的な優先権があるのかという権利関係が確定している必要がある。しかし、現実には権利の確定は困難である。たとえば、不特定多数に被害を与える公害の場合には、当事者を確定するだけでかなりの時間と費用がかかる。また、交渉それ自体に費用がかかると、市場の失敗が回避できても、別のコストが浪費されることになる。したがって、ミクロ経済政策としては、当事者間の交渉が円滑に進むように、裁判制度など紛争処理のシステムを整備することが重要になる。また、当事者間での交渉を促進させるには、権利の帰着に関する明確な法的規定が不可欠であるし、弁護士や裁判官など、司法関係者の効率的な活用も重要である。

3.2 モラル・ハザード

■ 2つの異なる情報の不完全性

経済主体間で情報が**非対称**に保有されるという意味で、情報が不完全であるときにも、市場の失敗が生じる。特に、経済的な取引や契約の対象となっている相手がどのように行動するか監視できない場合、あるいは、財がどんな品質であるのかがわからなかったり、相手がどのようなタイプの経済主体であるかがわからない場合が、問題となる。前者のケースでは相手の行動に関する不完全情報であり、後者の場合では相手のタイプに関する不完全情報である。

したがって、相手の行動が監視できないケースと相手のタイプがわからないケースに分けて、**情報の不完全性**を是正するミクロ経済政策を考察するのが有益である。以下では、それぞれの場合について、どのような市場の失敗が生じるのか、あるいはそれに対応するために、どのようなミクロ政策が有効かを分析しよう。

■ モラル・ハザード

　最初に，相手の行動が監視できないケースでどんな市場の失敗が生じるのか考えてみよう。具体例として，保険の契約を想定する。保険は将来の不確実な事件が予想されるときに，それに備えて保険料をあらかじめ払い込むことで，実際に不幸な事件が発生したときの被害を最小限度にとどめるものである。保険の加入者はリスクを回避したいので，そうした保険に入る。保険会社はさまざまな保険の契約者のリスクをプールすることで，実際に事故が起きた契約者に対してその損害を補償する形で支払い，かつ正常な利潤を確保するだけの保険料を集めることができる。

　いま保険会社は，火災保険を販売するとしよう。家計はある所定の保険料を負担して火災保険を購入し，もし火災になれば全額保険で損害が補われる。火災は，契約者の故意，過失などの不注意な行動によっても生じるし，契約者の通常の行動では回避できない理由でも発生する。後者は不確実な要因であり，契約者の行動とは独立に発生する。これら2つが重なり合って火災が発生する。しかし，保険会社は火災が発生したことは把握できても，その原因がどこまで契約者の不注意によるのかはわからない。実際に火災が起きれば，仮に過失があっても契約者は常に自分は注意していたと自らの潔白を主張するだろうし，保険会社にとって契約者の行動をチェックするのは容易なことではない。ここに契約者の行動に関する**情報の非対称性**がある。

　保険契約では，結果として火災が生じれば，（故意または重過失が立証されない限り）保険会社はすべての損害を負担する。家計は，少しくらいの過失があっても保険会社にはそれが把握できないという情報の非対称性を織り込んで行動する。その結果，保険契約をすることで，火災に対する注意をおろそかにする傾向が生まれる。すなわち，保険に入っていないときには，火事になればすべてを失うので，火の元などの注意を厳重にしていただろう。これに対して，保険に入っていれば，火事の実質的被害の程度が小さくなる分だけ，それまでよりも火の元に注意をあまり払わなくなってしまう。被保険者にとっては，注意を払わなくても実質的損害があまり生じないからであ

る。これが，道徳上のあるべき行為（火の元をきちんと管理する）がゆがめられるという**モラル・ハザード**である。

その結果，経済全体では火災の発生件数が増加して，家屋が多く消失して損失を被る。これは火災保険料の上昇という形で，間接的に家計全体にかかってくる。もし，保険会社が火災に対する各家計の注意の程度を監視できれば，火災の損害を算定する場合に，そうした情報を上乗せして保険金の額を個別に減額することができる。その場合にはモラル・ハザードは生じにくい。しかし，そうした監視が不可能であれば，モラル・ハザードは回避できない。

■ 他の例でのモラル・ハザード

モラル・ハザードの現象は，保険に限らず幅広くみられる。たとえば，金融機関の救済にみられるように，企業が倒産しそうになると公的資金が投入されるとすれば，経営努力をしなくても倒産することはないと経営者が考えて，きちんとした経営を行わない可能性がある。

3.4節で説明するように，公営企業では自然独占が生まれやすく，また，限界費用に等しい価格設定をすると，赤字になる状況が十分に考えられる。そうした場合，赤字を税金で補填せざるを得ない。が，どんな赤字を出しても常に補填されるなら，公営企業は放漫経営をする。たとえば，必要以上に店舗の設備を立派にしたり，従業員の福利厚生に金をかけすぎたりする。これは，公営企業の経営内容が監督官庁や国民にはよくわからないという情報の非対称性によるモラル・ハザードである。

なお，赤字補填をしないで独立採算制を採用しても，同様の問題は回避できない。なぜなら，独立採算制を維持するために，料金の改定が認められるからである。自然独占であるから，料金を上げても需要はあまり逃げない。放漫経営をしても料金さえ改定すれば，独立採算を維持できる。金融機関などの規制産業，公営企業の経営には，こうしたモラル・ハザードが存在する。

■ 政策的対応

　モラル・ハザードは相手の行動が監視できない場合に生じる問題であるから，相手の行動をより適切に監視できる法的仕組みが必要である。公的企業の場合であれば，政府がその財務内容をきちんと**監視**するために，定期的な経営，会計上の監査を厳格に行うことが重要である。

　また，火災による家屋の損失，事業に失敗したときの赤字補塡など，悪い状態が起きたときの保険料給付や補助金の交付に一定の**限度**を設定することも有効である。その際に，その限度額を必要最小限度に抑制することが必要である。たとえば，家屋の損失に対しては，全額を保証するのではなくて，一定限度（たとえば7割）に減額して補塡する規定を設けると，あえて，火災を起こす誘因は小さくなる。

　さらに，損害を請求する場合の**挙証責任**を被害者側に負わせることも，有効である。火災保険であれば，故意の火災ではないということを被害者が説得的に立証して初めて，保険金が給付される制度にすれば，モラル・ハザードは減少する。

■ 先送りとモラル・ハザード

　現在の経済環境が悪くても，将来それが良くなるのであれば，あえて痛みの伴う改革を現在無理してやらなくてもいい。これは，問題を**先送り**する際の一般的な理由である。そうした先送りは，経済主体の甘えを引き起こす。たとえば，経済環境が苦しいときに，政府が何らかの対策を実施すると，家計や企業は自らが汗をかいて，懸案を処理する誘因をなくす。こうした弊害も，モラル・ハザードの1つの現象である。

　親（あるいは，政府）が利他的な選好をもっており，子供（あるいは，民間部門の家計や企業）のことをかわいいと思っているとしよう。子供がある年齢に達したときに，親が子供に所得を移転したいと考える。そのときの子供の経済状態が悪くなれば，親はより多くの所得をその子供に移転するだろう。もし，子供がこうした親の行動を予想しているとすれば，子供はどのよ

うに行動するだろうか。親からの移転をあてにして，まじめに勉強したり仕事をしたりしないで，遊びほうける誘因をもつだろう。

まじめに勉強したり仕事をすれば，子供自らの自己負担で自分の所得を稼ぐ。しかし，そうすれば，親からの移転が減少する。子供が経済的に成功すれば，親としては子供に所得を移転するメリットが小さくなるからである。したがって，子供にとってはあまり自己負担を伴うような自助努力をしないで，ぐうたら息子（娘）になる方が得である。その結果，親が経済的に成功していて，かつ，利他的な選好をもっている場合には，その子供はぐうたらになりやすい。こうしたメカニズムは，たとえば，中小企業のオーナー経営で2代目がうまくいかない1つの理由である。

こうした場合に，親（あるいは，政府）としてはどのような対策があるだろうか。使い道を特定しないお金を無条件に子供に与えるのではなくて，子供のやる気を引き出すために，**特定の支出**に限定して援助を行うようにすれば，子供がぐうたらになることをある程度抑制できる。

たとえば，住宅資金への援助である。子供が住宅を購入すれば，それに対して援助する。子供は住宅を購入しないと親からの援助は期待できない。住宅の購入には多額の自己資金と将来の返済能力を必要とする。定職についた方が住宅を購入しやすいから，子供もある程度の自助努力を要求される。ぐうたらのままでは，住宅は購入できず，したがって，親からの援助も期待できない。子供はまじめに仕事をせざるを得ない。

あるいは，別の例として，奨学金制度の拡充など教育費への援助も考えられる。子供が勉強をまじめにすることに援助すれば，その結果，子供はまじめに働くようになる。結果として，ぐうたらになる可能性も小さくなる。甘えで将来に処理を先送りしないように，政策的な対応をとることが重要である。

■ 政府の再分配政策

　第8章で取り上げる政府の**所得再分配政策**についても，ぐうたらを誘発する誘因は大きい。たとえば，失業者への給付を想定しよう。現在，失業して困っている人がいるとしよう。失業者という経済的弱者にある程度の資金を援助するのは，社会全体の公平性を重視する価値判断のもとで，正当化される。しかし，無条件にお金を失業者に移転すると，失業者はそれをあてにするだけで，いつまでも失業者のままでとどまっているかもしれない。失業者は，将来の就業の機会を大きくするために，失業期間中に自分の人的能力を高める努力をしなければならない。しかし，それには強い意志とコストが求められる。自助努力をするよりは，政府からの援助で生活する方が，失業者にとっても安易な選択である。

　しかし，使途を限定しない一括の現金給付ではなくて，資格などの技能向上訓練費に限定して失業給付を支出すれば，失業者もまじめに努力をする誘因が出てくる。その結果，技能が向上すれば，新しい就職の機会も増加するだろう。問題解決を先送りさせないような仕組みが重要である。

　こうした観点は，第5，6章で取り上げるマクロ安定化政策のように，一般的な景気対策についても当てはまる。現状の経済環境が厳しいときには，どうしても政府に甘えてしまう。政治的にも，そうした圧力が大きくなる。その結果，経済環境を改善しようとする自助努力を怠る可能性がでてくる。目先の利得を最優先して，根本的な解決策を先送りする誘惑は，政府の景気対策によって助長されてしまう。これは，景気対策のデメリットである。

■ 援助のやり方

　同じような問題は，第10章で取り上げる国際的な援助のやり方についても当てはまる。たとえば，先進国が途上国に与える援助について考えてみよう。ODAなど，わが国の海外援助をみると，現実の移転支出の多くが，一括のお金の**無償移転**ではなくて，（低金利ではあるが）何らかの条件付きあるいはひも付きの**有償貸付**である。これは，わが国の企業が利益を得るため

の仕組みであり，援助を通じた利権の発生であると批判されることがある。

たしかに，援助に伴う条件が特定の企業活動と結びついている場合には，その企業にレント（超過利潤）が生じている。2002年に問題が明るみにでた北方領土関連援助のように，その一部が，援助するわが国の政治家や援助される国の政治家の活動資金に賄賂として流用されるとすれば，政治的なコストは大きい。しかし，こうしたひも付き援助は，援助される側がぐうたらになる可能性を抑制するという望ましい効果をもつ。

東南アジアを中心とするわが国の援助は，資金の使い道が制約されている「ひも付きの援助」が多く，公的インフラの整備に主として使われてきた。これに対して，アフリカなどで典型的なアメリカの援助は，資金の使い道に制約がなく，結果として食料援助などに使われた。短期的には，アメリカ型の援助の方が飢餓の抑制に有効であった。しかし，その場しのぎの援助では，短期的には有意義であっても，経済発展の基本問題を解決することを先送りにする弊害ももたらす。長期的な観点から判断すると，アメリカ型の援助では自立した経済発展につながりにくいデメリットがある。途上国の発展の道筋が比較的はっきりしている初期段階では，わが国の援助のように，使い道を制約して現在よりも将来の便益を重視する方が，援助を受ける側の自立心を助けるメリットがある。

同じようなポイントは，政府やボランティア団体が災害復旧活動などの援助をする際にも当てはまる。あまり親切に援助しすぎると，災害の被災地の住民が将来自力で復興しようとする意欲をそぐことにもなりかねない。

3.3 逆 選 択

■ 逆選択とは何か；中古車の市場

相手のタイプがわからない場合には，**逆選択**という問題が生じる。中古車市場の売り手と買い手について，この問題を考えてみよう。中古車の売り手は，自分の車がどの程度の品質の車であるのか，よく知っている。車の外見

だけではなく，故障の起こりやすさや起こったときの程度についても，いままでの経験からかなり詳細な情報をもっている。これに対して中古車の買い手の方は，車を外見のみで判断するしかない。したがって，その車の質に関してあまり情報をもっていない。

このように，売り手と買い手とでその財の質＝タイプに関して**情報の格差**があるときには，市場がうまく機能しない可能性がある。買い手は欠陥車をつかまされるかもしれないと用心して，中古車を買いたくても買わないかもしれない。その結果，市場全体の規模が小さくなり，最悪のケースでは市場そのものが成立しない。

■ 他 の 例───────────────────────

逆選択の弊害は，中古車の市場以外でも多くの経済活動にみられる現象である。医療保険であれば，契約者の健康状態（たとえば，喫煙者であるか非喫煙者であるか）が保険会社にとってわからないケースが，これに相当する。このとき，病気に対する保険を設定しようとしても，健康状態に自信のない人しか応募しなくなり，保険会社は採算上ますます保険料率を上げざるを得ない。そうすると，それでも応募してくる人は健康状態の相当悪い人に限定されるから，さらに保険料率が上昇し，結果として保険そのものが成立しなくなる可能性がある。逆にいうと，医療保険は強制加入の公的な保険制度でないと，一般的には成立しない。

銀行が企業にお金を融資する場合も，企業が良い企業であるのか，悪い企業であるのかの区別が銀行にできない場合もある。銀行の審査が完全でなければ，逆選択の問題が生じる。悪い企業に貸す可能性を考慮すると，貸出利率は高くせざるを得ないが，そうすると，良い企業は借りるのをあきらめる。悪い企業はそれでも借りようとして，ますます銀行の貸出利率が上昇するから，良い企業は完全に閉め出される。そうすると，企業への貸出自体も成立しなくなる。

■ 政策的な対応

このような逆選択の問題に対しては，自発的な対応も考えられる。中古車の例でいうと，まずは，売り手の側で自発的な対応がありえる。自分の車が良質であるとわかっている売り手は，そうでない売り手と区別するために，良質の車の売り手しかできないことを行う動機がある。たとえば，一定の走行距離の範囲で故障に対する保証をつけることなどである。悪い車を売ろうとしている売り手には採用できない手段を用いて，そうした保証制度のある車は良い車であるというシグナルを買い手に提供している。これは，**シグナリング**という方法で，逆選択の問題を解消するものである。

また，買い手側の要求もありえる。事故が起きたときの保証を買い手側が要求すると，良質の車の売り手はそれに対応できるが，悪い車の売り手はそうした要求をのめない。買い手がハードルを設定して，良質な売り手のみがそれを越えられるようにすれば，結果として良質の車の売り手とそうでない車の売り手を区別できる。これは，**自己選択**あるいは**スクリーニング**と呼ばれている。

しかし，こうした自発的対応には限界がある。これらの自発的対応を補強するいくつかのミクロな政策対応も考えられる。

第1は，供給を強制することである。中古車の市場が成立しない1つの原因は，中古車の価格が低下するにつれて，中古車の売り手がいなくなることである。ある一定年数を経た中古車すべての売却が強制されれば，価格が低下しても中古車の供給は減少しないから，中古車の市場が存在できる。医療保険を公的保険として，国民全員に皆保険（強制保険）制度を適当するのも，こうした根拠による。

第2は，車検制度の整備である。中古車の品質が管理でき，かなり均一であれば，平均的な質を知ることは，個々の中古車の質を知ることと同じになり，情報の非対称性の問題は解消される。医療の場合であれば，健康診断や定期検診を政策的に推進して，また，そこで得られた情報を民間医療保険でも利用できるように情報開示することで，逆選択の問題は軽減される。

第3は，ある一定価格以下での売買を禁止することである。これは，中古車の価格が低下するのを防いで，良質な中古車が市場に供給されるようになる。貸出市場の場合であれば，金利に一定の上限を法的に設定することで，市場が一定程度の規模で成立することを保証するのも，有効な対策である。

3.4 独占と公的規制

■ 自然独占

独占が経済的な理由で存在するとすれば，**規模の効率性**がもっとも重要な理由であろう。電力，ガスなどの公益産業では当初の設備に巨額の固定費用がかかるために，規模の経済性が大きく，生産量を拡大すると平均費用が低下するので，事実上各地域に1つの企業が供給を独占してきた。このような独占を**自然独占**と呼んでいる。

まず自然独占に対して何ら規制しないケースから考えよう。独占企業が生産するに際して，一括で固定費用が100だけかかり，また，この財を1単位生産するのに10だけの限界費用（生産を1単位増加させるときに余計に生じる費用）が追加的にかかるとしよう。図3.2においてHDは右下がりの

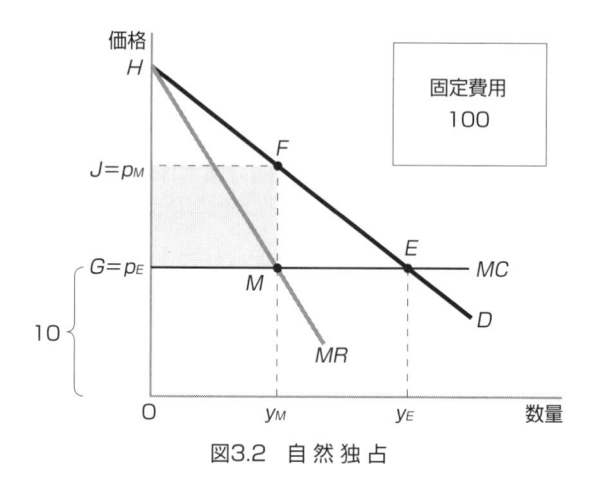

図3.2 自然独占

3.4 独占と公的規制

市場需要曲線, MR は限界収入曲線, MC は $OG = 10$ で水平な限界費用曲線を意味する。独占企業は利潤がもっとも大きくなる点 M を選択するから, 生産量は y_M, 価格は p_M となる。ここでの利潤 $MFJG$ と消費者の利益 HFJ から固定費用 100 を差し引いた社会厚生の大きさは, $HGMF$ マイナス 100 の大きさで与えられる。

自然独占企業にはどのような規制が必要であろうか。社会厚生を最大にするためには, 生産量を y_E, 価格を p_E に設定して, 限界費用 (= 10) が市場需要と一致する E 点を選択する必要がある。このときの社会厚生は, HEG マイナス 100 で与えられる。これが**限界費用価格形成原理**である。しかし, 図 3.2 に示すように, この際に企業の生産から生じる利潤はゼロであるから, 固定費用分 100 の大きさの損失が独占企業に発生している。市場にまかせておけば, 独占企業は損失を出してまで E 点を選択することはない。市場は失敗する。

■ X 非効率性

独占企業の価格を抑制して社会的余剰を最大にするとき, 規模の経済が大きいと, 固定費用のために独占企業が赤字になる。E 点を実現させるには, そこで生じる独占企業の損失を, 政府からの**補助金**で穴埋めせざるを得ない。しかし, **限界費用価格形成原理**の下で補助金で損失が穴埋めされることを, 企業が前もって理解していれば, 費用を最小にする (= 費用曲線の上で生産活動をする) 動機が乏しくなるかもしれない。独占企業は必要以上に豪華な店舗をつくったり, 従業員の福利厚生に金をかけすぎる誘惑にかられる。このような非効率性の発生を, **X 非効率性**と呼んでいる。

補助金が利用できないときは, 政府による規制として, 価格を平均費用に一致させる料金政策 (**平均費用価格形成原理**) も考えられる。このルールでの社会的余剰は, 限界費用価格形成原理のときの余剰よりも, 小さい。しかし, 独占企業が利潤最大化行動で生産量と価格を決定する場合よりも, 社会的余剰は大きくなる。独立採算制であるから, 政府からの補助金は不要であ

る。ただし，常に独立採算が保障されていれば，赤字を回避するための価格の引き上げも保障されていることを意味するから，X非効率性の弊害は排除されない。

■ 固定費用と特許

自然独占の場合は，固定費用が大きくて，限界費用価格では損失が発生するケースを想定した。IT（Information Technology）の分野でも似たような問題が生じる。いま，IT産業などにみられるように，研究開発に膨大な固定費用がかかるが，いったん製品化されれば，限界費用はほとんどゼロで生産可能としよう。たとえば，パソコンのソフトを開発するには巨額の開発費用がかかるが，製品化されたソフトをもう1つ追加生産することは，ほとんどゼロの限界コストで可能である。単に，CDにコピーすれば良いからである。こうしたケースでは，製品を開発した企業を何らかの形で保護しないと，同様な製品を他の企業が限界費用ゼロで生産して，安い価格で市場に供給するため，開発企業も製品価格をゼロに近い水準でしか販売できず，当初の開発費用を回収できない。

この場合に有効な政策は，**特許**や**知的財産権**を整備して，開発企業の利益を保護することである。すなわち，他の企業がコピー製品を出すことを法的に禁止することで，限界費用を上回る価格を可能として，開発企業が開発投資を回収できるようにする。あるいは，他の企業が開発企業に特許料を支払ってはじめて，同様の製品を供給できるようにする。もちろん，これは平均費用価格形成原理に近いので，最善解ではない。しかし，当該企業の開発を全額補助金で穴埋めすることが非現実的である以上，何も介入しないよりは望ましい結果をもたらす。

■ ピーク・ロード料金と2部料金

公益産業では独占の弊害を軽減するために，何らかの価格規制，特に，料金規制が行われてきた。航空，鉄道，高速道路などの交通料金，電力や電話

などがその例である．現在では規制緩和が進んでいるが，公的に料金が規制されると，自由な価格競争のメリットが損なわれる可能性もある．特に，同じ料金をすべての時間，すべての地域，すべての顧客に対して適用することには，問題が多い．

なぜなら，そのような産業では，貯蔵が困難な財を生産しているから，ある時点で発生する最大需要を満たすような水準に生産能力が決定されることが多いからである．このような財の場合には，同一料金を維持するよりは，混雑するピーク時料金を高く，混雑しない非ピーク時の料金を低く設定することが社会的に最適な料金設定となる．

ピーク・ロード料金のメリットは，混雑の緩和，需要の平準化である．また，オフ期に料金が安く設定されるので，オフ期に利用する消費者の利益が拡大する．さらに，ピーク期の料金を割高に設定して，そこから得られる収入を設備の拡大に回すことで，長期的にはピーク期に利用する消費者の利益にも合致している．

ピーク・ロード料金と似た料金体系に，**2部料金制度**がある．これは，基本料金と従量料金の2つの部分からなる料金体系であり，日本でも電力，電気，ガス，水道料金などの公共料金や会員制のスポーツ・クラブ，レジャー施設で幅広く用いられている．基本料金で資本費用（＝固定費用）を徴収し，従量料金で運営費用（＝可変費用）を徴収するのが，2部料金の意図である．したがって，基本料金で固定費用を徴収するとともに，従量料金を限界費用価格形成原理で設定すれば，2部料金のもとでもピーク・ロード料金のケースと同様に，最適な資源配分が達成される．

■ 参入をめぐる競争

2種類以上の生産物を生産する自然独占産業に対する参入の問題を考えよう．独立採算制，すなわち，公企業が生産する財・サービス全体についての収支均衡が制約としてある場合，公企業はある財・サービスの販売で得た利潤を別の財・サービスの販売に伴う損失を穴埋めするために使う可能性があ

る。これを**内部補助**という。たとえば，旧国鉄が首都圏の路線で得た利益で，地方の赤字ローカル線を維持していた例などがある。

もし，需要者の一部（たとえば過疎地の住民）を保護するために，政策当局によって既存独占企業に内部補助させることが社会的に望ましいとすれば，**参入規制**も必要となる。なぜなら，参入規制がなければ，既存独占企業は収益の高い上述の財・サービス市場で参入企業に利益を奪われながら，なおかつ収益性の低い市場でも生産を続けざるを得ない。その結果，既存独占企業の経営は悪化する。これを，**クリーム・スキミング**という。たとえば旧国鉄の場合，大都市圏で私鉄と競合したために，そこであまり大きな利益を確保することが困難になり，赤字ローカル線の重荷で全体としても採算が苦しくなり，ついには分割して民営化された。

3.5 ミクロ的政策のコスト

■ 既得権と国民の利益

最後にこの節で，ミクロ的な経済政策の弊害，コストについて考えてみよう。政府による規制はさまざまな形態をとっている。そのなかでも重要な規制が，**参入規制**である。前節では，ある限定された状況で参入規制が有益である可能性を説明したが，現実には，経済合理性なしに参入規制が行われることが多い。ある市場への参入規制は，すでにその市場に存在する経済主体にとって，**既得権**をもたらす。

図3.3に示すように，参入規制により，ある財の供給が SS 線で一定であるとしよう。需要曲線 DD は通常の右下がりの曲線である。市場価格は両曲線の交点 E の p_E で与えられる。ここで，需要曲線が上方にシフトしたとしよう。この財の社会的希少性が増加したケースである。本来であれば，価格の上昇によって，新規参入が刺激されて，供給量は増加する。すなわち，供給曲線も右へシフトするだろう。しかし，参入規制があれば，供給曲線は SS のままで変化しない。したがって，均衡点は E' へと移動し，価格は p_E'

3.5 ミクロ的政策のコスト

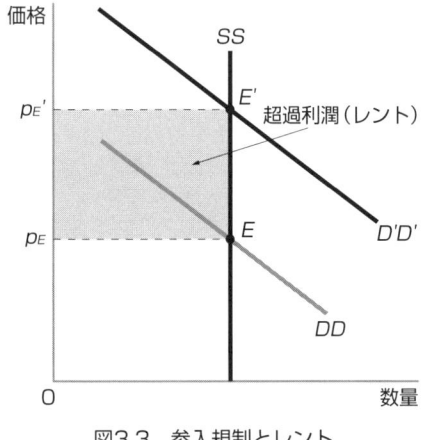

図3.3 参入規制とレント

へ上昇するだけで，生産量は増加しない。当初の市場価格が社会的に妥当な生産性の水準を反映しているとすれば，参入規制によって価格が上昇することで生じる利潤の増加は，既得権益である。このように，規制された分野では，人為的な理由で**超過利潤＝レント**が発生する。

規制産業では超過利潤が生じても他の産業からの参入が起きないので，長期的に超過利潤（＝レント）が保護される。そうした場合では，供給水準を抑制することで，均衡での価格を上昇させて，既存の供給者の所得を増大させるだけに終わっている。これは，既得権が擁護され，潜在的な供給者や消費者の利益が損なわれる代表的な政策である。

■ **間接的な参入規制**

また，ある地域で企業の参入を制限する政策もある。たとえば，大店法（大規模小売店舗法；2000年6月に廃止）という法律によって，大手のスーパーやデパートが出店する際には，既存の中小小売店の同意を必要とするという規制が行われてきた。競争相手が参入することに対して，既存企業が簡単に同意するはずはない。こうした規制は，事実上大手スーパーやデパートの出店規制として機能し，既存の中小小売店の既得権を維持する効果をもっ

た。結果として，商品の品揃えが貧弱のまま消費者価格が高止まりして，多くの消費者の利益が損なわれてきた。

また，住宅・土地の分野では，借地・借家人に対する法律上の既得権が根強くあるために，いったん貸してしまうと，貸す方の事情で立ち退きを要求できない。したがって，地主・家主は土地や家をあまり貸したがらない。その結果，賃貸での土地や住宅の供給が抑制されて，賃貸の住宅市場が発達しない。これも，間接的な参入規制の1つである。得をしているのは，すでに土地や住宅を借りている既存の賃貸人であり，損をしているのは，これから土地や住宅を借りたい潜在的な賃貸人と，地主・家主である。また，立ち退きに関する法律上のトラブルが多発するので，そうした処理を独占的に扱える弁護士やトラブルに非合法的行為で介入する暴力団も利益を得ている。

医療や農業の分野でも，「安全」を口実に参入規制が行われている。金融の分野でも信用秩序の維持を口実に，異業種からの参入が規制されてきた。

■ 人為的な価格政策

参入規制と同様に，大きな影響をもたらす政府の政策が，価格に対する規制である。市場メカニズムがうまく機能する限り，市場での自由な価格形成とそれに対応する資源配分で，社会的に望ましい状況が達成できる。それに対して人為的・政策的に介入することは，結果として好ましくない資源配分をもたらす。たとえば，人為的な**低価格政策**の効果をみておこう。

いま，ある財市場の需要，供給曲線を図示しよう。図 3.4 で両曲線の交点 E が均衡点である。図 3.4 において，均衡価格 p_E よりも低い p^* に市場価格を無理に押さえ込む政策を政府が採用したとしよう。このとき，需要 D と供給 S は p^* の価格では一致しない。AB の大きさだけ供給よりも需要の方が大きい**超過需要**が生じる。通常の市場であれば，超過需要に応じて市場価格が上昇することで，均衡価格 p_E まで価格が上昇して，超過需要は解消される。これが，第2章で説明した市場メカニズムである。しかし，価格抑制政策が採用されていると，市場では A 点までしか供給されず，AB の超過

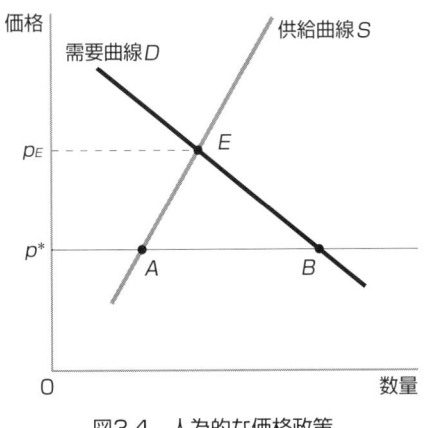

図3.4 人為的な価格政策

需要は満たされないままである。

　こうした場合，p^*A までのなかに入っている消費者は，安い価格でその財・サービスを購入できるので，価格抑制政策のメリットを享受できる。しかし，AB のなかにある消費者は，同じ条件でその財を購入したいのにもかかわらず，購入できない。社会的にみても，その財の必要度は E 点まであるから，A 点以上にその財を供給する方が望ましい。しかし，価格が抑制されているために，企業の方でそれ以上生産を拡大する誘因が生まれない。結局，p^*A までの量を購入している消費者が得をして，それ以外の潜在的な消費者と企業が損をしている。

　こうした政策は，戦争などの非常時に生活必需品を国民に均等に配分するために，**配給制**として実施されることが多い。しかし，非常時でない平時でも，住宅市場での家賃の統制などでみられる現象である。図3.4において，価格統制の対象となっている市場を**賃貸住宅市場**と考えると，賃貸の需要曲線 D と供給曲線 S を描いたものとみなせる。賃貸需要は家賃の減少関数であり，賃貸供給は家賃の増加関数である。

　自由な市場であれば，需要と供給が一致する E 点が，均衡点である。しかし，家賃に上限（p^*）を設定して，それ以上の金額での住宅の賃貸を禁

止したとすると,その家賃価格 p^* で現在住宅を借りている人は得をするが,その家賃価格かあるいはそれ以上の価格で新しく住宅を借りたい人は,必要な住宅を見つけることができない。

また,住宅を供給する側でも,家賃が値上げできないのであれば,それ以上住宅を供給する誘因が生まれない。結局,もっと住宅を供給することが社会的に必要であるにもかかわらず,それが実現できない。現在の賃貸人の既得権を保護することで,他の多くの経済主体の利益が損なわれ,社会的に望ましい資源配分が実現されない。

■ 既得権と国民の利益

規制産業では超過利潤が生じても他の産業からの参入が起きないので,長期的に超過利潤(=レント)が保護されている。わが国では金融産業や運輸産業などで,政策的に新規参入が規制され,超過利潤が長期にわたって保護されてきた。その結果,規制産業では高級官僚の天下り先になっているとともに,政府の政策に影響を与えるような賄賂・汚職事件がたびたび発生している。パイロットや銀行員の給料が高額としても,彼らの生産性が高ければ何の問題もない。しかし,給料の中身の多くの部分が「護送船団方式」によって保護された既得権=レントだからとすれば,こうした分野での参入規制は有害である。

規制された分野では,人為的な理由でレントが発生する。専門的な財・サービスの中身を普通の消費者が判断するには無理があるため,財・サービスの品質を管理するという意味では,医者や弁護士などで資格取得を厳しくして参入を制限するのは,消費者にとってプラスになる場合もある。が,逆に,単なる供給制限でしかないケースも多い。

参入規制は供給を抑制して,家計=需要者の利益を損ねる一方で,利益団体=供給者の利益を拡大する。また,価格規制でも,結果として生産者を擁護して,消費者の利益を損ねるケースは多い。消費者の利益は一人当たりでみればごく小さなものであるから,拡散してしまう。政治的な圧力としては

結実しにくい。一方で，利益団体＝供給者の利益の方はより少数の経済主体に集中して発生するから，それらの団体に属する人々にとっては死活問題である。したがって，政治的にはそちらの方が大きな圧力団体になる。

─ コラム③ ─

京都議定書

　大気中の温室効果ガス（二酸化炭素，メタン等）の増大は，地球を温暖化し自然の生態系等に悪影響を及ぼすおそれがある。大気中の温室効果ガスの濃度を安定化させることを目的として，1992年の地球環境サミットで気候変動枠組条約が締結された。この条約は1994年に発効され，現在わが国を含むほとんどの国が参加している。この条約の目的を達成するため1997年にCOP3（第3回締約国会議）で採択された議定書が京都議定書である。これは，先進国等に対し，温室効果ガスを1990年比で，2008年から5年間で一定数値（日本6％，米7％，EU8％）を削減することを義務づけている。また，この削減を達成するための実施メカニズム等を導入している。

　（環境省HP: http://www.env.go.jp/earth/cop6/3-2.html 参照）

　この京都議定書の特徴は，第1に，先進国の温室効果ガス排出量について，法的拘束力のある数値目標を各国ごとに設定したこと，第2に，国際的に協調して，目標を達成するための仕組みを導入（排出量取引，クリーン開発メカニズム，共同実施など）したこと，第3に，途上国に対しては，数値目標などの新たな義務を導入しなかったことである。

　なかでも，地球温暖化防止の京都議定書に，温室効果ガスの削減手段の一つとして排出権取引の活用が盛り込まれたことは重要な進展である。地球環境の保護に排出権取引を認めたことは，市場メカニズムを活用して環境保護と国際的な所得格差の是正の両方の難問に対処しようとする点で，注目される。これは，国や企業ごとに割り当てられた二酸化炭素（CO_2）などの温室効果ガスの排出許容枠（排出権）を売買する仕組みである。削減が予定通りに実行できなかった場合に外国の排出枠を買い，逆に余った枠を売ることができる。日本のように省エネ努力が進み，さらなる温室効果ガスの削減には高いコストがかかる国は，途上国のような削減余地のある国からCO_2の排出枠を買えば，より安いコストで削

減目標を達成することができる。

　ただし，京都議定書の大きな問題点はアメリカがこの協定を批准することに拒否反応を示している点である。世界最大のエネルギー消費国であるアメリカ抜きで，地球環境問題の抜本的な改善は期待できない。アメリカが反対しているのは，排出量の抑制目標がアメリカにとって大きな負担になるのに対して，そのメリットを実感しにくい点にある。つまり，アメリカが削減に努力しても，それによる個別のメリットはそれほど大きくない。

　そもそも地球環境が温暖化しても，アメリカにとってそれほどのマイナスは感じにくい。国土が広いうえに，海面が上昇しても，水没する可能性はないからである。また，CO_2 の排出と地球温暖化との因果関係は長期的なものだから，不確定性もある。さらに，ただ乗りの要因も無視できない。他の国が環境対策を実施すれば，それは自国が環境対策を実施したのと同じ効果をもたらす。しかし，負担面では，自国が実施する方が自国にとってははるかに大きい。その結果，アメリカだけでなく多くの国々で，環境対策は消極的になりやすい。

4

公共サービスの供給

　本章では，政府支出のあり方を資源配分の効率性の観点（＝公共財の供給）から説明しよう。わが国では，中央政府が財政面でも，その他の経済活動においても，中心的な存在であり，中央集権国家である。国際的には，イギリスやフランスも，わが国と同様に，中央政府の役割が強い。これに対して，アメリカ，ドイツ，カナダなどでは，地方政府の役割が大きく，国はいくつかの地方政府の連邦として組織されている。このように，中央政府と地方政府の関係は，国際的には異なっている。しかし，どのような形態をとるにせよ，政府が一国の経済活動に大きな役割を果たしている点では，同じである。

4.1 公共財の供給

■ 政府支出の内容

表4.1は，先進諸国における政府の大きさを，対GDP比率での**政府支出**の水準で表している。この表をみても，政府支出の存在が無視できないことがわかるだろう。わが国の一般政府総支出は，対GDP比でほぼアメリカと同程度（= 30 %台）であり，ヨーロッパ諸国（30 - 50 %台）よりは小さい。また，わが国では政府の消費的な支出の割合が小さく，公共投資の割合が大きいことが特徴である。政府消費も政府投資も，便益が広く国民全体におよ

表4.1

		政府最終消費支出	うち人件費	うち医療等	一般政府総固定資本形成	現物社会移転以外の社会給付(年金,失業給付等)	その他	うち利払費	うち土地購入(純)	うち補助金	一般政府総支出(合計)
日 本	1990	13.3	6.2	3.8	4.8	7.1	4.9	3.6	1.0	0.8	30.0
	2000	16.9	6.7	5.4	5.1	10.0	4.4	3.3	0.8	0.8	36.4
アメリカ	1990	16.6	—	—	3.7	10.0	3.3	5.1	0.1	0.5	33.7
	1999	14.3	—	—	3.3	10.8	2.0	3.9	0.1	0.5	30.4
イギリス	1990	19.9	11.9	—	2.6	11.9	5.8	3.8	▲0.1	0.9	40.2
	1999	18.5	7.5	—	1.1	13.5	4.8	3.0	▲0.1	0.6	38.0
ドイツ	1991	19.2	9.0	—	2.7	15.7	6.6	2.8	▲0.1	2.2	44.2
	1999	19.0	8.3	—	1.8	18.9	6.1	3.5	▲0.1	1.7	45.9
フランス	1990	22.3	12.5	—	3.5	16.9	5.0	2.9	0.1	1.8	47.5
	1999	23.4	13.6	—	2.9	18.3	5.0	3.3	0.1	1.3	49.6
スウェーデン	1993	28.4	19.1	—	3.3	23.3	12.5	6.0	▲1.8	4.5	67.5
	1999	26.9	16.5	—	2.8	18.9	6.5	5.0	▲0.3	2.0	55.1

(注) 1. 日本は年度，諸外国は暦年ベース。
2. 一般政府とは，国・地方及び社会保障基金といった政府あるいは政府の代行的性格の強いものの総体（独立の運営主体となっている公的企業を除く）。
3. 一般政府総支出は，経常支出と純資本支出の合計。
4. 中央政府，地方政府，社会保障基金それぞれの総支出は，他の一般政府部門への移転を控除している。

(出典) 日本：国民経済計算年報（平成14年版, 93SNAベース），アメリカ：*National Income and Product Accounts*，諸外国：OECD／*National Accounts 2001*

ぶものが多い。そうした財・サービスは**公共財**と呼ばれる。

ただし，このような量的な大きさだけでは，政府の役割は必ずしも十分に評価できない。**表4.1**で示したように，わが国の政府の大きさはアメリカとほぼ同じ程度の水準にあるが，行政指導など，規制，誘導，監督活動に関しては，わが国政府の方がアメリカよりもはるかに大きな存在となっている。

■ 公共財とは何か

市場で取り引きされる通常の財を私的財と呼ぶと，公共財には私的財とは異なる性質がある。すなわち，政府はある特定の人だけを対象として，公共財を限定的に提供することはできない。ある特定の人を，たとえば受益に見合った負担をしていないからという理由で，その財・サービスの消費から排除することは，技術的，物理的に不可能である。その社会に住む人なら誰でもその公共サービスを受けることができる（**排除不可能性**）。また，ある人がその公共サービスを消費したからといって，他の人の消費量が減るわけでもない（**消費の非競合性**）。公共財は，通常，消費における非競合性と排除不可能性から定義される。

たとえば，A，B2人の消費者がいて，ある財が社会全体で10だけ利用可能とする。通常の財であれば，Aが10を消費すれば，Bが消費できる量は0となる。しかし，公共財の場合には，Aが10を消費しても，Bが消費できる量はやはり10のままである。

消費における排除不可能性と非競合性は，公共財を特徴づける2つの大きな性質である。完全にこの2つの性質が成立する公共財は，**純粋公共財**と呼ばれる。こうした公共財は，国民すべてが等量で消費している。一国全体の防衛や治安，防災，伝染病などの検疫などはこの例であろう。上の2つの性質を近似的に満たすものも，広い意味で公共財と考えることができる。いいかえると，その支出が特定の経済主体だけではなく，他の人々にも便益を及ぽすような財は，広い意味での公共財である。

■ 公共財とただ乗り

　このような特徴をもっている公共財は，市場では必ずしも適切な水準まで供給されない。公共財を社会的に望ましい量まで供給するのは政府の大きな責任である。ところで，政府が公共財を適切に供給する際に問題になるのが，ただ乗りの可能性である。**ただ乗り**とは，負担を伴わないで便益を受けることである。

　通常の**私的財**であれば，市場価格という対価を支払わない限り，その財を消費することができない。受益者が負担する原則である。排除可能だから，ただ乗りしようと思ってもできない。しかし，公共財の場合は排除が不可能であるために，たとえ負担しなくても，何らかの便益は享受できる。公共財の評価が各人で異なるときや，所得格差が拡大しているときに，このただ乗りの可能性が大きくなる。

　公共財の供給コストをどのように公平に分担するかは，防衛費のような一国全体の公共財の場合のみならず，もっと身近な地域限定の公共財の場合にも大きな問題になる。たとえば，町内会の役員など地域の活動に参加する場合も，ただ乗りの誘惑は大きい。

　また，受益者負担の原則を適用せず，受益とは無関係に公共財の財源を別に税金で調達する場合は，公共財を負担する納税者と公共財の受益者とが乖離する。特に，生活道路，橋，公民館など地域に密着した公共投資の場合，税金は全国の人々が負担しているが，受益はその地方の人のみに関係する。受益と負担が分離されている世界では，他の人の負担にただ乗りしようとする誘惑は大きい。こうしたケースでは，公共財に対する過大な需要が生まれる。私的財であれば，受益と負担を分離することは不可能であり，こうしたただ乗りも生じない。

　政府支出は，それぞれ何らかの便益を国民の誰かにもたらすものであり，他の条件が一定であれば，その拡大は常に望ましい。しかし，公共サービスの財源は税金である。税負担は国民誰かの負担であるから，他の条件が一定であれば，増税は望ましくなく，減税は常に望ましい。支出の決定と収入の

決定が分離されており、政府の提供するサービスに関して、受益者負担の原則が成立していない状況では、国民一人一人にとっても、公共支出の拡大と税負担の減少という誘惑は常に大きい。その結果が、財政赤字の拡大である。

■ 公共財の最適供給

さて、政府はどのようなルールで公共財を供給すべきだろうか。個人1, 2からなるモデルで、表4.2の数値例を用いて公共財の最適供給ルールを考えてみよう。個人1, 2それぞれの公共財の評価額と公共財の供給費用は、公共財の水準ごとに異なる。公共財は等量消費できるから、2人の公共財の評価を合計したものが、社会全体での公共財の評価になる。この社会的な評価と公共財の費用との差額が、公共財の供給から得られる社会的な利得である。表4.2の数値例では、公共財が3単位供給されるとき、個人1, 個人2の評価の合計が50, 費用が30であり、このときの社会的利得20（= 50 − 30）がもっとも大きな利得となる。つまり、公共財は3単位供給するのが望ましい。

以上の数値例を限界メリットと限界デメリットの観点から、考え直してみよう。公共財供給の追加的な1単位の限界便益は、すべての個人の限界便益の総和であり、表4.2からもわかるように、公共財水準を2から3に1単位増加するときには、限界便益は15となる。また、公共財水準を3から4に1単位増加するときには、限界便益は5である。公共財供給の追加的な限界コストは、公共財水準を2から3に、また、3から4に、それぞれ1単位

表4.2 公共財の最適供給

公共財供給量	1	2	3	4
個人1の評価	2.5	17.5	25	27.5
個人2の評価	2.5	17.5	25	27.5
費用	10	20	30	40
社会的利得	−5	15	20	15

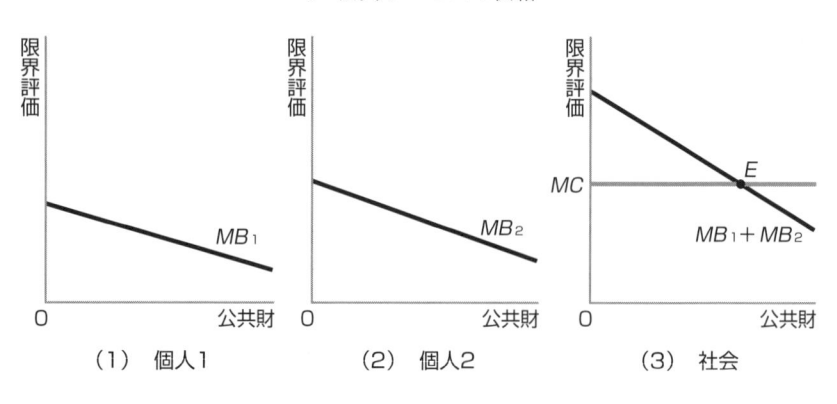

図4.1 公共財の最適供給

増加するときに，いずれも10である。限界便益が限界費用を上回る限り，公共財の供給を増加させることで，ネットの便益は増加する。逆に，限界便益が限界費用を下回るときには，公共財をそれ以上増加させると，ネットの便益は減少する。したがって，上の数値例では，公共財を3単位まで供給するのが望ましい。

以上の数値例でもわかるように，「最適な公共財の供給条件は，公共財の限界的な総便益と公共財の限界費用が一致する」ことである。これが，公共財の最適供給に関する**サムエルソン（Samuelson, P. A.）の公式**である。

2人の個人が存在する経済について，図4.1を用いて説明してみよう。図4.1−(1)(2)は，個人1，2それぞれの公共財の限界評価曲線を描いている。これは，「追加的に1単位公共財を供給してもらえるなら，自分としてはどのくらいまでのお金を支払う用意があるか」という追加的な支払い意欲（＝**公共財の限界便益**）を示している。公共財の水準が大きくなればなるほど，限界的な支払い意欲は減少するだろう。公共財の限界効用は逓減するからである。よって，図4.1に示すように右下がりの曲線が描かれる。

図4.1−(3)は，個人1，2の公共財の限界評価曲線を縦軸に沿って足し合わせた曲線であり，公共財の社会的な限界評価＝限界的なメリットを示し

ている。サムエルソンの条件は，この社会的な限界評価と公共財の限界費用（MC）＝限界的なデメリットとが一致するE点まで，公共財を供給するのが望ましいことを意味する。以上まとめると，サムエルソンの公式とは，「各個人の限界評価の和（社会全体の公共財供給の限界的な便益）＝限界費用」の条件で与えられる。

■ リンダール方式

ここで，政府が公共財の供給に大きな役割を果たす**リンダール**（Lindahl, E. R.）**方式**を説明しよう。これは，私的財と同様に，受益者負担の原則を公共財にも適用するものであり，公共財の評価の高い個人に，より大きな負担を課す。この方式のもとでは資源配分の効率性が実現するので，多くの関心を集めてきた。リンダール方式は3つの段階に分けられる。

(1) 政府が，各個人におのおのの公共財の負担比率を提示する。

(2) 各個人は，その負担比率のもとで最適な公共財需要水準を表示する。

(3) 政府は，各個人の表示した公共財の水準に応じて負担比率を調整し，結果として，すべての個人の公共財需要の表示水準が等しくなるところで，公共財の供給量を決定する。

いま個人1, 2という2人の個人からなるモデルを想定する。まず，個人1の最適化行動から定式化しよう。hを個人1の公共財負担比率とすると，図4.2に示すように，hと個人1の最適な公共財との関係は負となる。これは，公共財の負担比率hが上昇すれば，いままでよりも公共財に対する需要が減少するからである。個人2の最適化行動も同様に考えることができる。ここで注意すべきは，個人2の負担比率が，$1-h$となる点である。

図4.2では，縦軸に個人1の負担比率hを，横軸に公共財の量Yをとって，おのおのの個人の公共財需要曲線を描いている。なお，個人2の負担比率$1-h$は，原点Oから上方にはかられることに注意したい。個人1の需要曲線は右下がりであり，個人2の需要曲線は右上がりである。政府は，おのおのの個人に異なる負担比率を提示し，同じ公共財のもとでの負担比率の

4　公共サービスの供給

図4.2　リンダール均衡

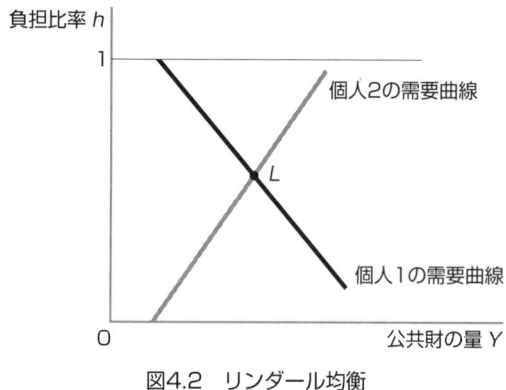

合計が1になるように調整する。これら2人の個人の公共財の需要を同時に満たす点Lが、リンダール均衡点である。

　この方式では公共財は通常の私的財と同じようなメカニズムで供給されるから、結果として公共財は最適に供給されて、資源配分の効率性が実現する。すなわち、公共財は効率的に供給される。これは、各個人が自分にとっての便益とちょうど見合う個別化された価格（＝負担比率）で、公共財の負担を決めており、しかも、個別化された価格の合計が公共財供給のコストに見合っているからである。サムエルソンの条件がリンダール均衡で成立する。

　しかし、リンダール方式は実際にはうまくいかないだろう。なぜなら、公共財を本当は高く評価している個人が、「公共財は必要ないので負担もしない」と虚偽の申告をして重い負担を回避しても、公共財を消費することは依然として可能である。公共財には排除原則が適用できないからである。したがって、すべての人が公共財の評価を過小に政府に報告することで、自らの公共財に対する負担を小さくしようとするだろう。その結果、各人の負担比率は変わらないまま、公共財の供給量が減少してしまう。

■ ただ乗り問題の対策

ただ乗り対策として有力な方法は，ただ乗りの動機を小さくすることである。所得再分配政策が適切に行われるなら，実施後にすべての個人の効用は増加する。過去の公共財計画の際に人々の間で公平性が確保されるべく，再分配政策がとられていたら，新しい公共財計画の際に人々の間でそれほど利害は対立しない。したがって，ただ乗りをする動機も小さい。その意味で，経済政策への信頼感を増すことが，ただ乗り対策として重要である。

もう1つのアプローチとして，公共財の評価を政府が間接的に行うことである。公共財の供給によって社会的便益がどの程度増加するかを，間接的な方法で推計できれば，その便益が公共財の費用と比較して大きい場合に，その公共財計画を実施すればよい。通常の私的財であれば，市場で需要量が観察できるので，そのデータをもとにして消費者の便益を推計できる。しかし，公共財は市場で取引されない財であるから，政府が正確な便益を推計するのはなかなか困難である。この点を工夫したアプローチが，4.2節で説明する費用便益分析である。

4.2　費用便益分析

■ 基本的考え方

ある公共支出を実行するのが社会的に望ましいかどうか，どの規模の公共支出を実施するのが望ましいのか，という問題を考えてみよう。こうした公共支出の評価を取り扱うもっとも有力な方法が，**費用便益分析**である。これは，公共支出の生み出す社会的便益の現在から将来までの流列の割引現在価値が公共支出の費用を上回る限り，その公共支出計画を実行するのが望ましいというものである。

完全競争市場における民間企業の場合，社会的な純便益（＝便益－費用）の最大化は，企業の利潤（＝収入－費用）最大化に一致している。企業の利潤が最大になる点で，家計の利得も最大になるからである。公共支出の場合

には，すべての生産物を市場で販売することができず，何らかの外部性も排除できないから，利潤原理をそのまま適用することはできない。市場メカニズムを用いないで利潤原理を間接的に適用しようというのが，費用便益分析の基本的な考え方である。

■ 社会的便益の推定

まず，便益評価の方法から検討したい。公共支出の便益は，その計画を実施することで，消費者の効用（＝満足度）がどれだけ増加するかを金銭に換算するものである。この大きさを推計するには，その公共支出計画を実施する前と後で消費者の効用（＝経済的な満足度）の変化を観察し，それを金銭で評価する必要がある。このときに次の点が問題となる。

第1は，公共支出が消費者の効用に及ぼす効果の経路を特定して，その大きさを推定することである。公共支出が消費者の効用に影響を与える代表的なルートとして，市場を通じるルートがある。公共サービスでも市場で販売される場合には，その金銭的な評価は比較的容易である。公共支出が直接消費者に売買され，消費者がそのサービスを市場で購入する場合には，実際の購入量と購入価格のデータから，そのサービスに対する消費者の需要曲線を推定できる。需要曲線は，ある量を購入している消費者が，その量の消費に対して限界的に最大限支払ってもいいと考えている限界的評価を示している。需要曲線が推定できれば，その下方の面積を計算することで，公共支出の社会的便益を推計できる。

あるいは，民間で似たようなものが供給されている場合には，そこでの価格を利用できる。これは代替法と呼ばれる手法である。

しかし，産業関連の公共投資のように，公共支出が企業で生産投入要素として使用され，私的財の価格を引き下げる形で間接的に消費者の効用を増加させる場合には，公共投資の便益を推計するのはかなり困難である。産業基盤インフラが整備されれば，企業が生産する際の生産コストや原材料，製品在庫の輸送コストが軽減される。もし公共事業が小規模なものであり，その

公共事業の実施によって他の財・サービスの価格が影響を受けないとすれば，公共事業によって企業が受ける便益がそのまま社会的便益となる。すなわち，社会資本が整備されることで，生産費が低下して，その地域の企業の利潤額が増加すれば，その分だけ公共事業はメリットがあったということになる。

ただし，市場が不完全競争状態であったり，その公共事業計画によって他の財・サービスの価格が変化する場合には，上のような単純化の想定は成立しない。その場合，公共事業の便益を厳密に推定するのは困難である。

第2に，市場を通さない外部性を伴うルートがある。たとえば，高速道路の建設で，自動車の移動速度が早くなったり，騒音や排気ガスが増加したりする場合である。こうした波及効果を伴う支出については，もっともらしい仮定をおいて推計する他はない。自動車の移動速度の増加による便益は，節約される時間の金銭的な評価で推計する。騒音や排気ガスの増加による負の便益（コスト）は，それを相殺するために必要な追加的なコストの大きさで測る。ただし，これらの推計には恣意性がつきまとう。

また，外部性を計算する際には，二重計算の過ちにも注意する必要がある。たとえば，高速道路の建設の場合，それによって地価が上昇したとしても，それが移動時間の短縮の結果であったとしたら，移動時間の短縮と地価の上昇とを同時に社会的便益として推計することはできない。

■ 異時点間での評価

公共支出のなかでも公共投資は重要な特徴をもっている。すなわち，公共投資の便益や費用は，一時点のみに集中して発生するものではない。通常は，**多期間（異時点間）** にわたって生じる。異時点間の便益や費用を比較するには，ある**割引率**で将来の値を割り引いて，現在価値に直す必要がある。その際に，各期の便益と投資費用をどのように推計するかとともに，異時点間の便益と費用を比較する際に用いられる割引率をどのように決定するかが重要な問題点となる。意図的に低い割引率が用いられれば，社会的便益の割引現在価値は過大に推定されるから，公共投資はどんどん実行されてしまう。逆

に，高すぎる割引率が用いられると，公共投資はあまり実行されなくなる。

以下の数値例で考えてみよう。第1期に10の費用で公共支出を行い，第2，3期にそれぞれ10の便益が得られるとしよう。割引率をゼロとすると，便益の合計額が現在価値額でもあるから，総便益は20となる。これは，費用の10を上回るから，この公共支出を行うことが望ましい。

この数値例で，割引率として100％を用いるとしよう。このとき，第2期の便益の現在価値は$10/2 = 5$，また第3期の便益の現在価値は$10/(2 \times 2) = 2.5$となるから，総便益の現在価値は$5 + 2.5 = 7.5$となり，費用の10よりも小さくなる。したがって，この割引率（100％）がもっともらしいとすれば，この公共投資は実施しない方が望ましい。

理想的な状況では，公共投資の割引率は，民間投資の収益率と等しく，また，**市場利子率**とも等しい。完全な資本市場が存在していれば，消費者は市場均衡で決まる利子率をシグナルとして，消費・貯蓄の意思決定を行っており，また，企業はその利子率と投資の限界生産が等しくなるように投資決定をしている。そうした世界では，公共投資の割引率は市場利子率で与えられる。

しかし，市場利子率を公共投資の割引率として用いることに批判的な議論もある。人々は生存期間が有限であるから，ずっと将来の先のことに対する関心は強くない。その意味で選好が近視眼的であれば，たとえ資本市場が完全であっても，市場利子率を採算ベースとして行われる公共投資は，将来世代にとって不十分になる。したがって，政府は将来世代の利益を代表して，異時点間の資源配分を是正し，市場利子率よりも低い割引率を設定して，社会的に望ましい公共投資を政策的に促進すべきであるという議論である。

しかし，割引率に市場利子率よりも高い値を用いるべきだという議論もある。たとえば，資金の貸し手である政府の目的は社会厚生の最大化であるのに対し，資金の借り手である公的企業の経営者は自らの利益を最大にするように行動しているとしよう。政府は公的企業の経営者の行動を完全には監視できないから，彼らの利己的行動を織り込んで公共投資の割引率を決める必

要がある．その場合，無駄な公共投資を抑制するために，最適な割引率は市場利子率よりも高くなる．また，公共投資にリスクがあるとき，公共投資の借り手はその計画のリスクについて情報をもっているが，公共投資の貸し手はリスクに関する情報をもっていない．このときも，最適な割引率は市場利子率よりも高くなる．

■ 市場価格に代わる方法

(1) トラベルコスト (TCM)

費用便益分析では，何らかの形で公共支出の便益を推計する．その基本的な考え方は，これまで説明したように，市場での価格を用いて，間接的にせよ便益を推計するものである．しかし，公共支出の便益の内容によっては，市場価格を利用できない場合も多い．そうしたケースでは，市場価格以外の指標を用いることになる．

その代表的な方法の1つが，旅行費用（トラベルコスト）を利用する**トラベルコスト法 (TCM：Travel Cost Method)** である．TCMでは，特定の場所から受ける便益を，その場所を訪問するための旅行費用によって評価する．公共施設を利用する料金はゼロであっても，そこまで旅行するのにコストがかかれば，実質的に利用負担がある．

いま，公園の便益を推定する場合を想定しよう．TCMでは，公園を利用するのに必要な旅行費用が，入園料と同じように訪問需要に影響すると考える．公園を利用するための旅行費用の相違が，公園利用という公共サービスに対する需要を変化させると仮定し，そこで得られる訪問需要関数を求めて，公共サービスに対する消費者の便益を推定する．たとえば，居住者を地域ごとに区分し，各地域からの対象地（＝公園）への旅行費用を価格とみなす．そして，各ゾーンごとに集計された公園への人口当たり延べ旅行者数を需要量とみなして，旅行に関する需要曲線を推定する．最後に，公園がある場合と，公園がない場合とを比較して便益を推定する．

TCMは，公園などの公共サービス需要が利用する際に必要とされる旅行

費用によって決まるという，比較的簡単な考え方を基礎としている。旅行費用を交通費とみなせる場合には，公園訪問者の居住地からの距離によって，旅行費用を推定できることになり，容易に公園の価値を推計できる。公園以外には，図書館など公共施設の利用について，その便益を評価する際に応用可能である。

(2) ヘドニック・アプローチ

ヘドニック・アプローチは，公共事業の便益が関連する他の財（特に土地などの資産）の価格に影響すると考えて，計画を実施する前と実施後の価格の変化から，公共支出の便益を推定するものである。原理的には，どのような財の価格にも公共支出の便益は反映され得るが，通常は，公共支出の便益が地価に反映されると想定する。このため，**資産価値法**とも呼ばれている。

この方法は，地価形成における資産還元仮説を前提としている。この仮説では，地価は将来の地代の割引現在価値として形成される。将来多くの地代収入が期待できれば，その土地の地価は高く評価される。公共事業の便益の高い場所ほど，人々がより住みたいと思うので，地代も高くなる。社会資本の便益の高い地域には多くの人が住もうとするから，便益分だけ地代・地価が上昇すると考える。ヘドニック法（Hedonic Method）は，都市緑地，都市公園，一定地域の大気の質など，地価に影響を与えると考えられる居住地域環境の質を計測するのに適している。

ヘドニック法では，地価は，都心からの時間距離，社会資本の質を反映する周辺環境などの立地特性によって決まってくると考え，これらの特性を説明変数として，地価関数を推計する。そして，この関数を用いて，評価したい社会資本整備の変化が地価をどのように変化させるかを推計する。

なお，ヘドニック価格関数を推定するためには，適切な土地取引市場の存在が前提である。実際にはほとんどの土地は保有されたままであり，ごくわずかの土地しか実際の売買市場で取引されないので，地価の推定には不確定性がある。

(3) 仮想的市場評価法（CVM）

　旅行費用でも地価でも推計できない場合，最後の手段として用いられるのが，アンケートによる手法である。**仮想的市場評価法（CVM：Contingent Valuation Method）**は，公共支出による便益を事業者＝政府が評価するのではなく，仮想的状況をうまく設定して，便益を享受する住民自身に答えてもらう現実的手法である。住民に対してインタビューをして，事業の内容，効果について説明したうえで，「その事業に対する便益と引き替えに，いくらまでなら支払えるか（最大限支払い意思額）」を答えてもらい，この回答結果をもとに，社会全体の公共支出便益を推定する。

　たとえば，堤防など治水の公共投資を想定しよう。その結果，洪水の起きる確率がかなり低下する。こうした堤防がない地域で，ある程度高い洪水の発生確率を前提として，人々はどのくらいの家賃を払って，一定の大きさの家に居住したいと思うだろうか。また，堤防がある地域では，その他の条件が前者の地域と同じであるとして，人々はどのくらいの家賃を払って，同じ大きさの家に居住したいと思うだろうか。

　洪水の可能性が小さい分だけ，後者の地域での支払ってもよいと考える家賃の方が，堤防のない地域よりも高くなる。その差額の現在価値が堤防の金銭的な評価になる。仮に，前者の地域での家賃が月10万円，後者の地域での家賃が月15万円と消費者が回答したならば，その消費者にとって，堤防という公共投資の評価は，毎月5万円（毎年60万円）であり，堤防が50年の耐用年数があり，（単純化のために）利子率がゼロであれば，その現在価値は，一人当たり3000万円になる。

　CVMでは，回答者にもっともらしい仮想市場を表示することができれば，公共支出だけでなく，あらゆる財の評価が理論上可能となる。たとえば，絶滅の危機にある希少生物を保護する価値の評価など，存在価値（存在するだけで意味をもつ価値）にも拡大して適用できる。CVMは便益評価の最後のよりどころとして，環境保護など曖昧な対象を便益評価する際に用いられる傾向がある。

ただし、その評価対象となる財・サービスの性質が、一般の私的財・サービスから大きく乖離してくると、回答者の仮想市場における選択行動は信頼性がなくなる。CVM では、仮想的市場をうまく設定すれば、公共支出についての本当の評価を政府に表示するメカニズムを構築できると考えている。しかし、その手法は恣意的な性格を免れない。実施する主体（政策官庁）に便益を過大に導出するバイアスがあれば、それを正当化する手段として用いられかねない。CVM の特徴とその限界をきちんと認識することが、重要である。

4.3 公共財の私的供給

■ ナッシュ均衡

4.2 節までの説明では、公共財の最適供給に関する規範的分析を行ったが、以下では、公共財の自発的供給について考えてみよう。これは、公共財の自発的供給のナッシュ（Nash, J.）均衡として知られている。

政府が公共財を全然供給しなくても、その経済に公共財が全然供給されないとは限らない。民間部門で、私的財と同時に公共財を供給することも可能だからである。これは、公共財の現在量に不満なものが、自らの負担で公共財を追加することを意味する。たとえば、各個人にとって、「自分の家の前に自らの自己負担で何個街灯を据え付ければいいか」という問題である。街灯は他人にとってもメリットのある公共財である。

ところで、表 4.2（4.1 節）の数値例を用いて、個人 2 が自らの利害だけを考慮してこの公共財を自主的に供給することが得かどうかを考えよう。個人 2 は個人 1 の自発的な供給が 1 であると考えると、この公共財をもう 1 単位供給するのが、最適となる。また、個人 1 にとっても個人 2 が 1 単位を供給してくれるのであれば、2.5 の便益を享受できるから、もう 1 単位自己負担して便益を 2.5 から 17.5 になるように、さらに 15 だけ増加させるために、10 の追加的な費用を受け入れるのは得である。したがって、個人 1 も 1 単

位の負担をする。結局，個人1，2が1単位ずつ公共財を自発的に負担するのが，ナッシュ均衡となる。公共財の総供給量は2単位となる。

■ ナッシュ均衡の効率性

自発的供給のナッシュ均衡点とサムエルソンの公式が定める社会的な最適点を比較してみよう。自発的供給点に対応する公共財の量（上の数値例では2単位）は，社会的最適点に対応する公共財の量（上の数値例では3単位）よりも小さい。自発的供給の均衡点では，社会的な最適水準より，公共財が過小にしか供給されない。

これは，各個人が自分にとっての私的便益のみを考慮して，公共財の負担を決めるためである。自発的供給のナッシュ均衡点では，各個人それぞれの公共財の限界的な便益が，公共財の限界費用に等しい。便益が自らに限定される私的財の場合には，これは社会的にみても資源配分の最適条件であるが，公共財の場合には社会全体の公共財供給の限界的な総便益を考慮しなければならない。しかし，自発的供給のナッシュ均衡では，他の人への波及効果を考慮しないで，公共財の供給量を決定するために，公共財は過小にしか供給されない。

■ 寄付税制の現状

現実の世界でも，**寄付**行為に代表されるように，自発的な公共財の供給は多くみられる。寄付金総額が増加すれば，寄付をする個人にとって満足度が増加すると考えると，寄付金総額が公共財としての役割を果たしている。すなわち，誰がどれだけの寄付をするかに関係なく，とにかく，寄付金の総額のみに関心があるという世界である。

所得税には，**寄付控除**の制度が設けられている。これは，国または地方公共団体に対する寄付金や特定公益増進法人などに対する寄付金で特定のものが，控除の対象になるというものである。

また，法人の寄付金には企業活動の円滑化やある種の広報活動の必要性，

公益的な慈善事業などに対する寄付など，社会通念上その損金性を認めるべきものもある。現実の税制では，寄付金の目的により区分して，損金の額に算入すべき金額を規定している。法人の寄付金の損金不算入制度とは，法人が支出する寄付金について，国または地方公共団体に対する寄付など特定の寄付を除き，一定の限度額を超える部分の金額は，損金に算入されないことを意味する。このような損金不算入という制度の理由としては，税務当局によると，寄付金が本来まったく反対給付のない任意の財産の処分であり，事業の収益にそのまま対応する損金とはいえず，利益処分に近い性格を有すると考えられるからである。いずれにせよ，寄付行為が税制上優遇されれば，そうでない場合よりも寄付行為は促進される。しかし，政府の税収はその分だけ減少する。

わが国では，税制上の寄付行為として所得控除の対象になっている金額はそれほど大きくない。しかし，これは必ずしも広い意味での寄付行為の規模が小さいことを意味しない。地域社会での円滑な生活においては，その地域の良好な生活環境，経済環境，文化環境を維持し発展させるために，われわれはさまざまな経済的負担を行っている。

たとえば，街灯などの外部性をもつ財を自治会などを通じて自発的に供給したりする金銭的な負担はもとより，近くの公園，道路などの清掃，ごみ収集に対しての協力など，時間を自発的に提供するという形での負担も行われている。これらの**奉仕活動**（＝ボランティア活動）も，機会費用で考えると，所得の一部を自発的に提供していると考えられる。あるいは，1995年の阪神大震災に象徴されるように，地震などの災害に対して，自発的な人的援助，金銭的な寄付を行ったり，老人介護などの社会福祉活動や国際的な環境問題，難民救済などの人道的な援助活動に対して，人的，財政的な支援を民間レベルで行っている場合も多い。

こうした行為は，そうした行為自体に何らかの価値をみいだす自己啓発活動としても解釈できるが，より抽象的なレベルでは外部性をもつ公共財を自発的に供給する行為であるとも，解釈できる。このような広い意味での寄付

行為＝ボランティア活動に対しては，最近フィランソロピー活動の経済分析として，経済政策の分野でも関心を集めるようになってきている．

■ 寄付税制の評価

　こうした特徴をもつ寄付税制をどのように評価すべきだろうか．ボランティア活動を財政面から支援することにメリットが大きいのは，確かであろう．しかし，そうした政策は公的な支援のための財源調達にはマイナスに働く．ボランティアへの寄付を税制上優遇すると，その分だけ政府の税収が減少するから，公共サービスの財源は不足し，政府による公共サービスを削減せざるを得なくなる．したがって，ボランティア活動に対して際限なく財政上の支援を行うことはできない．ボランティア支援の最適水準については，このメリットとデメリットを両方考慮に入れて考えるべきである．

　一般的にいえば，ボランティア活動などで私的に供給される公共財に外部性の程度が大きいほど，また，税金を財源として公的に供給される公共財の外部性の程度が低いほど，最適な寄付控除の大きさも大きくなる．さらに，たとえ私的な寄付行為の外部性が乏しくても，そのような行動が公的な支出とは完全代替でなく，公的支出ではあまり代替できないユニークで有益なものであれば，それを財政的に支援することが望ましい．

4.4　準公共財

■ 準公共財の概念

　純粋公共財と私的財との中間的な性質をもつ財が，**準公共財**である．具体例として，街灯を想定しよう．この経済に複数の人々がいるとし，街灯はいずれかの個人の家の前に設置されるものとする．設置された家の前での明るさを1とすると，この街灯が他人の家に及ぼす明るさが問題となる．これが0であれば，すなわち，他人の家に何ら便益を及ぼさない場合には，街灯は私的財である．逆に，これが1であれば，すなわち，どこの家にも同じ明る

さを及ぼす場合には,街灯は純粋公共財である。さらに,これが0と1の間であれば,すなわち,他人の家に多少の明るさは及ぼすけれども,自らの享受する明るさほどではない場合には,この街灯は準公共財とみなされる。

純粋公共財は政府=「官」が供給し,私的財は市場=「民」が供給するのが自然だろう。では,準公共財はどちらが供給すべきだろうか。現実の公共支出の多くは純粋公共財ではなくて,準公共財である。そうした公共サービスは,市場でもある程度供給可能である。また,前述したように,税制上の優遇措置を適切に設けることで,ボランティア活動など**非営利団体（NPO：Non Profit Organization）**でも対応できる。本節では,こうした準公共財のなかでも代表的な例であるクラブ財の供給について,考えてみよう。

■ クラブ財

準公共財には,(1) 便益を特定の個人のみに限定すること自体は無理だけれども（排除不可能性）,便益の波及する程度がそれほど大きくないので,地域を限定することで実質的に排除原則を適用できる公共財と,(2) 便益を限定すること自体は可能である（排除可能性）が,ある人の消費が別の人の消費を妨げない（非競合性）性質をもつ公共財の2つに分けられる。たとえば,(2)の例として高速道路が想定できるだろう。出入り口を規制することで,高速道路の便益には排除可能性があるが,混雑していない限り,非競合性はない。したがって,準公共財の世界では,自発的な供給メカニズムを前提にしても,ただ乗りする人は限定される。私的財に近い性質をもつので,ある程度,受益者負担の原則を適用することが可能となる。たとえば,高速道路を民間企業が供給することは十分可能である。

(2)の性質をもつ準公共財は,**クラブ財**と呼ばれる。これに対して,ある特定の地域に便益が限定されるような公共財は,**地方公共財**と呼ばれる。図書館や公園などは,ある一定の範囲の近隣居住地域に住んでいる住民にとっては純粋公共財であるが,遠くに住んでいる住民には利用するのにコストがかかりすぎる。特定の地域に住むためには,その地方の地方税などの負担が

必要となる。逆に、そうした負担をしてそこに住んでしまえば、その地域内での公共サービスは排除されることなく利用できて、かつ、それほどの競合性もない。(1)の地方公共財も運用次第では (2)のクラブ財とみなせる。地域間を移動するのに、コストがかかるからである。

純粋公共財であれば、排除原則が適用できないから、受益者負担の原則も適用できない。しかし、準公共財の場合には、排除原則が適用可能である。特に、限定されたクラブに加入しないと利用できない公共サービスであれば、使用料金は徴収できないが、入会費を徴収することができる。入会費を適切に徴収することで、間接的に受益者負担の原則を適用できるのである。以下、この点をモデルで説明しよう。

■ クラブ財の最適供給

あるクラブにおけるクラブ財 G の最適供給について考えてみよう。家計は同質であり、私的財 c とクラブ財 G から効用を得ている。y をその地域における一人当たり所得、n をそのクラブの人口としよう。公共財と私的財との相対価格 p は、n の増加関数と考える。すなわち、各人に G だけの公共サービスを提供する場合、人口が増加すると、混雑現象が生じて、総コスト pG が増加すると仮定しよう。

クラブ経営者の最適問題は、このクラブの社会的便益を最大にするように、G と n を決定することである。まず、G の最適供給から考える。これは、公共財のクラブ会員全体での限界評価額の合計額が公共財の限界費用である p に等しいという条件（＝公共財供給の社会的に最適なルールであるサムエルソンの条件）で与えられる。

次に、クラブのサイズ n の最適条件を考えてみよう。G 一定のもとでは、一人当たりの公共財の負担額 pG/n がもっとも小さくなり、一人当たりの私的財の消費額 c（$= y - pG/n$）がもっとも大きくなるところで、社会的便益がもっとも大きくなる。したがって、クラブ人口の最適規模は、公共財の一人当たりの供給費用が最小になる点で与えられる。

表4.3 クラブ財の供給

公共財	1	2	3	4
総費用	15	24	30	44
平均費用	15	12	10	11
限界費用		9	6	14

　以上の議論を**表4.3**の数値例で考えてみよう。**表4.3**には，$n = 1, 2, 3, 4$ のときの公共財の総費用と一人当たりの平均費用が示されている。$n = 3$ のときに平均費用は10で，もっとも小さくなるから，$n = 3$ が最適なクラブの規模である。$n = 3$ での平均費用10は n を4に増やす際の限界費用14よりも小さく，n を2に減らす際の限界費用6よりも大きい。

　上で説明したクラブ財の最適供給条件は，クラブの私的な経営者が新しい会員を認めるときに，いくらかの会費を徴収するとして，何人までの会員の入会を認めれば，その利潤を最大にできるかという問題の解でもある。**表4.3**の数値例では，各会員から10の会費を徴収すると，$n = 3$ のときのみ利潤ゼロであり，それ以外のクラブの規模では利潤はマイナスになる。価格が10よりも大きければ，プラスの利潤が発生して，同じサービスを供給する他のクラブによる新規参入が生じるだろう。また，価格が10以下では，どのサイズの会員でも利潤はゼロになるから，このクラブは閉鎖される。したがって，長期的な均衡条件である価格10と両立可能なクラブのサイズは3になる。

■ 地方公共財

　地方政府も1つのクラブであると考えると，上の議論は，その地方行政区に転入する住民に，転入料金＝一括の会費を徴収するメリットを示している。すなわち，適切な転入料金が設定されていれば，その転入料金のもとでちょうどその地方政府の収支が均等するように，住民の転入を認めればよい。転入料金を**地方公共財**の財源に当てるので，いったんその地域に居住すれば，

地方公共財を利用するごとに付加的な料金を支払う必要はない。

　もちろん，住民は長期間その地域に居住するので，転入料金は毎年いくらという形で徴収する方が現実的であろう。いわば，町内会費を毎年ある金額徴収するように，住民からも毎年一定の会費＝税金を徴収すればよい。これにほぼ相当する現実の税金としては，住民税における均等割りの制度がある。これは，世帯当たりで年額一定額を毎年徴収している。しかし，現実の住民税均等割りの金額は，市町村で3000円，道府県で1000円でしかなく，きわめて少額である。この均等割りを大幅に増額して，基本的にその財源で地方公共財のサービスをすべて賄えるようにすることが，望ましい。直接の受益者負担の原則が適用できなくても，入会費を徴収することで，間接的に受益者負担の原則を適用可能となる。

4.5 私的供給

■ 公共調達と民間委託

　最後に，この節では「官」と「民」の役割分担という観点から，市場経済における**公的供給**と**私的供給**を比較してみよう。公共財であっても，政府が実際にその財を生産しているケースは希である。たとえば，防衛費のような純粋公共財を考えてみよう。戦闘機などの兵器は民間の企業が製造してそれを政府が購入している。また，道路などの公共資本でも実際に建設するのは，民間企業である。したがって，公的サービスを民間から調達する場合に，より安価で効率的に調達することが重要である。

　ここで問題となるのが，公共調達の入札方法である。特定の業者（たとえば地元の中小企業）しか入札に参加できないように，制度的な規制をもうけると，どうしても割高になってしまう。すべての関連企業に開かれた競争入札の原則を徹底すべきであろう。

　また，民間から調達して構築した公的サービスを国民に提供する場合でも，政府が民間にその業務を委託することは可能である。たとえば，ごみの収集，

学校給食などである。外国では，公立学校の運営や刑務所，税務署の運営まで民間に委託している例もある。民間委託のメリットは，競争原理，市場原理をある程度導入できる点にある。

特に，公共サービスの評価を数量化しやすい分野では，どの民間業者に委託するかで，その業績を数量的に評価することができるために，競争入札を用いることで，かなりの程度市場原理を導入できる。たとえば，ゴミをどれだけ短時間に効率よく回収するかは，数量的に評価可能である。したがって，もっとも効率的で安価な費用で回収できる業者にゴミの収集活動を委託すればよい。

このように，受益者負担の原則が適用できない場合でも，私的供給を活用して供給コストを削減するための工夫は十分可能である。また，ある程度受益者負担の原則が適用できる公共サービスについては，料金徴収などで受益者の負担をより拡充すべきであろう。ゴミの収集料金，公園，公民館，スポーツ施設や図書館での利用料などは，経常的経費に見合う水準に設定するのが望ましい。

■ PFI

PFI（Private Finance Initiative，民間資金等活用事業）とは，従来，公的部門によって行われてきた社会資本の整備・運営の分野で，民間の資金，経営手法などを導入して，民間企業主体で効率的に社会資本の整備を行う手法である。最初に，1992年に，イギリスで民営化，エージェンシー化などの行財政改革を発展させたものとして，導入された。わが国でも90年代後半から具体的に導入されはじめている。そこでは，特に，(1) 民間資金を活用して，効率的な社会資本の整備が可能になること，(2) 財政構造改革の推進に寄与すること，(3) 新しい事業機会の創出につながること，が目的とされている。

PFI事業では，事業に関する責任とリスクが民間に移転される。しかし，実際には政府がリスクを負担するケースも予想され，リスクを官民でどう負

担するのか，この点を事前に明確にすることが，重要である．PFIでは，リスクは民間が負担するのが原則である．わが国でこれまで採用されてきた第3セクター方式では，リスク分担のあり方が明確でなく，不採算事業がずるずると継続されているケースもみられる．

■ 民 営 化

政府の役割を縮小するには，**民営化**がもっとも有力な手段である．わが国でも1980年代に3公社（国鉄，電電，専売）が民営化され，それぞれJR，NTT，日本たばこという新しい組織になった．民営化のメリットをまとめてみよう．

民営化によってもっとも大きく影響されるのは，当該企業の目的原理である．公社，国有企業の場合は，消費者余剰の最大化，あるいは，公共のための便益を最大にすることが求められた．この目的自体はもっともらしいが，現実にはこの目的に合わない事業も多くみられる．便益拡大から利潤拡大へと行動原理が変化すると，採算の合わない部門，サービスは削減されることになる．既得権化した非採算部門を切り捨てることが社会的に必要であれば，民営化というのは一番手っ取り早い方法である．少数の既得権をもっている人々のために，公的資金がつぎ込まれる場合には，社会的には不公平，非効率な支出であるから，民営化することで，より採算を重視する方向に変えていくのが望ましいだろう．

民営化のメリットの第2は，**規制緩和**である．公的企業や公的部門の場合，経済的に正当化できないさまざまな規制が存在する．それらは，たとえば，「安全のため」あるいは「弱者保護のため」など，一見もっともらしい理由がついている．しかし，実際には少数の人々の既得権を保護する役割しかもっていないケースも多い．国有企業のままでは，そうした規制は緩和できない．そうした部門を民営化することで，規制が緩和され，より自由な経済環境のなかで経済活動ができることには，メリットが大きい．これは，規制を撤廃して，自由化することを最終目標とする民営化である．

また，受益者負担の原則も重要である。国有企業のままでは，社会的便益も乏しく，赤字になることが明白であるにもかかわらず，旧国鉄ローカル線のように着工されることもありえる。このような経済外的な圧力をできるだけ排除することも，民営化の1つの目標である。民営化すると，受益者負担の原則が適用されるので，公共サービスのようにただ乗りする誘因が抑制される。採算性を重視することで，過大な公的サービスの拡張に歯止めをかけるという効果である。

　さらに，効率的経営の達成にも民営化は寄与する。競争の圧力のもとで，費用を最小化し，生産関数のうえで効率的に生産活動をすることを強制される民間部門と比較して，公的部門では効率的な経営をする誘因に欠ける。X非効率性の問題である。また，公務員は終身雇用が原則であるから，経済環境の変化に対応して，人的な配置を柔軟に変更することも困難である。たとえば，ごみの収集を夜間や早朝に行うことが，カラス公害や生活習慣の変化などで必要であるとしても，公務員にそうした勤務を要求すると，時間外手当の増加や人員確保の面で障害が起きる。民間委託により，パート労働を柔軟に活用することで，こうしたサービスにも対応することができる。

　あるいは，学校給食の場合も，一日一回の昼食のみのサービスであり，しかも，年間の半分程度の休み中は利用されないサービスである。そのために施設と人員を固定的に確保するコストは大きい。民間の業者を競争入札で導入する方が，費用の面でも，内容の面でもよりすぐれた給食サービスが供給できる可能性は高い。

　なお，民営化が政府の財政収支の改善につながるという議論もあるが，これは必ずしも妥当しない。なぜなら，民営化すれば，その時点では政府資産を売却することで，財政収支は好転するが，これは一回限りである。仮に民営化しなくても収益をあげることができるのであれば，毎年そうした収益が政府に財政収入として入ってくる。民営化してしまえば，それ以降は，こうした収益は政府に入らなくなる。市場が完全であれば，政府資産の売却額は将来の収益の割引現在価値と等しい。その場合には，民営化してもしなくて

も，その資産から長期的に政府の確保できる収入は同じになる。

━━ コラム④ ━━

公社民営化と財政負担

　1970年代中盤に財政赤字が拡大して以降，財政再建，すなわち，財政赤字の削減はもっとも重要な経済目標の1つとなった。最初，当時の大蔵省は「一般消費税」という名称で，付加価値税の導入を試みた。しかし，1979年の総選挙に敗北してから，この戦略は挫折した。その結果，歳出の抑制と公社・公団の民営化が志向されるようになった。

　特に重要なステップが，中曽根政権において1981年に設置された臨時行政調査会（臨調）である。臨調の目的は，政府の活動を全面的に再検討して，政府の組織を簡素化するため，
1. 3公社（国鉄，電電公社，専売公社）の民営化
2. 公共事業費の削減
3. 公務員の削減
4. 社会保障給付の抑制
5. 産業に対する規制と検査の緩和

を勧告した。

　3公社の民営化は，ミクロ的にみれば望ましい結果をもたらした。旧国鉄は政治的な圧力のもとで，赤字ローカル線や新幹線を維持することで，膨大な赤字を抱えていた。しかし，それらの赤字が一般会計から補塡されていたため，労使ともに効率的な経営努力や乗客のニーズにあった列車の運行，運賃設定などを行う誘因に乏しかった。JRに分割民営化されたことで，政治的な圧力から開放され，労使ともに経営努力を真剣に行うようになった。

　また，旧電電公社から民営化されたNTTは，情報産業のインフラを供給する企業であるから，黒字を生む民営化であった。政府はNTT株を売却して，巨額の資金を手にした。旧電電公社のときより規制も緩和され，経営努力を行う誘因も高くなり，NTTは民営化がもっとも成功した企業とみなされてきた。しかし，情報技術の進展は予想を超えた速

度で進展し，古いタイプの固定電話に巨額の設備を保有している NTT は，それが重荷になって，インターネットを利用した新しいサービスに対応しきれない。こうした点は，旧電電公社のままであれば，より深刻な問題になっただろう。したがって，民営化自体の問題点ではないが，民営化が万能の解決策ではないことも同時に示唆している。

　財政面では，民営化はそれほどの解決策にはならなかった。この典型的な例が，国鉄清算事業団の債務処理である。事業団は旧国鉄が民営化された際に，債務を引き継ぎ，一応 1998 年度をめどに清算することになっていて，旧国鉄の保有していた土地の売却が進められていた。しかし，バブルの絶頂期に高値で売却できたにもかかわらず，政治的な理由でそれが見送られた結果，すべての土地を売却したときの金額は 4 兆円程度にしかならなかった。その結果，約 23 兆円の債務が残ってしまった。そのうちの一部は JR 株式の売却収入によって穴埋めされたが，多くの部分が結果として国民全体の負担になった。そのうちの一部だけがたばこへの増税や郵便貯金特別会計からの借入などで処理されたにすぎず，残りは国の一般会計で将来的に対応する（＝借金として先送りする）ことになった。

5

安定化政策:財政政策

　本章では,マクロ財政政策について説明する。マクロ安定化政策の目標は,景気の安定である。景気の過熱や冷えこみをおさえるため,政府は金利や公共投資,租税を操作して裁量的に総需要を管理する。たとえば,好況期には公定歩合を引き上げたり,政府支出を抑制したり,増税をしたりしている。逆に,不況期には公定歩合を引き下げたり,政府支出を増加したり,減税をしたりしている。こうした政策は,伸縮(補整)的政策と呼ばれる。また,累進的な税制や社会保障制度自体が自動的に景気変動のショックを緩和させる効果もある。

5.1 裁量的な安定化政策

■ GDP の決定：財市場の均衡

安定化政策としての財政政策を説明するために，マクロの GDP がどのように決まるのかを説明しよう。マクロ経済学の標準的な考え方であるケインズ経済学では，需要と供給との差を調整するものは，価格ではなく数量である。すなわち，生産能力に余裕があり，現在の価格水準のもとで，需要があるだけ生産するのが企業にとって採算上有利である状況を想定している。現実の経済は財市場において需要の方が供給より少ない超過供給の状態にあると考えている。

企業にとっては生産物があまり売れず，まだ在庫があふれている。このとき価格メカニズムがうまく働けば，価格が下落して，需要を刺激し，供給を抑制して，超過供給を解消する方向に動くはずである。しかし，価格の調整スピードがあまり早くなければ，短期的に超過供給は解消されない。

ここで需要が増加すれば，それだけ生産も増加する。企業にとって需要の拡大に応じる形で生産を拡大するのは望ましい。つまり，ケインズ経済学では価格の調整スピードが遅く，需要と供給の調整は，短期的には数量，特に需要に応じた生産の調整によると考えている。

価格の調整スピードが短期的に遅く，また，企業の生産能力があり余っている不況期に当てはまる考え方である。1930 年代の大不況を背景としてケインズ経済学が生まれてきたことを考えると，当時としては，自然な発想といえる。各経済主体（家計，企業，政府）の需要に見合うだけ生産が必ず行われると考えているから，ケインズ経済学では，財市場において総需要がどう決まるかが最大の問題となる。

■ 国民所得の決定メカニズム

財市場における総需要 A は，消費 C と投資 I と政府支出 G の合計で与え

5.1 裁量的な安定化政策　　　**101**

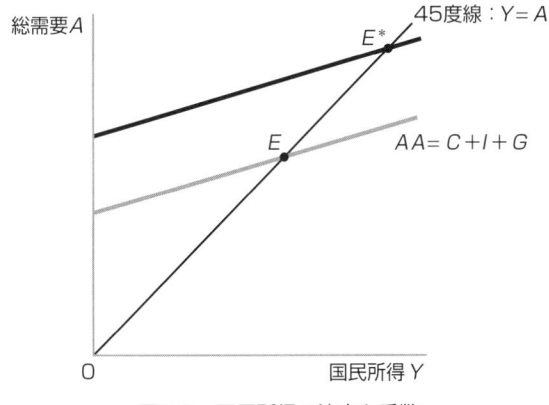

図5.1　国民所得の決定と乗数

られる。

$$A = C + I + G$$

第1章で説明したように、消費 C は国民所得 Y（= GDP）の増加関数である。単純化のために、さしあたって投資はある水準で固定されており、変化しないと想定しよう。政府支出は政策的に決定される。したがって、総需要 A も Y の増加関数となる。財市場の均衡条件は、この総需要に等しいだけの生産が行われることである。

$$Y = A$$

図5.1 では、縦軸に総需要 A を、また、横軸に生産量である国民所得 Y を表している。45度線は $A = Y$ で与えられる財市場の均衡条件を、また、AA 線は総需要線を示している。この AA 線が 45 度線と交わる点 E が、財市場の均衡点である。この E 点で総需要は供給と等しくなる。

AA 線は、45度線よりその傾きが小さい。これは、限界消費性向が1より小さいからである。したがって、両曲線の交点で与えられる均衡点 E は、必ず1つだけ存在する。E 点の右側では $A < Y$ であり、企業は売れない在庫を抱えるよりは生産量を縮小させるため、最終的に E 点まで生産を縮小して、ちょうど需要に見合った生産をする。逆に、E 点の左側では $A > Y$ となって、企業は需要があるだけ生産を拡大するのが有利だから、生産量は

増加し、E 点まで生産が拡大して、財市場が均衡する。

■ 政府支出の乗数効果

以上説明したマクロ・モデルを前提として、総需要管理政策としてのマクロ財政政策の効果について考えてみよう。たとえば、景気対策として公共事業などの政府支出が1兆円だけ増加したとする。これは何兆円の GDP の拡大をもたらすだろうか。この大きさが**政府支出の乗数効果**と呼ばれている。

さて、政府支出の拡大によって、図5.1では AA 線が1兆円だけ上方にシフトする。AA 線は $G+I$ のある一定値に対応して描かれているから、$G+I$ が1兆円だけ増加すれば、別の AA 線を描く必要がある。AA 線をシフトさせる外生変数 $G+I$ を、**シフト・パラメーター**と呼ぶ。

したがって、当初の均衡点 E から45度線上を右の方に移動した点 E^* が、新しい均衡点になる。GDP は増加する。1兆円の政府支出の拡大が何兆円の GDP の拡大をもたらすかを示す乗数の値は、1から限界消費性向を引いた限界貯蓄性向の逆数 $1/(1-c)$ で与えられる。限界消費性向（＝追加的な1円の所得の増加がどのくらいの消費の拡大をもたらすか、その比率）c が大きいほど、乗数の値は大きくなる。

では、なぜ、1兆円の政府支出の増加によって、限界貯蓄性向の逆数の大きさだけ GDP が増加するのだろうか。まず、1兆円の政府支出が増加した分だけ、直接 GDP を1兆円増加させる。ついで、政府支出の増加で（たとえば、公共事業を受注した建設業関係の）所得が増加する。所得が増加すれば、マクロ消費関数に従って、消費が限界消費性向 c 兆円だけ増加する。この誘発された消費の増加は、財市場では需要のさらなる増加となる。その結果、さらに所得を c 兆円だけ増加させる。

そして、この c 兆円の所得の追加的な増加により、それに限界消費性向を掛け合わせた c^2 の大きさだけ、さらに消費が累積的に増加する。このように、消費の拡大が所得を増加させ、さらに消費を拡大していく累積的な総需要拡大の合計が、乗数効果である。

5.1 裁量的な安定化政策

この大きさを計算すると，簡単な等比数列の和になるから，

$$1 + c + c^2 + c^3 + \cdots = \frac{1}{1-c}$$

の大きさとなる。すなわち，外生的に政府支出が1兆円だけ増加すると，GDPは$1/(1-c)$兆円だけ増加する。乗数の値は民間消費を拡大させる誘発効果の分だけ，1よりも大きくなる。つまり，限界貯蓄性向$(1-c)$の逆数値だけ，政府支出増の外生的な変化が増幅されて，GDPを増大させるので，乗数効果と呼ばれる。

たとえば，限界消費性向cが0.8で，限界貯蓄性向が0.2とすると，乗数の値は，$1/0.2 = 5$となる。いいかえると，1兆円の公共投資の拡大で，GDPは5兆円だけ増加する。

■ 減税の乗数効果

次に，税金を政策的に1兆円減税する効果を調べてみよう。**減税**によっても総需要は増大する。なぜなら，減税の結果，**可処分所得**（＝税金を差し引いたあとで家計が自由に処分できる所得）が拡大するために，消費が刺激されるからである。このとき**減税の乗数**の値は，$c/(1-c)$となる。

政府支出が増加すると，財市場で直接需要の増加となる。しかし，減税の場合には，可処分所得の増加が消費を刺激するという間接的な効果でしかない。1兆円の政府支出の増加は1兆円の総需要を直接増加させるが，1兆円の減税は1兆円だけ可処分所得を増加させても，消費は1兆円以下しか増加しない。限界消費性向は1以下である。したがって，1兆円の減税は，総需要を直接的にc兆円だけ増加させる点で，c兆円の政府支出の増加と同じ効果をもつことになる。

1兆円の減税の場合，そのうちの$(1-c)$兆円は貯蓄に回され，有効需要の増加とはならない。減税の総需要拡大効果は，この分だけ政府支出増より小さくなる。たとえば，限界貯蓄性向が1であれば，減税分はすべて貯蓄に回されて，消費は増加しなくなるから，乗数効果もなくなる。

このように，直接的な需要増の大きさは違うけれども，それ以降の累積的なプロセスで，生産が増大し所得が増大するにつれて，可処分所得も消費も増大し，それがさらに生産の増加を引き起こすという乗数過程（民間消費に与える誘発効果）を生み出す点では，同じである。

■ 政府の予算制約と乗数

これまで，政府支出を増加したり，減税したりする政策では，その財源は考えなかった。これは，事実上，財政赤字を出して，公債発行で対応すると考えていたことになる。では，税収と政府支出を同額だけ増加させるという均衡予算の制約のもとでは，乗数の大きさはどうなるだろうか。政府支出を増加させるとともに増税する政策は，均衡予算を維持しながら政府支出の規模を拡大させる政策である。

政府支出増それ自体の乗数の大きさは，限界貯蓄性向の逆数 $1/(1-c)$ であった。また，増税は減税のちょうど反対の政策だから，増税それ自体の乗数は，$-c/(1-c)$ となる。均衡予算を維持しながら政府支出を増大させる場合は，その乗数効果はこれら2つのケースでの乗数を足し合わせて，求められる。すなわち，

$$\frac{1}{1-c} - \frac{c}{1-c} = 1$$

となる。いいかえると，均衡予算の制約のもとで政府支出を増加させる乗数は，消費性向とは独立に，常に1になる。この結果は，**均衡予算乗数の定理**と呼ばれている。

このように，均衡予算乗数はプラスの値（= 1）になる。政府が増税してそれを公共事業に使う場合，同額だけ GDP は増加する。増税によって，民間消費は落ち込むが，そのマイナス効果よりも，政府支出拡大のプラス効果の方が大きくなる。その理由は，増税よりも政府支出拡大の方が GDP を増加させる効果が大きいからである。

5.2 裁量政策と非裁量政策

■ 財政の自動安定化装置

　財政には，経済を自動的に安定させる**自動安定化装置（ビルトイン・スタビライザー）**が組みこまれている。たとえば，累進課税制度や社会保障制度による安定化効果である。

　所得税が導入されると，所得が増大して，税負担も同時に増大することで，消費の増大が少し相殺され，総需要の増大効果が小さくなる。これは，乗数を小さくする。さらに，景気が良くなると失業者は減少するから，失業保険の給付も減少し，消費が拡大するのを抑制する。逆に，景気が悪くなり失業者が増大すると，所得税の負担は小さくなり，失業保険の給付も増加してマクロ消費の落ち込みを最小限にとどめる。これは，景気の悪いときに消費を下支えして，さらに景気が悪化するのを緩和する効果をもっている。

　このように，景気が上昇すれば，税制や社会保障制度によって，自動的に総需要を抑制する。また，不況になると逆の働きによって，自動的に総需要を刺激する。その結果，裁量的な景気対応政策を採らなくても，ある程度経済を安定化させることができる。乗数の値が小さくなれば，裁量的な財政政策の効果は小さくなる。しかし，逆にいえば，外生的にショックが起きても，その変動を小さくすることができる。たとえば，アメリカで同時多発テロが起きて，日本企業の投資意欲が落ち込んだとしよう。これは外生的な需要引き下げ効果であるから，乗数分だけGDPを引き下げる。乗数値が小さい場合は，その悪影響も小さくてすむ。これが自動安定化機能のメリットである。

■ マクロ経済政策と遅れ

　これまで政策の効果（たとえば乗数の大きさ）を議論する際に，時間的な要因はあまり考慮しなかった。しかし，現実の政策においては，どのような政策でも，ある程度の時間的な遅れを伴って生じる。これを，**政策の遅れ**

（ラグ）と呼んでいる

　政策の遅れは，3つに分類される。第1は，**認知の遅れ**である。ある経済状態が発生してから，それが政策当局によって認識されるまでの時間である。たとえば，景気が悪くなっているのに，経済指標として表面化するまでにある程度の時間がかかるケースである。

　第2は，**実行の遅れ**である。政策発動が必要であると認識されても，実際にそれが実行されるまでには，政策当局内部での調整や議会での議決，関連する機関との折衝など，調整時間が必要になる。

　第3が，**効果の遅れ**である。実際に政策が実行されても，それが当初意図したマクロ効果をもつまでには遅れがある。

　第6章で説明する金融政策の場合には，第2の実行の遅れは比較的小さいと考えられる。しかし，効果に関しては時間がかかる。たとえば，公定歩合の変更は中央銀行の専管事項だから，迅速に対応できる。しかし，公定歩合が変更されても，それが企業の投資意欲に影響を与えるまでには，時間がかかる。これに対して，財政政策の場合は，実行の遅れはあるが，効果に関してはそれほどの遅れはない。このように，金融政策も財政政策も政策の遅れという観点からは，それぞれ長所と弱点をもっている。両者をうまく組み合わせることが，求められる。

■ ルールか裁量か

　上で説明したように，財政，金融両方の裁量政策とも，遅れる可能性が排除できない。したがって，ともすれば必要な時期に適切な政策上の対応がとれない。

　仮にケインズ・モデルが想定するように，マクロ経済政策が有効であり，強力な需要調整能力をもっているとしよう。それでも，もし，それが適切な時期に遂行されないとすれば，かえって逆効果になる。たとえば，景気が低迷していると判断して，拡張的な財政金融政策を発動したとする。しかし，実際にその政策が効果をもつまでに多くの時間が経過すれば，自律的に景気

が回復している時期に拡張的な政策が実施されることになる。その場合には，景気を過熱させるかもしれない。

政策のラグを前もって正確に予測できれば，それを織り込んであらかじめ政策の変更を行えばよい。しかし，政策のラグを正確に予想するのはかなり困難である。とすれば，むしろ裁量的な政策を採用しないで，ルールとして財政金融政策を運用し，裁量的景気対策をとらない方が，景気を安定化させて，マクロ経済活動のなだらかな循環を実現できるかもしれない。

財政の自動安定化機能は，非裁量的な財政政策の代表例である。景気変動と同じ時期に逆方向に働く自動安定化機能は，確実に景気変動のショックを緩和させる。裁量的政策にかかわるラグを考慮すると，自動安定化機能を重視する方が，結果として景気変動の緩和により効果があるという議論もできる。これが，**ルールか裁量**かという問題である。

すなわち，裁量を重視するケインズ的な立場では，ある程度政策のラグを正確に予想できるとして，積極的な政策的介入を望む。これに対して，ルールを重要視する新古典派の立場では，政策のラグを的確に予想できることに懐疑的だから，景気対策は自動安定化機能に委ねるべきであり，積極的な介入には撹乱的な悪影響の方が大きいと考える。

5.3 財政運営と財政赤字

■ 財政政策と財政赤字

<u>財政赤字</u>を積極的に活用しようとする代表的な立場は，景気対抗手段として財政赤字を用いることを主張するケインズ的立場である。すなわち，景気が低迷しているときに財政赤字を拡大させて，公債を増発し，景気を刺激しようとする。逆に景気が過熱しているときに財政赤字を縮小させて，公債発行を削減し，総需要を抑制する。

財政赤字が短期的にこのような安定化効果をもつことは，否定できない。わが国のマクロ財政政策もこのような観点から運営されている。しかし，短

期的な経済の安定を最優先するケインズ的な景気対抗政策には，限界もある。

そもそも財政赤字や公債発行にはメリットもあるが，同時に弊害もある。多くの国々で財政再建の目標として，財政赤字を解消して，公債発行に歯止めをかけることが設定されるのも，公債発行に何か特別の弊害があると考えているからである。公債発行の問題点としては，次のようなものがある。

(1) 公債発行によって金利が上昇すると，民間投資は減退する。これが，公債発行による**クラウディング・アウト**（押しのけ効果）である。また，クラウディング・アウトを回避しようとして，中央銀行が公債を引き受けると，通貨の過大な供給を通じてインフレーションを引き起こす。

(2) 特に，経常的な経費の財源として発行される**赤字公債**は，負担を将来世代に転嫁させて，世代間の公正を阻害する。公共投資の財源として発行される建設公債と異なり，政府消費の財源として発行される赤字公債の場合，将来世代には政府支出の便益は及ばず，その負担のみが転嫁されるからである。

(3) 大量の公債発行が続くと，公債の利払いや償還に追われてしまい，税金が公債の処理にくわれてしまう。その結果，新しい政策的経費に税金が回らないという財政硬直化の大きな原因になる。特に，赤字公債の償還のために，増税ではなくて，もう一度公債を発行する（これを**借換債の発行**と呼ぶ）と，借金のために借金をするという悪循環に陥る。

(4) 民主主義による政治的な圧力のもとでは，公債発行による財源調達は安易に用いられやすく，**財政の放漫化**を招く。財政赤字は拡大しやすいが，縮小しにくい。公共事業の増加や減税には多くの人が賛成する。しかし，たとえ好況であっても，公共事業の削減や増税に賛成する人は少ない。財政赤字の負担を将来に**先送り**しようという誘因は，特に，民主主義の政策決定でみられる。なぜなら，**将来世代**の人は現在の政策に関与できないからである。

(5) 量的に総需要を刺激する政策では，どうしても，その中身がいい加減になる。**建設公債**を発行して公共事業を拡大するときに，それによっ

5.3 財政運営と財政赤字

て将来有益な社会資本が整備されることは重要である。しかし，景気対策として公共事業が行われる場合，その中身よりも量的な大きさに関心が向きがちである。無駄な施設がつくられると，将来それを維持管理するのが大変になる。公共投資によって必ず将来世代の便益が向上するとは限らない。

■ マクロ・バランス論

　それでも，政府が均衡財政に固執すると，民間の貯蓄過剰によって財市場の超過供給が生まれて，GDPが減少して非自発的な失業者が増加し，不況が深刻化することもある。財政赤字は，こうした不況を抑制して，失業者を減少させる効果をもっている。**マクロ・バランス論**は，民間の貯蓄過剰を支えるために，政府の財政赤字が必要であるという議論である。この議論は，民間の貯蓄過剰が先に決まるとみなして，それを前提にマクロ・バランスを考えている。

　しかし，マクロ・バランスの関係式

$$民間の貯蓄投資差額＝財政赤字＋経常収支の黒字$$

は事後的には単なる恒等式でしかない。1年間の経済活動の結果である事後的なデータでみて民間部門が貯蓄過剰であるとしても，それは経済活動をする前の計画段階における事前の意味での過剰を必ずしも意味しない。逆にいえば，政府部門が財政赤字になったから，その赤字を吸収するために，民間部門で貯蓄が過剰になったかもしれない。たとえば，財政赤字が増加すると，将来の増税を民間部門が予想するようになる。将来の増税に備えて民間の家計が貯蓄を増加させると，結果として，民間部門は貯蓄超過になる。これは，財政赤字が先に決まるとみなして，それを前提にマクロ・バランスを考える見方である。

　以上2つの見方のどちらが正しいかは，事後的なマクロ・バランスのデータをみるだけでは何もわからない。民間部門の家計や企業の消費・貯蓄，投資行動を実証的に分析することで，はじめて，事前の次元＝計画段階での貯

蓄投資差額に関する議論が可能になる。これまでの実証分析によると、現実はこれら2つの極端な見方の中間にあるといえる。すなわち、ある程度は貯蓄投資差額のギャップ（＝マクロ財市場の不均衡）は事前の次元でもみられるが、財政赤字に反応して事後的にそれが増幅した可能性も排除できない。したがって、財政赤字を拡大することで、景気を下支えした効果も少しは認められるが、それほど大きなものではない。現実のデータで貯蓄投資差額が拡大しているからという理由だけで、財政赤字の大幅な拡大を正当化することはできない。

■ 財政破綻の可能性

大量に公債発行を続けると、いつかは財政が破綻する。いつまで、あるいは、どのくらいの大きさまで公債を発行できるだろうか。財政破綻の問題を理論的に分析しよう。

一般的にいえば、公債残高が経済の規模（＝GDP）よりも大きなスピードで累積しない限り、政府の財政は破産しない。公債を償還するために、新しく借換債を発行しても、GDPとの相対的な規模で安定していればいい。なぜなら、税収もGDPと同じ速度で増加するからである。

ところで、利払い費の大きさだけ追加的に公債発行の圧力が加わる。したがって、公債増加のスピードは利子率の大きさに対応している。また、GDP増加のスピードは経済成長率である。その結果、経済成長率が利子率よりも大きければ、対GDP比でみた公債残高は発散せず、政府は公債をきちんと償還することが可能となる。

ただし、上の条件は政府が新しく財政赤字を出さないという前提での話である。いくら、経済成長率が利子率よりも大きくても、毎年の予算で巨額の新規公債を発行すれば、公債増加のスピードはGDP増加のスピードを上回る。

また、上の条件が成立しないで、経済成長率よりも利子率の方が高い場合は、新規に公債を発行するのではなくて、毎年の予算でプライマリー・バラ

ンス（財政収支のうち利払い費を除いた部分）での財政黒字をつくって，過去の公債残高を償還することが必要になる。

■ **プライマリー・バランスと財政赤字**

　政府の財政運営が長期的に維持可能かどうかをストックの次元で考えてみよう。政府は，長期的に公債発行という負債に相当する額の収入＝税収をネットで確保しなければならない。すなわち，長期的視点でみれば，次のような政府の予算制約式（＝バランス・シート）が成立する必要がある。

　　毎期毎期の税収と政府支出との差額の現在から将来までの合計額
　　　＝初期時点での公債残高

　ここで，利払い費を除いた財政赤字，すなわち，利払い費を除いた歳出マイナス税収のことを，「**プライマリー・バランスでの（基礎的）財政赤字**」と呼ぶ。これは，政府支出と税収の差額である。また，公債の新規発行額マイナス公債の利払い費にも等しい。いいかえると，現在の公債残高を償還するには，現在価値でみて，それに見合ったプライマリー財政黒字が将来において発生しなければならない。

　財政がこのままでいくと破綻するのかどうかは，政府の支払い能力以上に債務を負っていくかどうかで判断できる。支払い能力にプラスになるものは，(1) 現在の政府の資産（国有地や政府系企業の価値，社会保障基金の積立金など）と (2) 将来の税収から将来の政策経費に充てる部分を除いたプライマリー財政黒字の大きさである。また，負債として効いてくるのは，(1) これまで発行した公債残高と (2) 将来義務的に発生する新たな債務（公的年金の支払いなど）である。

　将来の経済成長が高ければ将来の税負担能力も大きくなり，また，金利が高ければ将来の債務の拡大も大きくなる。

5.4 財政構造改革

■ 日本の優位

　21世紀初頭現在の日本が1990年当初のイタリア並みに，巨額の財政赤字を出しているにもかかわらず，わが国の国債金利は歴史的にも国際的にも低い水準にある。その1つの理由は，財政制度面でのわが国の優位性にある。すなわち，第4章でもみたように，歳出規模で国際比較をしてみると，わが国政府はそれほど大きな存在ではない。公共投資は突出しているが，政府消費や移転支出はそれほど大きくない。歳出規模はアメリカよりは大きいが，ヨーロッパ諸国よりは小さい。これは日本の財政制度の特徴であり，また，税負担が軽いことも，今後の財政再建にとって有利な材料である。

　日本の政府消費が少ないのは，防衛費が相対的に少ないこともあるが，わが国が全体として同質的な国だからである。文化的背景や言語の面でも，ほとんどの国民が共通の環境にあり，国内の摩擦を公的に調整するコストをあまりかけなくてすんでいる。また，社会の安全面でも，治安の良さや慣習の規律がうまく機能してきた。警察や司法の監視・介入をそれほど必要としなくても，われわれの経済活動や社会生活が維持できた。アメリカやヨーロッパ諸国では，移民や人種・宗教上の対立などのために，社会・経済活動を円滑に維持するために多くの費用を公的に負担している。また，わが国ではこれまで家族制度や地域の共同体が（あるいは企業も含めて）社会保障を肩代わりしていた。公的部門よりも民間部門で，リスクを分散する機能がしっかりしていた。この点も，他の先進諸国にみられない特徴である。

　しかし，このような日本の優位性を今後も維持するのは難しい。2000年度から導入された介護保険は，そうした変化を反映している。今後は少子高齢化が進むとともに，社会保障における公的な役割分担は増加する。文化的な背景でも異質性が増大するだろう。日本社会の良さとされてきた治安の面でも，最近は不安定性が増加している。2000年に入って多発した警察不祥

事も，そうした社会環境の変化に従来の警察組織が対応できていない結果である。したがって，これまでよりも政府消費や移転支出は増加せざるを得ない。その分だけ，将来の歳出拡大要因が加わる。これは，財政赤字の抑制にはマイナス要因であるとともに，財政破綻の可能性を高める。財政構造の抜本的改革が必要な理由はここにある。

■ 補正予算と景気対策

90年代のわが国のように，厳しい経済環境のもと税収が低迷すると，税収不足の穴埋め，雇用対策，景気対策としての公共事業などを内容とする**補正予算**が編成されることが多い。補正予算の規模をより大型にして景気刺激策を求める声も強い。が，本来，補正予算の目的は，景気刺激ではなく社会保障的な**景気対策**である。外生的に予想外のショックが起きたときに，それに伴う財政面の変動をなるべくやわらげるために，財政赤字あるいは公債発行を使うのが補正予算の役割である。累進的な所得税や失業保険など，景気変動を自動的に相殺するビルトイン・スタビライザー（自動安定化装置）を活用するとともに，必要最小限の裁量的な調整を図るのが，社会保障としての景気対策である。

これに対して，GDPのトレンド自体を回復させる政策は，平均的な成長率を上昇させる政策であり，構造改革の守備範囲である。供給側の投資，貯蓄，労働意欲を刺激する政策では，民間経済のやる気を引き出すようなミクロ的な経済政策が重要となる。こうした中長期的に効果のある政策を財源面から後押しするのは，本予算の役割である。したがって，財政構造改革に必要なことは，補正予算の規模をより大型に変えることではなくて，当初予算を財政構造改革，社会保障の構造改革，地方分権の進展，マクロ経済全体の活性化に寄与する内容に仕上げていくことであろう。

■ 量的刺激政策の限界

1990年代以降日本経済が低迷するなかで，補正予算ばかりでなく当初予

算でも，公共事業費の拡大が実施されてきた。不良債権処理が加速すれば，失業者の増大が予想されるから，政府が公共事業で雇用の受け皿を用意すべきであるという立場である。社会主義国であれば，そうかもしれない。しかし，市場経済において，政府が雇用の受け皿になることには，デメリットが大きい。政府支出増加は，市場の洗礼を受けない分だけ，無駄なものが含まれやすい。まして，本予算でも量を確保することのみを最優先に支出が拡大すると，そうした傾向が顕著になる。

また，公債残高の拡大は財政規律の低下，政府頼みのモラル・ハザードを誘発しやすい。財政事情がとりわけ厳しいわが国では，財政赤字をさらに拡大して中長期的に財政が破綻すれば，財政制度が機能しなくなり，金融システムやマクロ経済全体に大きな負担を与えるだろう。**量的拡大政策**をとればとるほど，将来必要とされる量的引き締めの規模が大きくなる。借金残高の対 GDP 比率が上昇するほど，その上昇を抑えて，かつ，ある一定水準で維持するのに必要なプライマリーバランスの黒字幅は，大きくなる。

90 年代にみられたように，景気対策の重点が短期的な痛みを回避することのみに向けられ，長期的に必要な財政・社会保障制度の構造改革が遅れてしまうと，そのつけが将来に重くのしかかってくるし，結果として，構造改革が先送りされてしまう。さらに，今後わが国は世界にも例をみない速度で高齢化・少子化社会を迎える。社会保障改革を先延ばしする時間的余裕はない。現在よりも将来が不安だから，マクロ経済活動が萎縮している。今の経済環境を財政出動によって改善することより，財政制度に踏み込んだ構造改革で将来の経済環境を改善する方がより重要である。

■ 歳出配分の抜本的改革

財政の構造を変えるためには，配分の仕組みを抜本的に改革すべきである。歳出・歳入の両面でより公平で効率的な財政制度が実現して，将来の見通しが明るくなるような財政構造改革は，当面の景気対策としてもそれほどのマイナス効果はない。たとえば，少子高齢化社会と両立する社会保障制度の構

5.4 財政構造改革

築や地方分権に向けた政府間財政の制度改革などは，景気対策と独立に推進できる。なかでも，第9章で説明するように，地方自治体にモラル・ハザードをもたらしている交付税制度を抜本的に改革することは，将来の財政制度を効率化するうえで重要なポイントである。

公共事業については，わが国の地方と国の財源配分を前提とするとき，その財源はほとんどが地元住民の負担する地方税ではなくて，国税を経由している。つまり，受益と負担が分離している。したがって，景気動向にかかわらず，公共事業を増加する方向に地元住民の意向は偏りがちである。それにもかかわらず，公共事業に対する地元住民の評価が最近低下しているのは，実際に行われている公共事業のなかに便益がほとんどないか，マイナスのものがあるからである。無駄な社会資本が蓄積されれば，それを維持管理する際に負担ばかりが残ってしまう。これは，便益面での評価を軽視してきた公共事業の問題点を露呈している。

社会資本整備は新しい社会資本を建設することだけを意味しない。むしろ，わが国の現状では，これまで蓄積してきた社会資本をより有効に活用するために，財源投入や規制改革も行うべきだろう。たとえば，道路を新しく建設するよりは，現在ある道路をより多く利用できるように，一般道路であれば駐車違反の厳格な取り締まり，有料道路であれば利用料金の引き下げなどが考えられる。前者の場合，高齢者を大量に活用して，取り締まり業務を民間委託すれば，罰金収入で人件費は十分まかなえるし，道路の安全性，利用価値は大幅に向上する。後者の場合，不採算路線の穴埋めとして税金を投入するのではなくて，大幅に利用度の向上が見込まれる路線で利用料金を引き下げるべきである。人のいない地域で新規に道路を建設することが，公共事業の目的ではない。ハードよりもソフト面で，社会資本の有効活用を進めることが重要である。

■ 予算制度の改革

予算制度の改革も，財政構造改革の推進に重要である。予想外のショック

（景気後退など）に適切に対応するには，あらかじめ予算編成の自由度を縛らない方が良い。しかし，ソフトな予算制約は無駄な歳出を増加させる。この点からいえば，一度決められた支出額を容易に変更できない仕組みの方が，無駄な歳出を減らすのに有効である。ところが，単年度主義のもとで財政規律を維持しようとしても現実的ではない。わが国の経験でも，当初予算で形式的にのみ財政規律を維持して，実質的には補正予算で歳出を増やすという予算編成が支配的であった。マクロ経済が数年単位で景気循環しているときに，1年間の枠内で景気対策をやろうとすると，結果として無駄な歳出の目立つ補正予算を編成することになる。

単年度主義の予算編成を見直して，多年度にわたる予算編成の枠をあらかじめ設定する中期的な予算管理は，無駄な歳出を抑制するうえで有効である。また，数年間の多年度にまたがる予算を編成し，その大枠を厳格に維持しながら，短期的な景気変動に柔軟に対応する方が財政規律を維持しつつ，マクロ経済の変動を緩和することができる。

不要額を後年度に回すことができる多年度の予算管理では，単年度予算制度以上に，効率的な査定をすることが求められるし，その努力に値するだけの大きなメリットが得られる。たとえば，当初の査定が適切になされたうえで不要額が多い場合は，所与の公共サービスをより少ない経費でまかなえたことを意味するから，その部局の業績として評価されるべきである。不要額の一部をその部局関係者の裁量に任せて柔軟に支出できるようにすれば，公務員にも無駄遣いをなくすインセンティブが生まれる。その際に，単に歳出が増加したから国民の便益も増加したとみなさずに，歳出額と公共サービスとの対応関係を明確に数量化して予算査定と会計検査を行うことが重要である。

多年度予算管理への第一歩として，公債発行に関して数年間の大枠を設定することで予算のソフト化を回避しつつ，同時に，各歳出項目で発生する不要額を次年度へ繰り越せる仕組みを導入すべきだろう。数年先までの中長期的にわたって予算編成に何らかの縛りをかけることは，制度改革にも有効で

ある。たとえば社会保障に関して，5年，10年という中長期的期間，歳出を抑えることがあらかじめ決まっているなら，それと整合的になるように，抜本的な社会保障制度改革をせざるを得なくなる。義務的経費の財源不足を他の経費削減か増税でまかなうというペイゴー原則の導入も，社会保障の制度改革に寄与する。また，公共事業の中身を大幅的に見直す場合でも，中長期的に量的制約がある方が制度改革はしやすいだろう。

━━ コラム⑤ ━━

個人向け国債

　2003年3月から新たに発行された個人向け国債は，法人でなく個人投資家のみが保有できる国債である。「個人向け利付国庫債券（変動・10年）」が正式名称で，その名の通り，これまでの国債と比べて，個人投資家にとってより購入しやすい特徴をもっている。具体的には，この国債は以下のような内容である（財務省HP　http://www.mof.go.jp/jouhou/kokusai/kojinmuke.htm 参照）。

　購入対象者は個人に限定される。最低額面金額は1万円であり，低い金額である。募集の価格は額面100円につき100円であり，償還期限は10年である。償還金額は額面100円につき100円であり，元本が保証される。また，金利は年2回（半年ごと）支払われるが，半年ごとに実勢金利に応じて利率が変動する変動金利制である。

　具体的な金利の設定方法は以下の通りである。すなわち，各利払期における利率は，基準金利から0.80％を差し引いた値となる。基準金利は10年固定利付債の金利とし，具体的には，原則として利子計算期間開始時の前月の10年固定利付国債の入札（初回の利子については募集期間の開始時の直前に行われた入札）における平均落札利回り（平均落札価格から引受手数料に相当する額を控除した価額を基に算出される複利利回り）である。ただし，利率の下限は0.05％になっている。また，中途換金も可能で，第2期利子支払期（発行から1年経過）以後であれば，原則としていつでも，口座を開設している金融機関等で，一部または全部を中途換金することができる。さらに，国債証券は投資家に渡されず，ペーパレス化を図っている。

　こうした国債が発行された背景には，巨額の公債の保有対象として個人をターゲットにしたい政府・財務省の意向がある。これまで国債の多くは銀行などの金融機関が保有しており，個人の国債保有は1割以下であった。今後も大量に発行される国債を安定的に市中で消化するために

は，保有対象を個人に広げる必要があると考えたのである。

また，個人金融資産が1400兆円に達する資産大国日本で，国債を個人が保有する余力は十分にある。これまで個人の国債保有が低調だった大きな理由は，将来金利が上昇する場合に，国債価格が下落して，途中で国債を売却する際に，キャピタル・ロス（資本損失）を被る可能性にあった。金利がゼロ状態にあれば，将来の金利上昇は当然予想される。したがって，従来の10年満期国債は長期保有を前提としない限り，投資家としては手を出しにくい資産であった。今度の個人向け国債はこの点に配慮して，途中で売却しても元本割れしないように，変動金利を採用している。その結果，安全資産の運用対象としては魅力的なものとなり，多くの個人投資家が購入しはじめている。

しかし，家計の余剰資金が国債のような安全資産のみに向けられるのであれば，日本経済の活性化にはプラスに寄与しない。リスクはあるけれどもある程度収益の見込める民間の投資対象に余剰資金が円滑に流れる仕組みを構築することが重要である。

6

安定化政策：金融政策

　金融は専門的な知識が要求される分野であるから，政府とは別の中央銀行が政策を担当している．本章はマクロ経済分析の代表的なモデルである *IS-LM* 分析を用いて，マクロ安定化政策としての金融政策を説明する．景気変動のショックを緩和する安定化政策において，金融政策は，財政政策と並んで，重要な政策手段である．また，90 年代以降の日本経済の低迷を議論する際にも，金融政策は重要な論点である．不良債権処理やデフレ経済における金融政策のあり方，さらには，金融システムの安定化に関する問題も取り上げる．

6.1 金融と経済

■ 金融取引と金融機関

　金融仲介の専門機関は，大きく分けると，(1) 銀行，保険会社などの**金融仲介機関**と (2) **証券業者**に大別される。(1)を通じる資金の流れは「**間接金融**」，(2)を通じる資金の流れは「**直接金融**」と呼ばれる。

　銀行など狭義の金融仲介機関の場合は，預金証書，保険証書などに代表される間接証券を発行して，資金を調達する。主に，家計の余裕資金を預金や保険料として獲得する。そして，その資金を最終的な借り手（投資資金を必要とする企業や住宅資金を必要とする家計など）に貸し出す。

　これに対して，証券業者は，株式，債券など最終的な借り手が発行する証券（これを**本源的証券**という）を，貸し手に販売する。たとえば，企業が資金を調達する手段として，株式や社債などを発行する。これを資金余裕主体である家計（あるいは他の企業，政府など）に販売するのが，証券会社の役割である。

　ところで，貸した資金は必ずしもすべて回収できるとは限らない。借り手の経済状況が思わしくなければ，返ってこないこともある。間接金融の場合は，銀行などの金融仲介機関がそのリスクを負担する。90年代以降銀行の不良債権が増加しているのは，貸した資金のうちで焦げ付いた額が多くなっているからである。預金者には所定の金利が支払われる。ただし，金融仲介機関自体が破綻すれば，預金者といえども所定の金利を保証されるとは限らない。これに対して，直接金融の場合は，証券業者は単に資金の流れを仲介しただけなので，それ以上の責任はない。したがって，このケースでは，本源的な証券の取得に伴うリスクは，証券業者ではなく最終的な貸し手（投資家）が負担することになる。

■ 金融商品

　金融資産は，大きく分けて，機能，収益の予見性，発生形態，取引形態の4つの観点から分類される。

　第1に，金融資産はその機能によって，決済勘定資産と投資勘定資産に大別される。**決済勘定資産**は，各種の経済取引の決済に利用される金融資産である。流動性は高いが，収益性は低くなる。現金や要求払い預金（＝いつでも引き出し可能な預金）がその代表例である。これに対して，決済勘定資産以外のすべての金融資産は，**投資勘定資産**に分類される。定期性預金，信託，債券，株式などがこれに該当する。

　第2に，収益の予見性の観点からは，収益が確定してリスクがゼロの「**安全資産**」と，収益が不安定な「**危険資産**」に大別される。決済勘定資産は安全資産である。投資勘定資産のなかでも定期性預金は安全資産である。その他の投資勘定資産は危険資産である。ただし，金融機関が破綻すれば，安全資産といえども100％保証されるわけではない。

　第3に，金融資産は，最終的な資金の貸し手と借り手の間に介在する金融仲介機関の負債として供給される「**間接証券**」と，最終的な資金の借り手が供給する「**本源的証券**」あるいは「**直接証券**」に分けられる。

　最後に，取引形態における分類として，転売に制限がある「**相対取引資産**」と，不特定多数の投資家を対象に転売可能な金融資産である「**市場取引型資産**」に分けられる。

　金融仲介機関は，このようなさまざまの金融商品を用いて，異なるニーズをもつ資金の借り手と貸し手の間を適切に仲介している。

■ 企業と金融の関係

　企業は，**株式**や**社債**を発行して必要な投資資金を調達する。株式発行の場合，株式の購入者は**株主**になる。株主は有限責任である。すなわち，企業の投資が失敗しても，株式の価格が低下する（最悪の場合はゼロになる）以外の責任はとらない。逆に，投資が予想外にうまくいって利益が増大すれば，

その配当に参加することができる。投資資金は最悪の場合ゼロになるが，それ以下にはならない。企業が大きな損失を被っても，株主が私財を投じてその損失を穴埋めする必要はない。

これに対して，**債権者**は投資がうまくいっても，規定の債券利率以上の収益を手にすることはできない。しかし，投資が失敗すれば，株主同様に，債券を全額回収することは困難となる。

したがって，株主は，ある程度のリスクはあっても高収益が見込まれる投資を望む。他方で，債権者はリスクに慎重になるから，リスクの少ない安全な投資先を望む。株主と債権者の投資に対する考えは必ずしも同じではない。

わが国では企業の資金調達は，株式の発行よりは，社債発行あるいは銀行からの融資の方が一般的だった。したがって，わが国ではリスクのあまりない安定的な投資先が好まれた。高度成長期に日本経済が量的に拡大しているときには，このような安定志向の投資はうまくいった。しかし，1980年代以降，将来の見通しが不透明なときには，これまでの金融仲介はうまく機能していない。

■ メインバンク

わが国において企業と銀行との密接な関係を示す重要な概念が，**メインバンク**である。メインバンクとは，企業と長期的・総合的な取引関係を維持している銀行である。その企業に対する最大の融資元になっていたり，その企業の有力な株主にもなっていたりする。さらに，役員を派遣するなど，その企業と人的な関係をもっている。その結果，その企業が経営上の困難に直面するときには，メインバンクが再建策の主導的な役割を果たすことになる。

メインバンクは，企業に対する監視を効率的に行うためのものである。すなわち，企業の資金需要がある程度大きくなると，1つの銀行で集中的に資金を融資するよりは，複数の銀行が同時に融資するようになる。その場合，すべての銀行が融資先の企業の審査・監督機能を果たそうとすると，重複してしまい，非効率になる。いずれか一行が代表して監視者としての役割を果

たせばよい。それがメインバンクである。

この場合，過去の取引が多くあるほど，その企業の内部情報を多く蓄積しているから，情報生産のコストを低下できる。また，メインバンクがリスクをある程度負うことで，監視を積極的にする誘因も生まれる。したがって，人材面でも，また，再建策においても，その企業の投資活動に責任をもってかかわる動機も生まれる。さらに，メインバンクが株主でもあることで，債権者としての銀行と株主としての銀行とが同時に存在し，株主の利益も反映した企業行動をとるようになる。

6.2 安定化政策：*IS - LM* 分析

■ GDP と金融市場

金融政策の効果を分析するために，貨幣的側面と財市場の均衡とを同時に考慮するのが，マクロ経済学の標準的モデルとなっている *IS - LM* 分析である。第 5 章で説明した国民所得の決定理論では，利子率を所与として，財市場で需給が一致するように国民所得が決まると考えていた。ここで，金融市場で利子率がどのように決まるかを考えてみよう。

貨幣供給は中央銀行の判断で行われ，どれだけ貨幣供給（M）を行うかは金融政策の守備範囲となる。したがって，貨幣供給は政策的に操作可能な政策変数であると考えよう。

これに対し，貨幣需要（L）は家計や企業などの経済主体が貨幣を保有したいさまざまな動機に基づいて決まる。貨幣保有の動機から考えると，貨幣需要には，大きく二つに分けて，取引需要と資産需要がある。

取引需要は，経済的取引に必要な貨幣需要を意味する。GDP が増加すれば，マクロ経済活動は活発になるから，取引に必要な貨幣需要も増加する。また，**資産需要**は，資産として貨幣を需要する動機を表す。利子率が低いときには，貨幣の形で資産を保有してもそれほど損ではない。逆に，利子率が高いときには，利子を生まない貨幣で資産を保有することは，損になる。さ

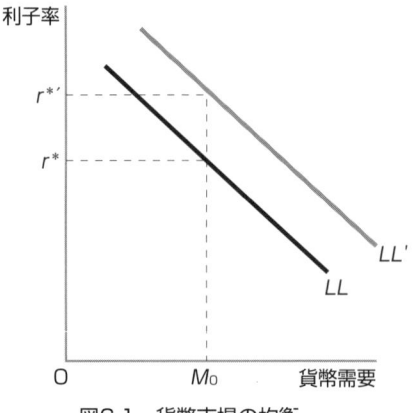

図6.1 貨幣市場の均衡

らに，将来利子率が低下する可能性が高くなるため，今のうちに利子を生む債券を保有するのが得になる。

したがって，貨幣需要は，GDP と正の相関関係（増加関数），利子率と負の相関関係（減少関数）となる。

貨幣市場では，貨幣需要と貨幣供給が等しくなる（均衡する）ように，利子率（r）が決められる。これを図示してみよう。ここで，GDP は財市場ですでに決まったものとする。また，一定水準（M_0）の貨幣供給が中央銀行によって決められたとする。図 6.1 では，貨幣需要が利子率と負の相関関係にあることを，右下がりの曲線 LL で表現している。このとき，曲線 LL が貨幣供給量の M_0 と等しくなるところで，つまり貨幣需要と貨幣供給が均衡するところで，**均衡利子率**（r^*）が決まる。

ここで，いま財市場において GDP（均衡国民所得）が増加したとしよう。このとき，貨幣需要は同じ利子率の水準であっても（つまり資産需要が同じ水準であっても）取引需要が増加するため，全体として増加する。したがって，曲線 LL は右へシフトして曲線 LL′ として表される。

貨幣供給が変わらない限り，これに伴って均衡利子率は上昇する。要約すれば，GDP が増加すれば，貨幣市場において均衡利子率が上昇する，とい

6.2 安定化政策：*IS*-*LM*分析

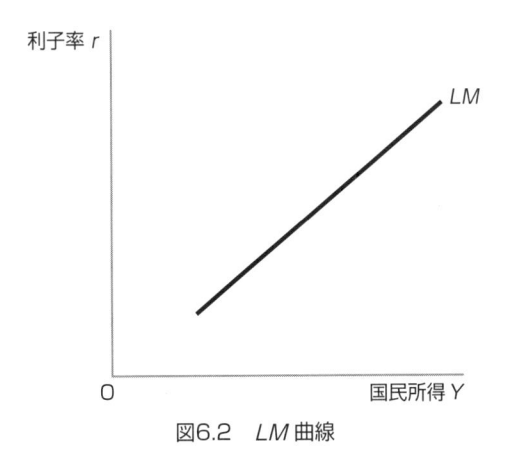

図6.2 *LM*曲線

う関係が見出せる。この関係を，縦軸に利子率（r），横軸にGDP（Y）をとったグラフで示したのが，図6.2である。

■ *IS*曲線と*LM*曲線

この図6.2で示された，貨幣市場の均衡状態における利子率とGDPの正の相関関係を表した曲線を，*LM*曲線と呼ぶ。貨幣市場では，最終的には需要と供給が均衡するまで，つまり*LM*曲線上の点に至るまで利子率rが調整される。

ところで，企業は借り入れた資金に伴う利子率が低ければ，利子支払の負担が軽いので投資を増やそうとし，逆に利子率が高ければ投資を減らそうとする。すなわち，投資は利子率と負の相関関係（減少関数）となる。

いま，利子率が変化したとき，財市場でどのような変化が起こるかを考えよう。当初，利子率がある一定水準（r_A）であり，これに応じた投資の水準がI_Aであったとする。政府支出はある一定水準G_Aで変わらないとする。このときの均衡国民所得Y^*をY_A^*と表す。

そこで，何らかの理由で利子率がr_Aからr_Bに上昇したとする。投資は利子率の減少関数だから，これに応じて投資は，I_Aより少ないI_Bに減少する。

図6.3 *IS*曲線

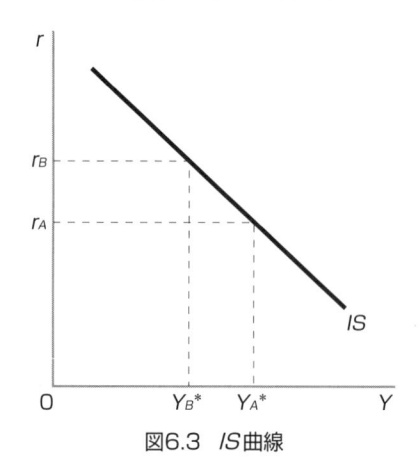

このとき，財市場における均衡国民所得 Y_B^* は当初の均衡水準 Y_A^* よりも少なくなる。

つまり，財市場において，利子率が上昇すると（投資が減少するため），GDP（均衡国民所得）が減少する。この関係を，縦軸に利子率（r），横軸に GDP（Y）をとったグラフで示したのが，図6.3 である。

この図で示された利子率と GDP との右下がりの曲線，すなわち，財市場の均衡状態における利子率と GDP の負の相関関係を表した曲線を，*IS*曲線と呼ぶ。財市場では，最終的には需要と供給が均衡するまで，つまり，*IS*曲線上の点に至るまで Y が調整される。

■ GDP の決定：*IS*-*LM* 分析

上で説明したように，利子率を所与として，財市場で需給が均衡するように，国民所得が決まることを説明した。また，国民所得を所与として，貨幣市場で需給が一致するように利子率が決まることも説明した。

実際には，財市場と貨幣市場とは完全に分離されているのではなく，お互いに影響している。国民所得，あるいは国民総生産は，貨幣市場で決まる利子率の動向にも依存しているし，利子率も，財市場で決まる国民所得の動向

図6.4 IS‑LM分析

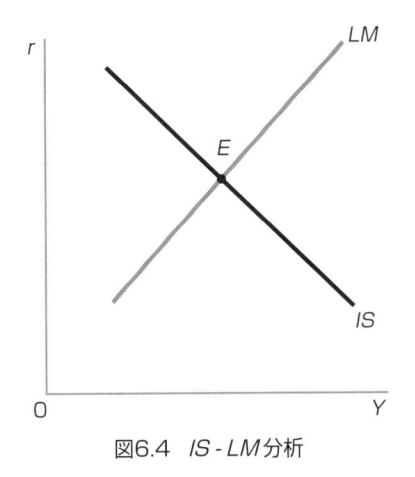

にも影響される。投資需要を通して生じる両市場の相互依存関係を考慮することで，国民所得と利子率を同時に説明するのが，ケインズ経済学の標準的な理論的枠組みである IS‑LM 分析である。

財市場と貨幣市場を同時に考えるため，IS 曲線と LM 曲線を図 6.4 のように描こう。両市場では，それぞれ IS 曲線や LM 曲線の線上で GDP や利子率が決定される。したがって，財市場と貨幣市場で同時に考慮すると，IS 曲線と LM 曲線の交点 E がマクロ経済の均衡点となる。交点 E では，財市場と貨幣市場が同時に均衡状態となり，ここで**均衡国民所得**と**均衡利子率**が決定される。IS‑LM のモデルは，ケインズ経済学のマクロ・モデルとして標準的なものである。ただし，労働市場で完全雇用が実現するとは限らない。

6.3 金融政策の効果

■ 公定歩合政策

公定歩合とは，市中銀行が保有する商業手形のうち，特に信用度の高い適格手形を中央銀行が割り引くのに用いられる**割引率**である。公定歩合の操作は金融政策の代表的な手段である。価格である貸出利率を直接操作して，貨

幣供給を調整している。

　公定歩合が引き上げられると，市中銀行にとっては，中央銀行からの借入れのコストが上昇する。そして，企業に対する手形の割引需要が減少したり，企業に対する貸出需要が減少したりする。したがって，利子率は上昇する。これは総需要を抑制するから，景気の過熱を防ぐのに役立つ。逆に，公定歩合が引き下げられると，利子率が低下し，総需要を刺激するのに役立つ。

　公定歩合の変更が現実にどのくらいの効果をもつかは，そのときの経済状態に依存する。民間の投資需要がそれほど活発でない不況期には，民間の資金需要は大きくない。しかも，利子率の低下によって投資需要はそれほど刺激されない。このようなときに，公定歩合が引き下げられても，市中銀行は中央銀行から資金をあまり借り入れようとしない。したがって，金融緩和期には，金融引き締め期と比較して，景気刺激策を目的とする公定歩合政策は有効ではない。

　最近では，国債などの公債の流通市場（＝満期前の債券を売買する市場）が発達している。わが国の中央銀行は，これらの公債を担保にして銀行に対して貸出をしている。このときの貸出利子率も，公定歩合によって決められている。

　公定歩合は，中央銀行のもつ政策上の態度を反映する指標でもある。すなわち，公定歩合が引き上げられると，中央銀行が引き締め的な金融政策をこれから実施することを意味する。民間の経済主体がこのように金融政策の動向を受け止めると，単に公定歩合が引き上げられただけで，ほかに何ら政策の変更が行われなくても，民間の投資，消費行動が変化して，強力な引き締め効果をもたらす。すなわち，公定歩合の変更は，民間の経済主体の期待形成に直接影響を与える。このような公定歩合のもつシグナルとしての効果を，**アナウンスメント効果**と呼んでいる。

　金融政策は財政政策よりも機動的に行われる。中央銀行が公定歩合を変更するのに，国会で法律を成立させる必要はない。単に，中央銀行の政策決定会議で決めれば良い。したがって，予想外の経済変動が起きた場合でも，素

早く対応することができる。

　これに対して、財政政策の場合は、公共事業を追加するのも、減税をするのも、国会で法律を審議して、成立させなければならない。その分だけ、機動的な対応には限界がある。景気変動を微調整する手段として、公定歩合の変更は有効である。

　ただし、最近では公定歩合の変更を市場が先取りする傾向がみられる。たとえば、公定歩合が引き下げられそうな経済状況になると、それを予想して、金融取引が行われる。そうした市場の期待に押し切られて金融政策が決まることもある。

■ 数量的政策

　金融政策のうち**数量的政策**とは、貨幣供給量を直接コントロールするものである。このうち、**公開市場操作**とは、中央銀行が手持ちの債券や手形を市場で売ったり（**売りオペ**）、買ったり（**買いオペ**）することである。金融自由化が進むにつれて金融市場が整備されてきた。わが国でも公開市場操作の役割はこれから大きくなる。

　ここで、売りオペの効果を検討してみよう。中央銀行は、たとえば、1兆円の売りオペを実施したとする。中央銀行は、債券と交換に現金を1兆円だけ市中から吸収する。これは、銀行にとって手持ちの現金の減少となるから、もし法定の支払準備金しか銀行は保有していなければ、準備金が不足することになる。したがって、銀行は企業や家計に対する信用の供与を減らさざるを得ない。その結果、極端な場合には、貨幣供給は準備金の減少の乗数倍だけ減少する。

　中央銀行が債券を市場から買い入れる買いオペの場合には、売りオペとは逆のケースだから、信用は拡張される。

　また、**法定預金準備率（支払準備率）**は、市中金融機関の預金量のうち、支払準備のために中央銀行に預けなければならない一定割合の比率である。準備率を引き上げると、市中金融機関が受け入れ預金のうち、中央銀行に預

けなければならない支払準備金が増加し,新たに外部に貸し出すことができる資金が少なくなる。このため,市中金融機関の信用創造は抑制され,企業への貸し出しも抑えられて,金融を引き締める効果をもつ。

■ 信用創造

銀行は,法定預金準備率によって,預金の一部を支払準備金として中央銀行に預金し,残りを貸し出す。貸し出された資金の多くは預金となって銀行にもどってくる。そして,銀行はそれをもとにして,また貸し出すことができる。このように,銀行が貸出操作をくり返すことによって,新たな預金通貨がつくり出される。これを**信用創造**という。

いま,預金準備率が10%のときに,現金が10億円だけ増加したとしよう。これは,さしあたっては,どこかの銀行に預金として預けられる。つまり,預金の増加となる。このとき,銀行は $10 \times 0.1 = 1$ 億円を中央銀行への預け金に回し,残りを貸し付けに回す。なぜなら,銀行は貸付によって得られる利子率をその収益源としているからである。

貸し付けられたお金は,どこかの銀行の口座に振り込まれる。その銀行は,9億円のうち,$9 \times 0.1 = 0.9$ 億円を中央銀行への預け金に回し,残りの8.1億円をさらに貸付にまわす。このプロセスが,限りなく続けば,各銀行の口座に振り込まれて預金通貨となる金額の総額は,無限等比数列の和で示される。

$$10 + 9 + 8.1 + \cdots\cdots = \frac{10}{1 - 0.9} = 100$$

すなわち,預金準備率が10%で,現金通貨が10億円増加したときには,預金通貨は準備率の逆数倍だけ増加する。この数値例では10倍の100億円だけ,増加する。これが信用創造である。準備率が小さいほど,信用創造は大きくなる。

■ 不況期の金融政策

前述したように,不況期には,拡張的な金融政策が採用される。公定歩合

を引き下げたり，買いオペを実施したりして，貨幣供給を増加させる政策がその代表例である。しかし，不況期の金融政策には，その限界も指摘されている。

なぜなら，企業の期待が弱いので，利子率が低下しても，あまり投資需要が刺激されないからである。そのため，GDPを増加させるには，大きく利子率を低下させる必要がある。しかし，不況期ではすでに利子率の水準が低いので，将来の金利上昇の期待が広がっている。そのため，利子率がさらに少し低下するだけで，将来の金利上昇を人々が予想するようになる。その結果，債券価格が大きく下がる。これは債券に投資する際のキャピタル・ロスをもたらすから，債券保有よりも貨幣保有が有利になる。すなわち，貨幣需要が大きく増加する。したがって，金融を緩和しても，実際には利子率はほとんど低下しない。これが，「**流動性のわな**」と呼ばれる状態である。このように，貨幣供給が増加しても，貨幣需要が大きく反応するので，利子率はあまり低下しない。さらに，利子率が低下しても，悲観的な期待をもっている企業の投資意欲はあまり刺激されない。その結果，不況期の金融政策はほとんど効果がなくなる。

■ インフレターゲット論

21世紀初頭のわが国は，緩やかながら**デフレ**状態にある。物価水準が1-2％程度下落している。デフレはマクロ経済にも悪い影響をもたらす。

第1に，借り入れをしている企業にとっては，債務の実質的な金額が増加する。債務は過去に決められた金額だから，物価が下落すれば，その負担は実質的には重くなる。その結果，新規の投資をする意欲が抑制される。第2に，物価が下落しても，賃金の名目額はそれほど下落しない。したがって，実質的に賃金が上昇したのと同じになる。これは企業の収益を圧迫する。この面からも，投資意欲は低下する。第3に，家計は，財・サービスの価格がこれからも下がることを予想する。したがって，家計は今消費するよりも，消費を将来に先延ばしする方が得になる。その結果，消費意欲も低下する。

これらの効果のために，マクロの総需要は低迷するし，マクロ経済も活性化されない。デフレ状況から脱却する政策として注目されているのが，**インフレターゲット論**である。これは，中央銀行が2-3％程度の緩やかなインフレの目標を設定して，それを実現するために，積極的な金融政策を実施するというものである。しかし，金融政策でインフレを生じさせるのは容易なことではない。さらに，ひとたび，人々がインフレを予想するようになると，それが過熱して，大幅な物価上昇を引き起こすという心配もある。

6.4　金融行政と金融システム

■ 護送船団方式と金融ビッグバン

　1970年代前半まで，わが国の金融システムは人為的な低金利政策のもとで金利が政策当局によって規制されていた。また，金融機関の間での業務のすみわけも固定化されており，店舗の展開も規制されていた。さらに，他の産業からの新規参入も認められず，また，倒産という形での退出も認められない**護送船団方式**が採用されていた。信用秩序の維持という名分のもとで，わが国の産業界のなかでももっとも手厚く規制されていた産業であった。

　その後，国債の大量発行と国際資本移動の活発化という2つの**コクサイ**化によって，わが国の金融システムは自由化に向けてしだいに変化していった。国債の流通市場が整備され，市場での自由な金利の形成が進展した。そして，預金金利の自由化がしだいに進展し，ついに1994年に預金金利は普通預金を含めて完全に自由化された。

　また，外国からの市場開放圧力に応じる形で，業務の守備範囲についても，証券と銀行間での相互乗り入れの方向での改革が進行している。たとえば，店舗規制も廃止された。外国の金融機関が破綻した日本の金融機関を買収することも起きている。さらに，小売業など異業種からの新規参入も行われている。最近では，不良債権を抱える金融機関の倒産も現実の問題となっている。

このような金融ビッグバン（**大改革**）が進めば，他の産業と同様に，金融産業もしだいに市場メカニズムが働く産業に変身していくだろう。

■ 信用不安と金融秩序

信用制度はどのように保持されているのだろうか。1990年代に入ってバブル経済が崩壊すると，銀行やノンバンクは大量の不良債権を抱え込むことになり，金融不安が広がった。さらにアジア諸国での金融危機も加わって，1997年には大手の証券会社をはじめ各種金融機関が経営破綻をきたした。個々の金融機関の経営が破綻すると，その波及効果で金融システム全体が不安定になりかねない。その結果，国民経済上重大な影響をおよぼすおそれが生じる。

こうした状況で，預金者の**取り付け騒ぎ**を沈静化させて，預金者を保護するために**預金保険機構**の役割が注目されている。これは，金融機関の倒産などで預金の払い戻しが不可能になった場合，金融機関に代わって預金者に対し預金払い戻しを肩代わり・保証する機関である。さらに，この機関は，破綻金融機関に係わる合併に関しても資金援助や不良債権の買い取りなども行う。

また，金融政策の信頼性を高めるために，1997年に**日銀法**が改正された。金融政策の決定に関して，これまで以上に透明性が高くなるとともに，中央銀行が政府からより独立して意思決定できるようになった。さらに，1998年には**金融再生委員会**が発足した。このようにして，金融機関の検査・監督体制が整備された。また，**金融再生法**に基づく破綻処理の仕組みがつくられるとともに，**早期健全化法**によって公的資金の注入などの枠組みが整備された。このように，金融システムを安定的に維持するには，大きなコストがかかる。

■ 不良債権の発生

90年代以降，なぜ**不良債権**が大量に発生したのだろうか。直接的な理由

は，バブルの崩壊による地価や株価の低下で，銀行の担保資産価値が減少したことである。しかし，その背後には，バブル時代にきちんとした審査なしで融資を拡大した放漫経営がある。大企業が自力で資金調達するようになると，銀行は優良な貸出先を失った。新しい融資先として不動産，リゾート開発を重視するようになった。こうした融資を査定する際に，将来の収益予想は甘かった。土地を担保としていれば何とかなるという「土地神話」，最後は政府が何とかしてくれるだろうという「つぶれない神話」の2つの神話がその大きな理由である。以下では，第2の神話である銀行が放漫経営をした理由について考えてみよう。

金融秩序の維持の観点から，これまで政策当局はことあるごとに「銀行はつぶさない」といい続けてきた。護送船団方式である。いったん信用不安が生じると，ある程度安全であるはずの金融機関まで取り付け騒ぎに巻き込まれる恐れがあるからである。そのために，前述したように，預金保険機構が設置されている。ただし，1980年代までは預金保険機構は本格的に機能したことはなく，日本銀行が「最後の貸し手」となることが金融秩序の維持のための最大の拠り所であった。

たしかに，このことによって「銀行はつぶれない」神話をつくり，長い間信用不安が抑制されたかもしれない。しかし，今日問題になっている金融機関の破綻が1980年代後半のバブル景気期の放漫経営に起因していることを考えると，実はこの神話が逆に放漫経営を助長した可能性がある。

■ 放漫経営のゲーム論分析

いま，簡単化のため，銀行が健全経営を行えば必ずつぶれず，放漫経営を行えばつぶれるとする。もし銀行がつぶれたとき，政府は救済するか，しないかを選択する。銀行が健全経営を行ったときの銀行の利得（効用）を「中」，政府および国民の利得も「中」とし，銀行が放漫経営を行っても政府が救済しなかったときの銀行の利得を「負」，政府および国民の利得も「負」，銀行が放漫経営を行って政府が救済したときの銀行の利得を「大」，政府および

6.4 金融行政と金融システム

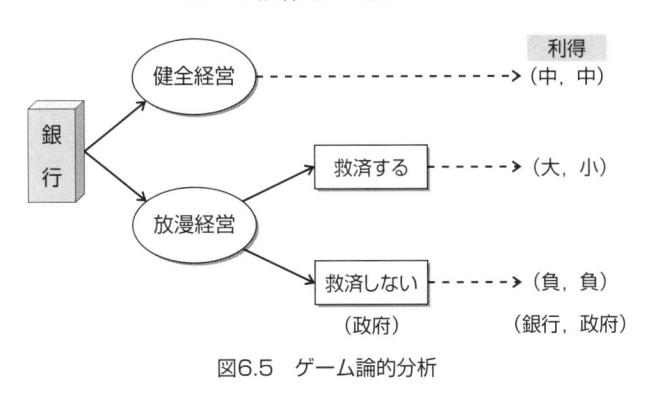

```
                        利得
         → 健全経営 ------------→ (中, 中)
銀行
         ↘            → 救済する ----→ (大, 小)
           放漫経営
                      ↘ 救済しない --→ (負, 負)
                (政府)            (銀行, 政府)
```

図6.5　ゲーム論的分析

国民の利得を「小」とする（図 6.5 参照）。銀行は，健全経営をするとき，その努力にコストがかかる。したがって，放漫経営をしてつぶれて政府に救済してもらう方が，健全経営をするよりも銀行の利得が高いと考える。

このとき，もし政府が「銀行はつぶさない」と宣言すれば，銀行は放漫経営を行っても必ず救済されるから，銀行は放漫経営を行う誘因がある。なぜならば，放漫経営をして救済されれば銀行の利得は「大」で，健全経営をすれば利得は「中」だからである。しかし，政府は銀行に放漫経営をしてもらいたいために，「銀行はつぶさない」と宣言しているわけではない。やはり，最善のケースでは銀行に健全経営をしてもらいたい。そのためには，政府は銀行が放漫経営をしてつぶれたときでも救済しないという姿勢を示さなければならない。なぜならば，そうすれば銀行が放漫経営をしてつぶれたときに，銀行の利得は「負」となり，健全経営をしたときの利得＝「中」よりも小さくなるからである。つまり，政府は銀行に健全経営を強いるために，「放漫経営をしてつぶれても，救済しない」と宣言しなければならない。

しかし，本当に政府は「銀行が放漫経営をしてつぶれても，救済しない」だろうか。もし，銀行が放漫経営をしてつぶれたとき，救済しないならば政府および国民の利得は「負」，救済すれば利得は「小」である。銀行が放漫経営をしてつぶれたことを所与とするならば，政府および国民にとっては救済した方が望ましいことになる。政治がその場限りの評価で政策を決定する

とすれば，国民の利益を確保するために，銀行を救済するだろう。したがって，「銀行が放漫経営をしてつぶれても，救済しない」と政府が公約しても，それは信用できない公約になる。

■ 放漫経営と金融行政

　近年の金融機関の経営破綻でみられる状況は，上記のように解釈できる。護送船団方式のもとで政策当局が「銀行はつぶさない」と宣言していたことが，銀行が放漫経営をする一つの誘因になっていたと考えられる。そうした放漫経営がバブル期に拡大して無理な融資を増大させた結果，バブル崩壊後に大量の不良債権が表面化した。高度成長期には，日本経済全体が拡大していたので，放漫経営をしても，傷口はそれほど悪化しなかった。それでも，不良債権を抱えて破綻の危機にあった金融機関を，別の金融機関が吸収合併することで，処理することができた。しかし，1990年代以降国際的に金融大競争の時代になっている。日本経済全体も大手の金融機関も，単なる量的な拡大では生きていけなくなってきた。これまでの救済合併の手法に限界が見えてきたのである。

　この状況を改善する方法は，政府が「銀行が放漫経営をしてつぶれても，救済しない」と宣言し，かつこれを覆さないことである。前述のように，信用破綻のあとで善後策を策定しようとすれば，「銀行が放漫経営をしてつぶれても，救済しない」というのは信用できない脅しになってしまう。これが信用できない脅しにならないようにするために，改正しにくい法律（たとえば日本国憲法）でこれを規定するというのも一つの方法である。この点は，中央銀行を政治的に独立させることの評価と関係してくる。わが国では，改正日銀法が1998年に施行され，中央銀行の独立性が確保される方向に動いている。しかし，これまで金融当局は政治的に独立していたとはいえ，破綻したときの金融政策は不透明なままである。その結果，放漫経営を助長するとともに，不良債権の処理を先送りする誘因を与えてきた。

6.4 金融行政と金融システム

■ 不良債権と景気

1990年代を通じて，日本経済が低迷するなかで，日本の銀行が抱える不良債権は増加し続けた．不良債権と景気の関係を考えてみよう．**景気が悪化**すれば，企業の経営環境も悪化する．銀行に資金をきちんと返済するには，企業が収益を上げる必要があるからである．したがって，景気が悪くなれば，**不良債権**は増加する．

しかし，逆のルートも考えられる．つまり，不良債権問題がマクロ経済を押し下げるメカニズムもある．その第1のメカニズムは，不良債権によって銀行収益が圧迫されて，銀行の金融仲介機能が低下する点である．不良債権の処理額が増加して，それが銀行の収益を上回る状態が続くと，銀行はリスクの高い融資案件に資金を回せなくなる．その結果，銀行の貸し出し意欲が慎重になって，企業の投資を抑制する．これが，「貸し渋り」という現象である．

第2のメカニズムは，収益の低い分野に労働や資本などの供給資源がいつまでも停滞することである．不良債権の処理が遅れることで，収益性の高い事業に必要な資金が回らなくなる．今後収益増が期待される生産性の高い分野に銀行が融資しなくなると，マクロ経済の活性化も期待できない．

さらに，不良債権を抱えたままでは，金融システムの信頼性が損なわれる．その結果，企業や家計の経済行動が慎重になる．すなわち，企業の投資意欲や家計の消費意欲が押し下げられ，マクロ経済も低迷が続く．

■ 不良債権処理の遅れ

金融機関が不良債権を処理するスピードについて考えてみよう．1990年代に入って，バブルの崩壊とともに金融機関の不良債権が表面化してきた．しかし，不良債権の処理は先送りされ，1997年11月の金融混乱に至った．それまで抜本的な対応のないままに，6,7年間の時間が無為に過ぎていった．先送りしてきた分だけ，いったん混乱が表面化すると，その傷口は大きくなった．

1990年代に金融機関の不良債権処理が遅れた理由は，いくつか考えられる。将来また地価や株価が上昇するだろうという甘い期待を銀行経営者や金融当局がもったことで，処理が先延ばしにされた。また，不動産取引や紛争処理にかかわる法律上の制約のために，処分しようとしても時間がかかってしまった面もある。わが国の法律では借り手の権利が過度に優遇されており，既得権化している。明治時代の経済環境を前提とした法律が未だに有効であり，土地や家の市場の発展を妨げている。これは，不良債権の処理にはマイナスであるが，一方で，弁護士などの法曹関係者の仕事を増大させて，彼らのレントを大きくしている。

■ ただ乗りの誘因

さらに，不良債権の処理が遅れた背景には，**ただ乗りの誘因**による弊害もある。すなわち，不良債権を処理して，円滑な信用秩序を維持するために，各金融機関は何らかの負担（借金の棒引き）をする必要がある。信用秩序の維持は公共財であり，各金融機関は安定的な信用システムによって大きなメリットを受けている。不良債権の重みである企業や金融機関が破綻すると，他の金融機関が何らかの支援をしない限り，あるいは，公的資金が投入されない限り，信用秩序の維持が困難になるとしよう。各金融機関はどれだけの支援＝負担をするだろうか。

それぞれの金融機関にとってもっとも都合がいいのは，他の金融機関の負担（あるいは公的資金の投入）で破綻した企業や金融機関の処理が行われることである。このとき，自らは懐を痛めることなく，信用秩序の維持というメリットを享受できる。具体的な金融破綻が表面化するたびに，破綻した企業や金融機関に対して，他の金融機関のうちでどれがどれだけ支援するかをその都度裁量的に決める「奉加帳」方式の場合には，金融システム全体としての不良債権の処理が遅れて，金融不安も長期化する。これに対して，最初からあるルールを設定して，それに従って不良債権の処理を進める場合には，各金融機関は最初からある程度思い切った負担（借金の棒引き）を受け入れ

やすく，結果として，早期に信用秩序の安定化につながる。破綻処理に関する法的な整理の手続きを簡素化し，透明化することも重要である。

先送りの弊害は，サラ金からの借金のコストに似ている。時間がたつほど，問題を処理するコストは累積的に増大する。しかし，その場しのぎの対応をすると，ますますサラ金からの借金に頼ろうとする。自己破産に直面して初めて，問題の根本的な処理を余儀なくされる。しかし，その場合のコストはきわめて大きい。

■ 金融機関の既得権

金融機関に公的資金（税金）を投入することに国民の反発が強いのは，金融機関がこれまで護送船団方式によって**既得権益**を享受してきたという背景がある。銀行員の給料が高くても，それが彼らの生産性の高さを反映しているなら，何ら非難されるべきものではない。マイクロソフト社のビル・ゲイツ氏が巨額の富を蓄積しても，それは彼の才能の結果であって，誰もそれを非難していない。しかし，多くの銀行員の場合，彼らの生産性以上の給料がレントとして配分されている。これが目につくから，国民の反発も強い。一般庶民よりも給料の高い銀行員を救済するために，一般庶民の税金が投入されると感じているから，こうした政策が不公平とみなされる。

したがって，規制緩和を徹底することで，金融業界における既得権益がなくなり，レントを反映した高賃金が是正されれば，金融業界に対する国民の反発も相当程度緩和されるだろう。そうなれば，公的資金を投入することの是非は，金融システム維持のコストとメリットの比較という本来の判断基準で，より冷静に議論ができる。そのためにも，既得権益だけで生き延びてきた効率性の悪い金融機関を思い切って処理して，金融仲介機能を発揮できる良い金融機関だけを再生させる方向で，早急かつ抜本的に，金融システムを再編成して，金融ビッグバンを進めることが望ましい。

================ コラム⑥ ================

インフレターゲット

　インフレターゲットとは，金融政策の目的として設定される物価上昇率の目標値のことである。物価下落の続く日本でも導入を検討する声が高まってきている。財政運営をより厳しくさせるデフレ傾向から脱却するには，日銀が大量に国債を引き受けて，インフレを引き起こすことが望ましいという主張は根強い。デフレ傾向にある限り，国債を日銀が引き受けても当面何の弊害もないという議論である。地価・株価の下落による不良債権の増加や財政赤字の累積傾向がこのまま続けば，最終的に金融当局への期待，あるいは，最終的な問題処理のためにインフレに期待する誘因が政治の論理としても生まれてくる。

　しかし，インフレ調整で経済危機，財政危機を克服することは，危険な面ももっている。望み通りにある程度マイルドなインフレが生じればいいが，これを実現するのは困難である。金融をどの程度緩和すれば，どの程度のインフレ圧力になるのかは，不透明である。その場合，過度の金融緩和によって，予想外の高インフレが突然生じるかもしれない。しかも，マイルドなインフレであれば，不良債権処理や財政収支を好転させる効果もそれほど大きくはない。

　さらに問題なのは，デフレ傾向が続くなかで，国債の償還可能性に対する懸念を増幅させる点である。日銀引き受けしか最終的な手段がないということが市場関係者の間で支配的になると，その時点で国債の価格が暴落し，国債の金利が上昇し，ますます財政危機に拍車がかかるかもしれない。近年になり先進国でもインフレターゲットが導入され始めたが，それらの国は，高インフレを抑えることを目的としている。

　理論的には，インフレ・バイアスをもたらす「時間に関する不整合性」が問題となる。すなわち，意図的にインフレ政策を採る誘因が金融当局（あるいは政治家）にある。たとえば，貨幣残高を考えてみよう。これは，その時点では蓄積されたストック変数である。予想外にインフレ率

を上昇させると，マクロ経済を一時的に刺激するとともに，インフレによって政府の名目的負債の実質的価値が減少すると，その分だけ政府は実質的に財源を確保することが可能となる。これは，インフレ課税と呼ばれる効果である。しかし，最初から高いインフレ率を政府が採用すれば，貨幣保有のコスト＝機会費用が上昇するから，誰も貨幣を保有しないだろう。名目金利が上昇するだけで，財政赤字は減少しない。しかも，マクロ経済を刺激する効果も小さくなる。

したがって，金融当局の最適な政策は，インフレターゲットにコミットせず，将来インフレを起こさないと約束して，貨幣保有のコストを最初は抑えて，民間部門の貨幣保有を促し，その後で約束を反故にして貨幣を増発し，予想外の形でインフレを生じさせることである。民間部門が調整インフレ政策を予想していれば，マクロ経済にプラスの効果はあまり期待できない。インフレ政策を推進するためには，民間の予想以上にインフレを進行させざるを得ないからである。インフレを起こさないという当初の約束は，将来になれば，政府にとって必ずしも望ましいものではない。政府は民間経済を良くするように行動するから，あえて公約を破る誘因をもつ。

このように，インフレターゲットはメリットもある一方で，信頼性を維持するのが困難な政策である。政策当局が当初の政策目標にずっとコミットできると国民が実感できてはじめて，マイルドなインフレは，不良債権処理や財政危機をある程度好転させるという意味でそれなりのメリットを発揮できるだろう。

7

経済成長と日本経済

　第1章で説明したように、ケインズ・モデルでは投資が有効需要の重要な構成要素であることが強調されるが、投資は現在の有効需要の1つであると同時に、将来の資本設備を増加させて供給能力を高める側面ももっている。この投資の2面性を考慮すると、資本が中長期的に完全利用されるためには、どの程度のスピードで投資が拡大する必要があるだろうか。

　ハロッド・ドーマー・モデルは、ケインズ・モデルの経済成長への拡張である。ハロッド・ドーマー・モデルでは、資本が完全に利用されるのを保障する成長率である適正成長率と現実のGDPの成長率を区別する。最初に、適正成長率の決定メカニズムを考察するとともに、それに経済政策がどう影響するかを検討しよう。

7.1 ハロッド・ドーマーのモデル

■ **適正成長率**――――――

　生産量1単位を生み出すのに必要な資本設備を，**必要資本係数**と呼ぶ。これをvで表すと，ハロッド・ドーマー（Harrod, R. F. = Domar, E.）の成長理論の特徴は，この必要資本係数を技術的に一定と仮定しているところにある。すなわち，投資1単位あたり$1/v$の大きさだけ，生産能力が増加すると考える。あるいは，資本Kを完全操業すると，K/vだけの生産Y（あるいはGDP）が生産可能であると考える。この生産能力の増加に見合って需要が増加していく場合には，資本が完全に操業されるから，適正な成長が可能となる。

　ところで，投資が増加したときの需要の増加の大きさをみると，これは，第5章で議論した乗数の大きさ（貯蓄性向sの逆数）に対応する。したがって，投資をIで表すと，I/vで示される生産能力の増加分と，$\Delta I/s$で示される需要の増加分の2つの大きさが等しいとき，資本が完全雇用される成長率が求められる。これが，**適正成長率**である。すなわち，

$$\frac{I}{v} = \frac{\Delta I}{s}$$

より，

$$\frac{\Delta I}{I} = \frac{s}{v}$$

となるから，適正成長率G_wは貯蓄性向sを資本係数vで割ったものに等しい。

$$G_w = \frac{s}{v}$$

　適正成長率は貯蓄性向の増加関数であり，資本係数の減少関数である。たとえば，$c = 0.8$，$v = 3$とすれば，$G_w = 0.067$となる。

7.1 ハロッド・ドーマーのモデル

■ 財政政策の効果

では、財政政策は、適正成長率にどのように影響するだろうか。まず、政府支出率（政府支出の対 GDP 比率）拡大の効果からみておこう。政府支出率 g の拡大によって適正成長率は低下する。逆に、税率（税負担の対 GDP 比率）の上昇によって、適正成長率は上昇する。

これらの結果の直感的な理由は、税率の上昇や政府支出率の減少が乗数の値を小さくするからである。したがって、投資の拡大による生産能力の伸びに見合った需要を創出するためには、投資をより速い速度で増加させて、所得を増加させる必要がある。すなわち、乗数値が小さいほど、成長率を高くしないと、資本の完全操業は維持できない。したがって、政府の収支を黒字にして、民間部門に資源を還元することで、適正な成長率も高くなる。

その結果、財政赤字が拡大すれば、適正成長率は低下し、逆に、財政黒字が拡大すれば、適正成長率は上昇する。戦後のわが国の高度成長期には、財政収支は均衡し、GDP の拡大による自然増収は減税という形で民間部門に還元されていた。これは、適正成長率を上昇させて、供給面から経済成長を刺激する効果をもったといえよう。

ところで、ここまでの定式化では、政府支出の拡大は需要を刺激するのみで、生産能力は刺激しないと想定されていた。しかし、現実には公共投資という形で、政府支出もマクロ的な生産能力の拡大に貢献している。この点を考慮して、政府支出のうちで γ の割合だけ公共投資が行われて、民間投資と同じだけの生産能力拡大効果があると想定しよう。このとき、適正成長率は γg の分だけ大きくなる。

■ 金融政策の効果

金融政策では、貨幣供給を操作することで金利を動かし、投資需要に影響を与えることができる。金融緩和政策で金利が低下すれば、投資需要が増加し、GDP 需要も増加するから、現実の成長率は上昇する。逆に、金融引き締め政策を採用すれば、金利が上昇して、投資需要を抑制するから、現実の

成長率も低下する。

■ **現実の成長率**

ところで、現実の成長率が必ずしも適正成長率に等しくならないとすれば、どのような調整メカニズムが働くのだろうか。たとえば、現実の成長率が適正成長率を下回る場合には、資本ストックを完全操業させると財市場で超過供給になり、意図せざる在庫が発生する。このとき、現実の資本ストックは必要資本係数から求められる適正な値からみて過剰となり、投資意欲は減少する。その需要に与える効果は、乗数過程を経てさらに現実の成長率を低下させるため、現実の成長率は適正成長率から下方へますます離れていく。

逆に、財市場が超過需要になり、意図せざる在庫の減少が生じている局面では、現実の成長率が適正成長率を上回る。このとき、投資意欲が刺激され、ますます現実の成長率が上昇していく。すなわち、現実の成長率がいったん適正成長率と一致しなくなると、累積的にその差が拡大していく。このような不安定な性質は、**ナイフの刃の現象**と呼ばれる。ハロッド・ドーマー理論の特徴は、その**不安定性**にある。だからこそ、財政金融政策を適切に発動して、現実の成長率を適正成長率に一致させることが求められる。

7.2 新古典派のモデル

■ **サプライ・サイド経済学**

適切なマクロ財政金融政策により、完全雇用状態に移行することが可能であるというケインズ経済学の考え方は、1960年代前半にマクロ経済政策に大きな影響を与えて、理論的にも現実の政策でも主流の考え方となった。経済成長の分野でも、ハロッド・ドーマーの成長理論に基づいて、安定した経済成長を維持するために、財政金融政策を適切に用いることが強調されてきた。

ところが、1970年代に入って石油危機など供給ショックを契機として、

インフレと不況が共存するスタグフレーションが生じた。総需要を操作するだけのマクロ経済政策では完全雇用も経済成長もともに実現できず、その限界が明らかになった。その結果、供給側のミクロ的行動を重視する経済政策が注目されはじめた。その代表例が1970年代から発展してきた最適課税理論とともに、**サプライ・サイド経済学**である。

これらの新しい考え方は、家計や企業などの民間の経済主体が消費、投資、労働供給という供給側の経済活動を最適に行っているという理解にたっている。そして、民間の人々の最適化行動を明示的に考慮することで、政府の経済政策によって、経済成長にどういう影響が生じるかを問題とした。たとえば、公共事業を拡大しても、その財源に必要な税金が重くなると、家計の勤労意欲や貯蓄意欲、企業の投資意欲が減退して、成長率が低迷するかもしれない。

また、コンピュータの発達により統計的な処理能力が飛躍的に向上したのに伴い、経済政策のマクロ経済に与える長期的な効果を数字で分析することが容易になった。その結果、供給側を重視して経済運営する方が長期的に経済成長に有益であることを、定量的に示す研究が盛んになった。

■ ソローのモデル

供給要因を重視する経済学では、供給要因が経済成長の源泉であるという**新古典派の成長理論**を採用している。こうした新古典派の成長理論は1980年代以降のアメリカやイギリスでの経済成長政策を理論的に支える根拠をもたらした。その代表的な成長モデルがソロー（Solow, R. M.）のモデルである。

新古典派の成長モデルの大きな特徴は、生産において資本と労働を代替可能と想定する点である。すなわち、賃金率が利子率よりも高ければ、労働を雇用することが資本を用いることよりも相対的に高くつくから、労働よりも資本の雇用が促進される。逆に、賃金率が利子率よりも相対的に安ければ、資本よりも労働の雇用が促進される。いいかえると、現在存在する資本と労

働を完全に雇用するように賃金率と利子率が調整されれば，資本，労働とも不完全雇用されることはない。労働市場や資本設備のレンタル市場などの要素市場における価格の調整メカニズムは，長期的には十分働くだろう。とすれば，長期的な成長の問題を議論するときに，資本や労働の存在量が完全に雇用される状況を分析するのは，それほど非現実的なことではない。

現在存在する資本ストックの量をK，労働供給量をLとすると，これらを完全に雇用して得られる生産量が GDP（Yで示す）になる。したがって，新古典派のモデルでは，K, LとYとの技術的な関係を示す**マクロの生産関数**が重要な概念となる。

$$Y = F(K, L)$$

この生産関数は，数学的にいうと**1次同次**であり，それぞれの生産要素について**収穫逓減**であると仮定される。すなわち，資本と労働が同じ**割合**で増加すれば，生産量も同じ割合で増大するが，資本か労働のみしか増大しない場合には，生産の拡大はそれほど大きくはない。たとえばLを固定してKだけ増加させると，Yは増加するが，その限界的な増加分（すなわち**資本の限界生産F_K**）は減少していく。

さて，資本と労働は時間とともにどのように変化するだろうか。これが，成長を決めるポイントである。労働については外生的に毎期nの率で上昇すると考えよう。資本については，貯蓄したものが投資され資本蓄積になるから，貯蓄関数を定式化すればよい。単純化のために，所得Yの一定割合sを貯蓄に回すと考えよう。こうした考え方をモデル化したものが，ソロー・モデルである。

新古典派のモデルでは，要素市場での利子率と賃金率の調整によって，常に資本と労働が完全雇用され，安定的な成長が実現している。なお，長期均衡では**資本労働比率**（**資本集約度**：K/L）は一定であるが，資本ストック，GDP，労働などはすべて，nという外生的に与えられる人口の成長率で成長している。

7.2 新古典派のモデル

■ 成長率の収束

　新古典派の経済成長モデルを前提とすると，長期的に経済成長率は外生的な成長率に拘束される。国際的に人口増加や技術革新のスピードが長期的に異なれば，長期的な成長率も異なる。しかし，各国間でこれらの外生的な要因が同じであれば，長期的に同じ成長率に落ち着く。もちろん，短期的にはたくさん貯蓄をして資本を多く蓄積する方が，成長率は高くなる。しかし，貯蓄率の差は長期的な成長率に影響しない。

　世界全体をみると，国によって成長率に格差がみられる。1960年代は日本の成長率が突出して高かった。80年代以降は東アジア諸国で高い成長を続けている。総じていえば，GDPが拡大して豊かな国になるほど，長期的な成長率は低下する傾向にある。わが国でも，GDPが増加するにつれて，成長率は低下傾向にある。人口や技術の動向に長期的な発散傾向はみられないから，最終的に世界各国の成長率は均衡化するはずである。これが，**成長率の収束**と呼ばれる現象である。

　こうした収束傾向は，一国内部での地域間の成長率についてもあてはまる。たとえば，1990年代以降わが国のなかでもっとも成長率の高い地域は，岩手県などの農村部である。逆に，東京など都市部の成長率は全国平均を下回っている。所得水準の相対的に小さい地域が大きく成長し，逆に，所得水準の相対的に大きな地域が小さく成長することで，長期的に成長率も所得水準も地域間で均等化していく。

■ 経済政策の効果

　ところで，経済政策は長期的な成長率である n には影響を与えることができない。しかし，長期均衡での資本集約度には影響する。たとえば，税率の上昇は可処分所得を抑制して，貯蓄を減少させるから，長期的な均衡資本集約度も減少する。すなわち，税率の上昇によって相対的な資本蓄積は抑制される。

　以上の議論では，税収の増加によって得られた政府の収入は政府支出の拡

大に向けられると想定されていた。政府支出はすべて消費的な支出に向けられると考えていたからである。ここで，すべての政府支出が投資的な目的に使われるとしよう。このとき税率の上昇によって，民間貯蓄は減少するが，公共投資が増加する効果の方が大きいので，政府支出率の拡大によって，長期的に資本集約度が増大し，資本蓄積が促進される。より一般的には政府支出に占める公共投資比率である γ が貯蓄率 s より大きければ，政府支出率（あるいは税率）の拡大は，資本蓄積を刺激する。

なお，長期均衡での資本蓄積が増大するときには，新しい長期均衡に収束するまでの移行過程で，成長率も n 以上の率で上昇している。したがって，上の状況では，長期的に資本蓄積が促進されるとともに，短期的には成長率も上昇する。

7.3 内生的成長モデル

■ AK モデル

次に，最近急速に研究が行われている内生的成長モデルを前提として，経済政策の効果を検討してみよう。**内生的成長モデル**は，家計が最適に現在と将来との消費，貯蓄の配分を決めるという最適成長モデルを用いて，しかも，長期的な成長率がモデルのなかで内生的に説明されるように，伝統的な新古典派のモデルに修正を加えたものである。

以下，経済政策の効果を分析するために，直感的な説明を用いて，簡単にモデルをみておこう。消費の異時点間の最適配分は，**時間選好率**（主観的に，現在よりも将来をどの程度割り引いて評価しているかを示す割引率）と利子率との大小関係から求められる。利子率が時間選好率よりも大きければ，現在の消費よりも将来の消費の方を優先する方が得になるから，貯蓄が刺激される。したがって，成長率は利子率の増加関数であり，時間選好率の減少関数になる。

ところで，7.2 節でも説明したように，経済成長が進展すると，資本集約

7.3 内生的成長モデル

度が上昇し，資本の限界生産が逓減する。競争市場では，利子率は資本の限界生産に等しいから，これは，利子率の低下を意味する。したがって，長期的には利子率は時間選好率に等しいところまで低下し，そこで経済成長もストップする。もちろん，労働が外生的に n の率で成長していれば，マクロの消費も資本ストックも n の率で上昇している。しかし，一人当たりの消費量や資本ストックは，長期的に成長せず，利子率は時間選好率と等しくなる。これが，伝統的な新古典派の成長モデルであった。

これに対して内生的成長モデルでは，資本ストックが上昇しても，利子率が低下しないか，あるいは資本の限界生産が低下しないメカニズムを導入する。資本蓄積と同じスピードで労働供給が増加すれば，資本蓄積が進展しても，資本集約度が低下せず，資本の限界生産も低下しない。人口の成長が外生的に決まるとすれば，それでも経済的な意味での労働供給が資本蓄積とスピードをあわせて内生的に成長していくメカニズムを，導入する必要がある。

経済的な意味での（すなわち，効率単位で測った）労働供給が増加していく1つの有力な考え方は，**人的資本**として労働供給を解釈するものである。もう1つの考え方として，**技術進歩の外部性**がある。すなわち，資本が蓄積されると，効率単位で測った労働供給が増加するような技術進歩が経済全体で発生し，結果として労働供給が増加しなくても，効率単位で測った労働供給が増加すると考えるのである。

このとき，いずれの考え方を採用するにせよ，マクロの生産関数は，

$$Y = F(K, KL) = F(1, L)K = AK$$

となる。ここで，$F(1, L) = A$（一定値）とおいている。簡単化のために $L = 1$，すなわち，人口は成長しないと考える。KL は，効率単位ではかった労働供給を意味し，$L = 1$ で物理的な労働供給が一定でも，資本蓄積によって効率的な労働供給が内生的に拡大される。なお，2番目の等式は，$F(\ )$ が1次同次であることによる。

この生産関数では，資本の限界生産が常に A で与えられ，資本ストックが増加しても，資本の限界生産は低下しない。人口の成長率がゼロであって

図7.1　税率と成長率

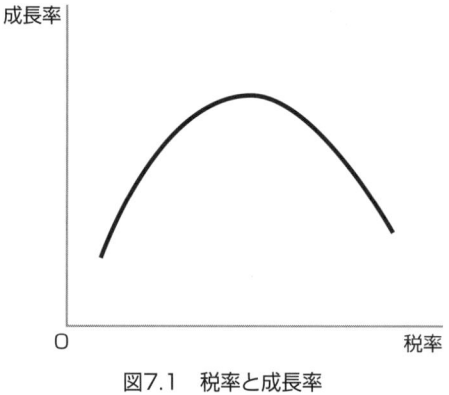

も、長期的にプラスの成長率が実現される。これがもっとも単純な内生的成長モデルである *AK* モデルと呼ばれる定式化である。

■ **公共投資の導入**

この *AK* モデルを拡張して、経済政策の経済成長率に与える効果を分析しよう。政府は税収を公共資本のためにのみ用いるとする。税率と成長率の関係は、**図 7.1** のように表すことができる。税率が低いときには、税率とともに成長率は上昇するが、税率が高くなると、それ以上税率を上げると成長率はかえって低下する。

公共投資の拡大が経済成長に与える長期的な効果は、2つある。1つは、税負担の上昇で、家計貯蓄の課税後収益が低下する効果である。その結果、貯蓄することがあまり有利ではなくなると、貯蓄が抑制される。これは、経済成長を抑制する方向に働く。もう1つの効果は、公共投資によって社会資本が整備されて、これが民間資本の経済活動を刺激する効果である。これは成長率を上昇させる。公共投資が生産面にもたらすプラスの効果である。この点からは、公共投資をするほど、経済成長が促進されることになる。

政府の規模が小さいときには、第2のプラス効果が支配的になるだろう。公共投資が少なく、まだ社会資本があまり整備されていなければ、公共投資

を拡大することで，民間経済活動は大きく刺激される。同時に，公共投資の規模が小さければ，あまり税金も重くなく，それが民間の大きな負担にならない。第1のマイナス効果は小さいだろう。

しかし，政府の規模が大きくなるにつれて，第1のマイナス効果が大きくなってくる。税金が重くなるほど，民間経済にも重荷として効いてくる。一方で，社会資本が整備されれば，追加的に公共投資をしても，それほど生産面でのプラス効果は発揮されなくなる。そして，両方の効果がちょうど相殺しあうときに，成長率は最大になる。それ以上に公共投資をすると，第2のマイナス効果が支配的となり，成長率は低下していく。

政府の大きさと経済成長率の関係は，実証的にも関心を集めている。先進諸国のなかでは，わが国はGDPに占める公共投資の比率が大きく，長期的な成長率（特に80年代までの期間での成長率）も高い。これに対して，アメリカは公共投資の比率も小さく，成長率も低い。また，ヨーロッパ諸国は，公共投資率も成長率も，日米の中間にある。したがって，その限りでは，成長率と公共投資率との間にプラスの相関がみられる。しかし，より対象を拡大して世界の多くの国の間で実証分析を試みると，成長率と公共投資率との間にそれほど有意なプラスの相関はみられない。さらに，公共投資のみならず，政府消費を含めた政府の規模と成長率との相関をみると，マイナスの関係を示している。

■ 所得再分配と税率

世界各国の長期的成長率の水準をみると，大きな差がみられる。なかでも，発展途上国における成長率の格差は大きく，長期的に多くの国の成長率がある一定の水準に収束していく傾向はみられない。このように国によって異なる長期的成長率の格差を説明しようとする試みは，内生的な成長理論の大きな関心の1つである。以下では，そのなかでも財政的な側面から国際的な成長率格差の問題を検討してみよう。

1つの観察される現象は，所得分配の不平等な国ほど成長率が小さいとい

うものである。各国別の成長率を時間とともに追ってみると、所得格差の大きい国は長期的に成長率はそれほど高くないのに対して、所得格差の小さい国は成長率も高く、しだいに先進諸国の仲間入りをしようとしている。

いま、各国での税率が民主主義の多数決原理で決定されているとしよう。所得格差の小さい国ではそれほど再分配をする必要がないので、成長率を最大にするように税率が決定されるだろう。しかし、所得格差の激しい国では、**所得再分配**の必要性が高い。公平性をより重視するために、税率は成長率を最大にするよりもかなり高いところで決められるだろう。その結果、経済成長率は、所得格差の小さい国よりも所得格差の大きな国の方が、低くなる。

■ 金融市場と教育投資の外部性

さらに、**教育投資**に外部性があると考えると、この効果は強くなる。すなわち、ある人が若いときに教育を受けて、自分の人的資本をより蓄積すると、その人のみならず経済全体にとってもプラスの波及効果が大きく、所得が増加するという外部経済があると考えよう。すべての人が教育投資できれば、経済全体として高い成長率が実現できる。しかし、教育投資をするには資金が必要である。将来の所得を当てにして、教育投資の資金を借りてくるのは、現実には困難であろう。流動性の制約が存在する。

とすれば、所得の低い人は教育投資ができない。所得格差が大きければ、それだけ教育投資をする人の数が小さくなり、経済全体としての成長率も小さくなる。また、所得の低い人にも教育投資できるように、所得を再分配しようとすれば、それだけ税率が大きくなるから、この点からも成長率は低くなる。

また、金融市場の機能も重要になる。資金を借りることができない場合、将来有望な投資機会があり、また、そうした投資に外部性が大きくても、実現しにくい。金融市場が整備されれば、将来の収益を担保として、資金を調達することが可能となる。特に、IT（Information Technology）関連の投資や教育投資の場合には、手元に資金のない人でも将来大きな収益を上げる可

能性がある．金融市場が整備されれば，そうした人が当面の投資資金を調達しやすくなる．これは，外部性の高い投資であるほど，経済全体を活性化させて，成長率を長期的に上昇させる．

このように，金融市場の発展度や経済政策の相違を考慮すると，国際的な成長率の長期的な格差について，ある程度の説明が可能になってくる．

7.4　日本の経済成長

■ 高度成長の時代

戦後日本経済における最大の出来事は，**高度成長**を経験したことである．1955年頃から1970年代はじめにかけて，日本経済は著しく成長した．実質国民総生産は，平均して年率10％も成長した．これは国際的にもきわめて高い成長率だった．

その結果，1955年からの15年間でGDPは4.2倍になった．この間の好景気は，神武景気（1955-57），岩戸景気（1958-61），いざなぎ景気（1965-70）と呼ばれた．1968年には日本のGNPが旧西ドイツを追い抜き，自由世界でアメリカに次ぐ地位を占めるようになった．

この高度成長を支えたものは，**活発な民間設備投資**と**輸出の拡大**だった．欧米の進んだ技術が効率的に導入され，技術革新のための投資によって，雇用も増大した．需要の増大が乗数効果によって所得を増加させ，これがまた投資を誘発して，長期的な高成長を可能にした．

また，政府の**国民所得倍増計画**，**税制優遇措置**，**財政投融資**による**設備投資の促進**なども，高度成長の大きな原因となった．設備投資に必要な資金の多くは，市中金融機関からの間接金融によってまかなわれた．戦前の財閥に代わって，有力都市銀行を頂点とした金融系列と呼ばれる企業集団が成長した．企業集団は，融資，株式の持ち合い，役員の派遣などで結びついた．日本経済が量的に拡大したのが，高度成長の時代だった．

■ 安定成長の時代

1970年代に入ると高度成長は終わり、**安定成長**の時代となった。1971年のニクソン・ショックにより、1ドル＝360円の**固定為替レート**が廃止され、1973年に**変動相場**に移動した。また、1973年秋に第4次中東戦争が始まって、石油輸出国機構（OPEC：Organization of Petroleum Exporting Countries）が原油価格を4倍に引き上げた（第1次石油危機）。これにより1974年の消費者物価は急上昇し、狂乱物価と呼ばれた。

この激しい**インフレーション**を抑制するため、厳しい総需要抑制政策が実施され、インフレーションは鎮静したが、景気は低迷した。この結果、石油危機の前には1％前後であった失業率が2％前後に上昇した。このとき、日本経済は欧米諸国と同様に、インフレと景気の後退を同時に経験するという**スタグフレーション**に直面した。

また、1979年に第2次石油危機が生じた。しかし、このとき物価はそれほど上昇しなかった。石油に依存しないエネルギーへの転換や省エネの技術開発が行われたからである。

1980年代に入ると、企業は需要を外国に求めて輸出を伸ばした。そのために大幅な貿易黒字が発生し、欧米諸国との**貿易摩擦**が深刻化した。その結果、外国への直接投資が急増し、現地生産が進んだ。企業の海外進出は、国内の経済活動の停滞（**産業空洞化**）をもたらし、また、海外では**投資摩擦**を引き起こすなどの問題を引き起こした。

■ 低成長の時代

1987年の半ばには景気は拡大傾向にあったが、10月にブラック・マンデーと呼ばれる米国株式市場の急落によって、ドルの暴落を防ぐため低金利政策が継続された。そうした状況で地価・株価が急騰し、いわゆる「バブル景気」に突入した。一時的に経済成長率が5％を超えて、日本経済に対する過度の楽観論が全盛となった。また、バブル景気における税収増を背景に、政府は財政再建を積極的に進め、当時米英で支配的であった新保守主義による「小

さな政府」の理念に同調し、行財政改革の一環として三公社（電電公社、専売公社、国鉄）の民営化を行った。

しかし、1990年代に入ると、**バブルが崩壊**して金融機関の**不良債権問題**が表面化し、長期の低迷に突入した。1990年8月に6.0％に引き上げられた公定歩合は、1991年7月には引き下げられ、その後度重なる引下げによって0％に近い史上最低の水準が実現した。**金融構造の改革（ビッグバン）**が行われたものの、すぐに効果が現れず、金融政策が手詰まりとなるなかで、財政政策によるバブル崩壊後の景気対策が実施されてきた。

その後、景気回復の兆しがみられるなかで、財政再建の動きが再浮上した。1997年には財政構造改革の一環として**消費税**の引き上げと公共事業等の歳出削減が行われ、**行政改革**、**規制緩和**などとともに、**財政構造改革**が指向された。1997年度当初予算では「財政構造改革元年」と称して一般歳出が大幅に削減され、1997年11月に財政健全化目標を明記した財政構造改革法が成立した。しかし、1997年後半に発生した金融システム不安やアジア経済の混乱のため、景気が一層深刻化し、当初予算成立直後の98年4月以降、財政運営は構造改革から景気刺激策へとその軸足を変化させていった。その後成長率はゼロの近傍を低迷し、将来への明るい展望が見いだせないままに推移している。90年代は「**失われた10年**」と呼ばれるようになった。

7.5 日本経済の構造変化

■ 日本型労働慣行：会社人間

新古典派の成長モデルでは、成長の源泉は、労働投入、資本蓄積、技術革新の3つの要因である。1950年代以降に日本経済が成長するにつれて、これら3つの要因がどのように変化してきたのか、あるいは、今後変化していくのかを考えてみよう。また、それを前提として、望ましい成長政策のあり方も検討しよう。

まず、労働供給から考えてみよう。日本経済の大きな特徴の1つは、**会社**

人間という言葉に代表される日本型の労働環境である。欧米の労使関係では中途採用が一般的であり，アメリカなどでは不況期にレイオフ（一時解雇）がしばしば行われる。一方，日本の労使関係では，労働者がいったん企業に雇用されると，よほどの事情がない限り解雇されず，定年まで勤め上げるという慣行がある。これが**終身雇用制**である。

この雇用慣行は，日本の労使関係を安定化させて，完全雇用を実現させることで，高度成長を支える原因の1つとされた。終身雇用の慣行が成立した背景には，日本独特の賃金体系がある。企業は終身雇用を前提に，新規学卒者を一斉に採用する。そして，企業に合った労働者をつくるため，企業内で必要な技能を修得させる。終身雇用制を前提に学歴別に初任給が決められ，この初任給をもとに，勤続年数に応じて上昇する定期昇給制がとられる。

終身雇用制，**年功序列型の賃金体系**では，労働者の企業に対する忠誠心は高くなる。その結果，労働組合も企業別に組織される企業別組合となり，企業と労働組合との一体感は強くなる。労働組合が企業の枠を超えて職種別に組織される職業別組合や，産業別に組織される産業別組合の制度をとっている欧米とは，異なったものである。

労使ともに企業の長期的利益に関心をもつようになるから，短期的な痛みを伴う改革も実施しやすい。たとえば，1970年代における2度の石油危機のような経済変動に対しても，企業内の他の職種への配置転換や賃金の抑制などによって，失業を拡大させないで対応することが可能となった。

■ **日本型労働環境の変化**

1980年代以降，日本の労働環境は，**労働の国際化，先端技術の導入，女性労働の増加，就業形態の多様化**などによって，大きく変化している。また，労働人口が高齢化してきたから，中高年齢の労働者が多くなり，企業のなかで労働者が昇進する機会が少なくなっている。そして，平均寿命が長くなるにつれて，定年の年齢が延長されている。こうした動きは年功序列型賃金制のもとで企業の人件費の負担を重くしていく。さらに，OA（Office

Automation) 化, パソコン, ロボットなどのハイテク技術の導入は, 中高年の労働者の適応を困難にして, 新しい職業病を生んでいる。中高年労働者の雇用不安も起きている。

労働市場では, 重厚長大産業などの構造的な不況業種で労働需要が減少して, リストラや人員の整理が進んでいる。一方で, 経済のサービス化, ソフト化に伴い, サービス業やハイテク産業などでは高度の専門職で人手不足になっている。このように新しい成長産業で人手不足があるとともに, 古い衰退産業では過剰な雇用を抱えている。これが, 労働者の**需給のミスマッチ**と呼ばれる現象である。こうした現象は, バブル経済の崩壊後に景気が低迷したことにより, 加速されている。

また, 家電など第2次産業で企業が外国に工場を移転するにつれて, 新卒若年労働者の就職難も深刻化している。さらに, 高い日本の賃金を求めて, 発展途上国から労働者が不法に流入している。政府は, 単純労働者の入国を原則として禁止しているが, 実体面ではあまり有効に機能していない。国際化の流れのなかで, 外国人労働者をどのように受け入れるのかは今後の課題である。

■ 失業率の上昇

日本の失業率は, 高度成長期には1％程度であった。つまり, 職を探しているほとんどの人は, 容易に仕事をみつけることができた。この時期には, 完全雇用が実現していたといえる。しかし, 1970年代以降, 日本の失業率はしだいに上昇し始め, 21世紀初頭では5％程度になっている。**失業率が上昇**した理由の1つは, 日本経済が低迷して, 景気が良くないことである。GDPが小さくなれば, 雇用される労働者も少なくなり, 結果として, 失業者が増加する。こうした理由で生じる失業は, **循環的失業**と呼ばれる。景気循環の過程で生まれる失業という意味である。

ところで, 失業にはもう1つの理由がある。それが, **構造的失業**である。産業構造が大きく変化している場合には, 衰退産業では雇用条件が悪くなる

から，より高い賃金やより良い労働条件を求めて，人々が職場を動く。その過程で生まれる失業が，構造的失業である。

さらに，その背景には**雇用形態の多様化**が進展している。たとえば，OA化や職務内容の単純化によって，パートタイマーやアルバイト労働者（フリーター）が増加している。また，外資系企業や大企業のなかには，専門的な能力のある者を期限付きで契約し，業績に応じて高い給料を支払うという，終身雇用や年功序列とは異なる雇用形態が増加している。また，出社と退社の時間を労働者が自由に選択できるフレックス・タイム制などを採用する例も増えている。雇用が流動化すると，構造的失業は増加する。この失業はマクロ総需要政策では解消できない。労働市場での規制緩和や社会保障制度の改革などのミクロ的な経済政策が有効である。

■ 日本経済と貯蓄率

貯蓄率とはマクロの貯蓄と GDP との比率である。1970 年代の後半から，日本人の貯蓄性向は低下している。このままいくと，21 世紀の前半にも日本の貯蓄率はマイナスになるという予測もある。しかし，1990 年代前半にはマクロの貯蓄率はむしろ上昇した。こうした貯蓄率の動きを考えてみよう。

まず第 1 に，人口構成の**高齢化**がはじまった。1990 年に 12％であった 65 歳以上の老年人口の総人口に占める割合は，2020 年までに 25％以上に上昇すると予想されている。出生率が低下して子供の数が減少する一方で，老人人口は増加するばかりである。日本人の平均年齢が毎年上昇している。

人の一生を考えてみると，貯蓄をするのは若いときである。これに対して，老後はそれまでの資産をくいつぶすと考えるのが，自然である。したがって，若い人の数が減少すれば，日本人全体としての貯蓄率は低下せざるを得ない。**ライフサイクル効果**である。

第 2 に，**将来に対する不安が増加**している。90 年代に入って経済成長はあまり高くない。また，完全雇用も現実的ではなく，失業率も増加している。さらに，将来，医療や年金という社会保障制度を今までと同じように維持で

きるのかどうかも，不安である．将来不安が大きくなれば，それに備えるために，今から準備をするようになる．その結果，貯蓄率は増加する．将来不安効果である．この効果がライフサイクル効果よりも強くなると，90年代前半のように貯蓄率は上昇する．

■ 潜在成長率の低下

　潜在成長率とは，マクロ経済が潜在的に達成できる経済成長率のことである．いわば，その国の成長率の実力を示す概念である．しかし，現実の成長率がいつも潜在成長率に等しいわけではない．景気が悪いときには，現実の成長率は潜在成長率を下回る．逆に，景気が過熱すれば，現実の成長率は潜在成長率を上回る．いいかえると，潜在成長率は，労働や資本を過不足なく活用した場合に達成可能な成長率である．わが国では，潜在成長率がしだいに低下してきた．90年代ではほとんどゼロに近い成長率だった．

　経済成長を決める要因は，3つある．第1に，**資本ストックの蓄積**である．第2に，**労働供給の動向**である．そして，第3に**技術進歩の可能性**である．

　90年代に成長率が低下した背景には，労働投入の減少があった．これは，少子高齢化によって労働力人口が伸びなくなったことや，パソコンを使いこなせる人が不足しているように，労働の質が時代の要求に合わなくなってきたためである．

　これからは，少子高齢化がますます進展する．労働の質を高める努力，経済政策を今まで以上にする必要があるだろう．また，今後ライフサイクル効果により，マクロの貯蓄率は低下することが予想される．資本の量的な蓄積にも限界がある．これまでは諸外国の先進的な技術を導入するだけで，わが国の技術を革新することができた．しかし，わが国の技術水準が世界の最先端にある現在では，諸外国の技術を改良するだけでは大幅な革新が期待できない．高度成長期には，品質管理の効率性が重要であった．しかし，今後は個性化がより重要となる．わが国で独創的な技術革新を行う必要がある．

　したがって，潜在成長率を高めるには，より高度な技術進歩が必要となる．

規制の緩和や構造改革で，独創的な技術をマクロ経済に活用することが求められる。

■ **資産価格の変動**

　土地の価格（**地価**）や株の価格（**株価**）の動きをみると，**資産価格**が急激に上昇したのは，1980年代後半だった。この時期に何が起きたのだろうか。

　1985年の為替レートに関する先進諸国間での「プラザ合意」以降，**円高**が進展した。政府は円高による不況対策，貿易摩擦解消のために内需主導型経済成長を目的として，**低金利政策**を実施した。公定歩合は記録的な低水準に抑えられた。その結果，企業の経済活動は活発になったが，一方で，預貯金などの金融資産から土地や株など**キャピタル・ゲイン**が期待できる資産へと需要が変化した結果，地価，株価が高騰した。フローの財・サービスの価格よりも，ストックの資産価格は不安定である。「物価の安定」という政策目標は通常は，フローの財・サービスの価格の安定を意味するが，それだけを政策目標として金融政策を実施することが困難になってきた。

　1980年代における急激な資産価格の上昇は，日本経済にプラスとマイナスの効果をもたらした。プラスの効果は，1980年代後半の順調な景気にみられたように，資産価値の上昇で投資と消費が刺激された資産効果である。資産が増加すると，人々はより積極的な経済活動をするようになる。

　逆に，1990年代に入って，高金利政策や景気の減速を反映して，株価，地価が急落すると，「**バブルの崩壊**」と呼ばれる悪影響が出てきた。すなわち，資産価格の低下によるマイナスの資産効果は景気の足を引っ張った。地価と株価の値下がりが連鎖反応を引き起こし，信用不安が加速された。90年代半ばから金融機関の破綻が相次ぎ，住宅金融専門会社も整理・廃止され，その過程で多額の税金（公的資金）が投入された。

■ **構造改革と日本経済の再生**

　日本経済を再生するうえで重要な課題が，さまざまな分野での**構造改革**や

規制の緩和である。21世紀に入って，日本経済は，高齢化，少子化，国際化などさまざまな問題に直面している。

　戦後から今日までの経済の流れで，経済政策が果たしてきた役割について考えてみると，戦後の混乱期には，日本の産業を立て直すことが最大の課題だった。政府の手によって，核となる産業分野に集中的に資金を配分する経済政策も行われた。また，先進国に追いつき，追い越せという目標に向かって，低金利政策，護送船団方式など人為的に資金のコントロールがなされた。そのような政府のコントロールは有益だった。

　護送船団方式に代表されるこれまでのシステムの特徴は，いくつかの競争分野が規制によって限定され，そのなかで激しい競争が行われていても，全体としてのシステムは安定的に維持されていたことにある。いわば，棲み分けのなかでの量的拡大であった。マクロ経済政策においては，金融面で公的な規制やコントロールが大きい大きな政府であった反面，財政面では減税政策によって相対的に小さな政府が維持されてきた。しかし，高度成長の後期には，成長の果実がそれほど享受できない地域や人々に対する社会保障的な移転支出も徐々に拡大して，しだいに財政面でも大きな政府になっていった。農林水産業，あるいは零細な中小小売業など，経済成長の便益をあまり受けてこなかった産業や地域では，政治プロセスを通じて巨額の補助金や優遇措置，公共事業の優先的な配分などの配慮がなされてきた。それらは，日本社会全体の安定的な秩序の維持という公平性の価値判断のもとで，ある程度は正当化されるだろう。

　ところが，今日の日本は国際的にも経済大国になった。政府がいままでのように量的な規制をすることに無理がきている。経済政策のあり方も，これからは質的な誘導へ，あるいは行政指導から透明なルールの設定の方へと重心を移していかざるを得ない。経済政策でも，政府の役割について発想を転換すべき時代になったといえるだろう。

コラム⑦

企 業 倒 産

　経済分析では，企業は家計と異なり，無限の期間にわたって存在すると考えられている。しかし，現実には企業にも終焉がある。それが倒産である。現実の世界では需要も変化し，生産技術も進歩している。新しい経済の流れにうまく適応できない企業は，生産物を思うように販売できず，負債をかかえて行き詰まる。最終的には負債超過に陥り，借金の返済のためにすべての資産を処分せざるを得なくなり，倒産する。

　2002年の全国企業倒産（負債総額1000万円以上）は2万件程度，負債総額は14兆円程度である。倒産件数は戦後4番目の数字となった。また，負債総額も戦後4番目を記録した。2002年の特徴は，上場企業倒産が過去最多の29件に達したことである。

　東京商工リサーチによると，次の事象に該当した場合を「企業倒産」と定義している（http://www.tsr-net.co.jp/topics/teigi/index.html 参照）。

● 銀行取引停止処分

　債務者が振り出した手形が，期日が来ても決済できず，不渡り（0号不渡り除く）になった場合，6カ月以内に2回目の不渡りを出すと，「銀行取引停止処分」として取引停止報告に掲載される。この倒産を任意整理または私的整理という。

● 会社更生法

　窮地にある会社が再建の見込みのある株式会社（限定）について破産を避け，再建を目指す整理方法である。

● 商法による会社整理

　和議手続きの直接目的が破産防止にあることから，その消極性を補い，株式会社が支払い不能，債務超過に陥るおそれがあり，または陥ったとき，再建を目的に裁判所の監督下で行われる手続きである。会社更生法のように管財人は立てず，経営者が再建に当たる。

● 民事再生法

　和議法が，戦前の制定時の骨格を残し，実効性が低いなど重大な問題をもつことから，見直しを求めて2000年より施行されたものである。これにより，和議法等で救済し得なかった中小企業等の再建が大きく前進することが期待されている。

● 破産

　破産法第132条に基づいて債務者は自ら支払い不能や債務超過を理由に破産の申し立てを裁判所に行うことができる。破産では裁判所が任命する破産管財人のもとで資産の整理，債権者への分配が行われ，債権者は原則として個別の権利の行使が禁止される。

● 特別清算

　解散後の株式会社につき，清算の遂行の支障または債務超過の疑いがある場合に開始される裁判上の特別の清算手続である。

　企業が倒産すれば，失業者も増加するし，資本設備も遊休のまま放置される。したがって，倒産は不況の弊害の代表例である。

　しかし，倒産は新しい企業の誕生にとってプラスの面もある。伸びる企業を伸ばすには，古い企業の退出も不可避である。倒産を回避するために，経済環境の変化に取り残された古い企業を政策的に存続させようとすると，やる気のある新しい企業がその地域や産業に進出しにくくなる。無理に倒産を押さえ込むよりは，倒産のマイナス面をできるだけ小さくするとともに，企業間での新陳代謝を促す政策が重要だろう。

8

個人間再分配政策

　所得や資産を再分配する政策は，現実の経済政策においても重要な政策である。また，少子高齢化社会を迎えているわが国では，特に，社会保障制度を通じて世代間で巨額の再分配が行われている。本章では，累進的な所得税を通じた個人間の再分配政策や，社会保障制度を通じた世代間の再分配政策を取り上げる。公平性の価値判断からみて望ましい累進性の程度や，公的年金，医療制度改革のあるべき姿を考える。また，財政赤字に伴う公債発行がもたらす経済効果（中立命題）についても，その妥当性を検討する。

8.1 再分配政策の考え方

■ **所得格差と公平性**

　GDP が拡大することだけが，経済政策の目標ではない。環境問題を別にしても，**所得格差の是正**という問題がある。人々の経済生活が安定的に行われるためには，極端な所得格差を是正する必要がある。政府がある程度所得を**再分配**する仕組みは，不可欠である。

　ところで，パイ（GDP）を再分配する際には，対象となるパイ自体が大きい方がやりやすい。しかし，再分配をやりすぎると，人々のやる気が損なわれてしまう。その成果が自分にほとんど帰属しない場合は，人々はパイを大きくする意欲を失うだろう。

　この問題をどのように処理するかは，経済政策の古くて未だ十分に解決されていない課題である。たとえば，**公平**を追求しようとすれば，悪平等の弊害も生まれる。これがもっとも極端に生じたのが，旧ソ連などの社会主義経済の崩壊であった。市場経済の国々でも，景気が低迷して失業が増大する場合に，失業者をすべて政府が救済しようとすると，それに甘えて，自分で新しい職探しをしない人も出てくる。逆に，**効率性**を追求しようとして，自己責任を徹底させると，恵まれた人々から恵まれない人々への再分配を縮小し，止めることを意味する。自己責任にはメリットもあるが，非常に厳しい現実もある。

　このように，効率性と公平性との間には，**トレード・オフ関係**（一方を追求するともう一方がうまくいかないという関係）がある。効率性と公平性の両方を考慮しながら，ほどほどの再分配政策を実施することが大切になる。

■ **不公平と非効率**

　公平と効率は，政策の評価基準として代表的なものである。政府がうまく機能していない場合には，国民全体にとって望ましくない政策が実施される

8.1 再分配政策の考え方

ので、そうした政策は**不公平**で、**非効率**なものになりやすい。経済政策に不満がある場合、これら2つの評価基準のうちで、通常は、不公平だけが問題にされることが多い。しかし、ある政策がどういう意味で不公平であるのかを明確に議論したものは少ない。

所得格差に関する価値判断は、いろいろである。たとえば、収入の少ない人と収入の多い人が同じように税金を負担するのは不公平だから、収入によって何らかの差をつけるべきだという議論もあり得る。また、行政から受けているサービス（便益）はみんなほぼ同じだから、その対価としての税負担もほぼ同じにすべきだという議論もあるだろう。これらの議論に絶対的な正論はない。前者の立場も後者の立場も、ともに立派な議論である。これは、「大きな政府」か「小さな政府」かという問題に正解がないのと同じである。

そもそも不公平や非効率は、どのような意味で使うべきであろうか。経済状態が同じ人を差別的に取り扱うのは、不公平である。しかし、ある政策がすべての人々を同じように取り扱っても、運不運の結果、事後的に差が出る場合もある。そうした格差が、差別的な取り扱いのせいか、あるいは、やむを得ない偶発的な理由かを区別することは困難である。また、個々の人々について、どの程度経済的に恵まれているかを政府や社会が判断するのは、意外に困難である。

経済政策によって国民すべてが良くなれば、望ましい。しかし現実には、ある人々が良くなるとともに、誰かが悪くなる。そうした政策をどの程度望ましいと考えるのかは、曖昧にならざるを得ない。それでも、全員が一致できる明確な基準がある。国民すべてが損をする政策は明確に非効率である。また、経済的に恵まれていない人から恵まれている人への再分配は不公平である。すなわち、恵まれていない人から恵まれている人への所得の再分配政策は、公平性の観点から正当化できない。たとえば、もし所得税制で低額所得者に課税して得た財源を、高額所得者に補助金として再分配するなら、そうした税制は不公平である。また、そうした政策でもし2人ともに損をするのであれば、それは非効率的な政策である。現実の世界では非効率な政策も

不公平な政策も多くみられる。

たとえば，わが国では，平均的な高齢者と平均的な勤労者を比較すると，所得，資産など多くの指標で高齢者の方が恵まれている。それでも，公的年金や医療保険を通じて勤労者から高齢者に再分配が行われている。その結果，勤労意欲が損なわれて，日本経済が低迷すれば，勤労世代だけでなく老年世代も長期的にはマイナスになる。

ある時点で経済的に恵まれない人々に対して，政策的に所得再分配などの保護政策がとられたとすると，その時点では，こうした政策は公平性の観点から正当化される。しかし，経済環境は時間とともに大きく変化する。やがて，そうした人々は経済的にそれほど困らなくなるかもしれない。それでも，当初の再分配政策が維持されることは，よくみられる。当初の再分配政策が既得権化するケースである。望ましくない再分配政策は，当初の政策的配慮が既得権となって，その後の見直しが行われない場合に生じる。上でも指摘したように，逆向きの再分配は明確に不公平である。

■ 潜在的な関係者

ところで，社会保障の専門家や法律家の立場では，しばしば，現存する高齢者のなかでの生活困窮者を念頭において，制度や政策の評価を議論している。もちろん経済政策でも，そうした問題は重要である。しかし，それ以上に，**潜在的な利害関係者**，特に，これから生まれてくる**将来世代**の利害を考慮する点が，経済分析の特徴である。たとえば，最低賃金を法的に擁護すると，現在の雇用されている組合員を擁護するために，将来の潜在的な雇用者（＝現在の失業者）が犠牲になる。公的年金給付を拡充すると，現在の高齢者が利益を受ける一方で，将来世代の負担が増加する。

既存の利害関係者にとらわれすぎると，結果として，問題の処理を先送りして，既得権を擁護するだけに終わってしまう。経済学では，当面の既得権よりも，将来の潜在的な利害関係者の経済厚生を重視している。

8.1 再分配政策の考え方

■ 社会保障のコスト

　再分配政策の中心となるのが，**社会保障**である。市場メカニズムが完全に機能して，資源が効率的に利用されていても，必ずしも理想の状態が常に実現しているとは限らない。政府が，経済状態の恵まれた人から所得をある程度取り上げ，それを何らかの形で，所得や資産の恵まれない人に再分配するのは，もっともらしい。現実の予算編成においても，累進的な所得税あるいは生活保護などの福祉政策を通じて，所得格差の是正に大きな比重が置かれている。医療保険や年金などの社会保障支出は，こうした考え方に基づいている。

　社会保障制度は，福祉国家におけるもっとも重要な制度である。国民の文化的で健康な生活を維持するうえで，セーフティー・ネット（安全網）として大きな役割を果たしている。社会保障制度が整備されると，さまざまなリスクへの備えが準備されるので，国民は安心して経済活動に専念できる。

　しかし，社会保障の充実は，必ずしもプラスの効果ばかりではない。社会保障制度が充実するにつれて，そのマイナスの効果も認識されるようになってきた。

　第1に，失業対策など社会保障給付が充実すれば，勤労意欲が阻害される可能性がある。

　第2に，社会保障負担が重すぎると，私的な貯蓄が減少して，経済全体の資本蓄積が減少することもある。

　第3に，モラル・ハザードの問題がある。社会保障の充実によって，個人的に危険を回避する努力がないがしろになる。たとえば，医療保険があるために，病気に対する備えをおろそかにする危険がある。

8.2 所得再分配のモデル分析

■ 累進的所得税

この節では，所得格差のある個人間における所得再分配の問題，すなわち，高額所得者と低額所得者との間での所得格差を是正する問題を理論的に検討してみよう。人々の間で所得の格差が存在するとき，どの程度の再分配政策が望ましいのだろうか。また，それはどのような公平性の価値判断に依存して決定されるだろうか。

まず，最初に所得分配の必要性を強調している伝統的な議論から紹介しよう。これは，**累進的な所得税**の正当性を説明する議論でもある。簡単化のために，所得格差のある2人のモデルで考えよう。すなわち高額所得者，低額所得者2人の人がいるとする。

政府は，高額所得者から税金をとり，それを低額所得者へ補助金として与える所得再分配政策を行う。どの程度の再分配が社会的に望ましいだろうか。所得再分配の大きさは，不平等の状態について社会的にどのような価値判断をもっているかに依存する。

■ ベンサム基準とロールズ基準

もっともらしい社会的な価値判断として有名なものが，次の2つの基準である。

(1) ベンサム（Bentham, J.）的基準＝すべての個人の効用の総和
(2) ロールズ（Rawls, J.）的基準＝もっとも恵まれていない個人の効用

ここで効用水準とは経済的満足度の指標である。ベンサム的価値判断(1)では，社会全体の効用の総計を大きくすることが政府の目的になる。「最大多数の最大幸福」である。ロールズ的な価値判断(2)では，もっとも恵まれない人の経済状態にのみ政府が関心をもつ。最貧民の人の経済状態が改善されれば，他の人の経済状態がどうなっても，社会的に望ましいことを意味し

ている。「最貧民者の最大幸福」である。ロールズ的価値判断は不平等にもっとも配慮する価値判断である。

ベンサム的価値判断では，必ずしも，もっとも社会的に恵まれない人だけを考慮すべきだといえない。社会全体すべての人の経済状態に政府は配慮すべきだと考える。もちろん，ベンサム的基準でも，高額所得者よりは低額所得者により大きな関心をもつべきだと考える。なぜなら，効用レベルですべての人を比較するから，所得レベルでは高額所得者の所得よりも低額所得者の所得をより大きく評価する。所得が大きくなるにつれて，効用（社会的満足度）の増加は大きくならないからである。

たとえば，1億円の所得の人にとって，100万円追加的に収入が増えてもそれほどうれしくないが，100万円の所得の人にとっては，100万円の追加収入はとてもうれしい。

ところで，所得の高い人にあまりにも重い税負担を課すと，高額所得者の効用が大きく減少するし，それで高額所得者の勤労意欲が大きく低下すると，経済全体のパイが小さくなって，低額所得者にとっても損になる。あるいは，低額所得者は得をしても，2人の効用の合計は増加しない。ベンサム基準は，負担する人の経済厚生も多少は考慮しようという価値判断である。

■ 最適な再分配─────────────────────

最初に，労働供給が外生的，制度的に固定されているケース，つまり，所得税制によって影響されないケースを想定する。所得税の負担がいくらであっても，たとえば，週40時間という同じ時間だけ労働に従事する人を考える。所得税の勤労意欲抑制効果が全然ないケースである。

いま，高額所得者の年収が1500万円，低額所得者の年収が500万円とする。世の中全体の総所得は2000万円であり，平均所得は1000万円である。いま，高額所得者から500万円徴収して，それを低額所得者に補助金として配分すると，2人とも課税後所得は1000万円になり，完全平等が達成できる。高額所得者は取られ損であり，低額所得者はもらい得である。しかし，

高額所得者の 500 万円の「取られ損」と低額所得者の 500 万円の「もらい得」を比較すると，社会的にみると，低額所得者の 500 万円の「もらい得」の方がメリットが大きいだろう。なぜなら，同じ金額でも所得の低い人の方が，そのありがたみは大きいからである。

したがって，**最適な所得税体系**は，すべての人々に平均所得を実現させるべく，高額所得者へ課税し，低額所得者へ補助金を与えるものとなる。労働供給が所得税制によって影響されないときには，極端な累進税制で完全平等（平均所得）を実現するのが公平性の観点から望ましい。

しかし，一般的に，労働供給は所得税によって変化すると考える方が自然であろう。負の誘因効果を考慮すると，完全平等は望ましくない。なぜなら，限界税率が 100 ％で平均所得を上回る追加的所得をすべて税金でもっていかれるなら，誰も働くことをしなくなり，課税前所得はゼロになるからである。完全平等は，悪平等でしか実現できない。こうした完全平等は，旧ソ連や中国などの社会主義国で一時期採用されたことがある。毛沢東の「文化大革命」が破綻したように，その結果は，みんながやる気を失って，等しく貧しいという悪平等が実現した。

わが国では勤労意欲は課税によって影響を受けないという議論もある。日本人は働き蜂であり，仕事自体のやりがいがある限り，税金が高くても，それで勤労意欲が損なわれることはないという議論である。しかし，いくら働くのが好きだとしても，限界税率 100 ％で課税されて，一生懸命努力してもしなくても，同じ所得しか手取りで残らないという状況になれば，精一杯働く人はいない。仮に今日の日本で悪平等の弊害が顕著でないとすれば，それは税率がそこまで極端に高くないためであって，日本でも完全平等を実現しようと，平均所得を超えた人に対して限界税率を 100 ％にまで上昇させれば，勤労意欲阻害効果は深刻になるだろう。

■ 負の誘因効果と最適な累進度

では，勤労意欲への阻害効果を考慮するとき，最適な累進度（最適な税率）

8.2 所得再分配のモデル分析

図8.1 線型の所得税制

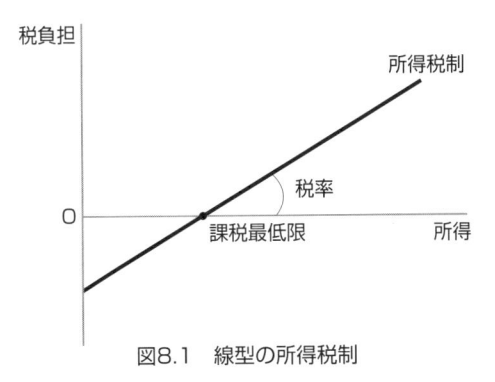

はどの程度になるだろうか。理論的には，どの程度の選択肢のなかで最適な税制を考えるのかが問題となる。2つの場合分けが有益である。それは，フラット化された税制を前提とするのか，しないのかの区別である。フラット化された税制とは**限界税率**が一定であり，すべての人が同じ限界税率に直面することを意味する。また，フラット化されていない場合は，限界税率が自由に変化できるので，より複雑な累進構造も適用可能になる。

まず，**図8.1**に示したように，所得税制の範囲をフラット化された線型に限定して，その最適な税構造を分析しよう。ここでは，税構造は，一定の限界税率と**課税最低限**という2つのパラメーターで説明できる。すなわち，税構造は線型の数式で表される。

$$税負担額＝税率×（所得－課税最低限）$$

したがって，最適課税問題は，この所得税制のもとで，ある一定の税収を確保しつつ，社会的な満足度を最大にするような限界税率と課税最低限の値を求める問題になる。

ここで，注意したい点は税率と課税最低限の関係である。政府はある必要な税収を確保しなければならない。課税最低限を大きくすると，財源確保という観点から税率は引き上げざるを得ない。逆にいえば，税率が高くなるほど，課税最低限も大きくすることができる。最適な税率が高くなるケースでは，最適な課税最低限も大きくなっている。

最適な累進度の選択は，事実上，**最適な課税最低限**を選択することと同じ

である。最近の理論的分析では，次のことが知られている。

(1) もっともらしい公平性の基準のもとで，フラット化された線型税制のなかでは，累進的な所得税制が望ましい。すなわち，**最適な限界税率**は0％と100％の間にある。

(2) 累進性の程度を限界税率の大きさではかるとすれば，公平性の価値判断として，不平等の程度への回避度が高いほど，すなわち，所得水準の低い人の効用の上昇を社会的により評価するほど，より累進的な体系が望ましい。

(3) すでにみたように，労働供給が外生の場合に最適な限界税率は100％である。また，(1)で指摘したように，労働供給が内生の場合の最適な限界税率は100％より小さい。したがって，課税による勤労意欲抑制効果が大きいほど，最適な限界税率は小さくなる。

(4) 最適な限界税率は，社会における能力の分布にも依存する。もし，所得（能力）格差がなければ，再分配政策は何ら必要ではなく，最適な限界税率はゼロになる。したがって，能力の分布がより分散しているほど，最適な限界税率は高くなる。

■ リスク・シェアリング────────────────

ところで，所得が多いか少ないかは，本人の努力の結果である場合も多いが，運・不運の場合もある。たまたま景気が悪くなって所得が落ち込むケースも考えられるし，幸運に恵まれて所得が増加する場合もある。運・不運の結果として所得の変動が予想されるときには，事前にリスクをシェアするような再分配政策が望ましくなる。所得格差が運・不運など偶然の要因による場合には，課税による負の誘因効果は働かず，完全平等が100％のリスク・シェアリングとして正当化される。

所得	10	30	50
効用	20	60	80

いま、すべての人が、高所得、低所得2つの所得のどちらかになる可能性があるとし、その確率が1/2であるとしよう。事前には所得は低所得（10）か高所得（50）かどちらかであり、その確率はそれぞれ1/2である。平均的な期待所得は30、また平均的な期待効用は $0.5(20 + 80) = 50$ になる。確実に30だけの所得が得られるとすれば、そこからの効用は60になり、所得格差のある場合の平均的な期待効用50を上回る。運が良くても悪くても、政府の再分配政策の結果、手取りの所得が30になれば、(10, 50) のいずれになるかわからない状態よりも、満足度は高くなる。したがって、すべての個人は完全平等を実現する再分配政策で得をする。本人の努力とは無関係に変動する所得については、モラル・ハザードの弊害が生じないので、政府による極端な再分配政策（＝完全平等）が望ましい。

8.3 公債発行と世代間再分配政策

■ 世代間再分配政策の有効性

マクロの経済政策として、最近量的にも質的にも重要な意味をもってきているのが、**世代間の再分配政策**である。これは、公債発行や年金政策などの他に、社会保障などの補助金・支出政策を通じても行われている。

政府が行う公的な世代間再分配政策の有効性は、マクロ政策の有効性を考えるうえで重要なポイントである。人口構成の高齢化、財政赤字の拡大などの現象も、世代間の再分配政策と関わりの深い問題として理解することができる。

たとえば、景気対策として減税政策を実施したとしよう。その財源は公債発行でまかなわれる。そして、この公債を償還するために、将来は増税が行われる。つまり、減税政策は将来の増税政策を意味する。これを世代間の視点でみると、現在世代に減税政策が行われ、将来世代に増税政策が行われるので、将来世代から現在世代への再分配政策になる。

ケインズ経済学では、このような世代間再分配政策は有効であって、現在

の消費が刺激されると考える。しかし，新古典派経済学では，現在の人々も将来の増税を予想すると考える。このとき，現在世代が，将来世代のことも考えて行動するのであれば，減税分は遺産として将来世代に回される。その結果，現在世代の消費は増加しない。減税政策の効果はなくなる。すなわち，民間による逆方向の世代間再分配行動で，政府の政策は無効になる。これが後述する中立命題である。

■ 将来世代への負担の転嫁

公債発行のコスト，あるいは，財政赤字の問題点として重要なポイントの1つは，**将来世代への負担の転嫁**である。いったん公債を発行すれば，いずれは償還しなければならない。公債を発行すると，それを償還するために，やがて増税しなくてはならない。わが国では60年で償還するという方針になっている。その際の財源は結局は税金である。現在世代が公債を発行して財源を手当し，何らかの政府支出や減税政策を行ったその後始末を，60年かけて処理している。

公債の負担のもっともらしい定義は，「ある世代の人が一生の間に消費できる大きさがどれだけ減少するか」でとらえるものであろう。すなわち，課税調達のときより公債発行のときの方が，その世代の人の消費量が減少すれば，その世代に公債の負担があることになる。将来世代の人は，公債発行のときに限って，償還のための増税を負担するから，その分だけ自らが消費できる量も減少する。現在世代の人から将来世代の人へ負担が転嫁されるといえる。

さらに，より長期的な視点では，資本蓄積の減少で将来世代に追加的な負担が発生する。公債発行の場合，民間部門は公債を保有するために民間貯蓄の一部を公債の消化に当てるから，その分だけ資本蓄積が減少する。課税調達の場合には，民間の貯蓄とともに消費が減少する分だけ，貯蓄の減少分（＝資本蓄積の減少分）は少なくてすむ。なぜなら，課税によって可処分所得が減少すると，貯蓄も消費も減少するからである。したがって，課税調達と比べて公債発行では，資本蓄積がより減少する分だけ，将来世代の利用で

8.3 公債発行と世代間再分配政策

きる資本ストックが小さくなり，将来世代により大きな負担が生じる。このように考えると，公債の負担が将来世代に転嫁される可能性は否定できない。

ただし，公債の負担は，必ずしもすべての将来世代にとって，同じであるとは限らない。将来世代といっても，どのような将来世代を問題とするかは，重要な点である。当初の公債発行額がある程度小さくて，経済成長が高ければ，経済の規模と比較して公債の相対的な規模が小さくなっていくので，遠く離れた将来世代に公債の実質的な負担は生じない。経済成長が期待できないときに，公債の償還を借換債で先送りすると，公債の負担が将来世代に転嫁される。公債調達は現在世代にとって負担感がなく，むしろ便益をもたらすから，最初は公債発行額が増加しやすい。これは，財政破綻の可能性を高くする。

■ 外国債と内国債

外国の投資家に販売する**外国債**と国内の投資家に販売する**内国債**とで，公債の負担に関する効果が異なるという議論がある。すなわち，外国債の場合には，国債を発行する時点で，外国から日本に資源が移転する。国債を償還する将来時点での増税で利払いや元本償還の形で，その時点での外国の投資家に移転が行われるので，日本から外国へ資源が移転する。日本と外国との間で異時点間の所得移転が行われる。しかし，内国債の場合はそうした負担がない，という主張である。

外国債の場合には，たしかに，発行時点と償還時点で資源の移転が国際的に行われる。しかし，それによって日本政府あるいは外国の投資家のいずれかが損をするわけではない。異時点間でまとめてみれば，つまり，公債の発行と償還を1つのサイクルとしてまとめてみれば，特に資源は国際的に移転しない。借りたものをきちんと返す以上，貸した方も借りた方も損得勘定は同じである。これは，外国債でも内国債でも同じことである。したがって，外国債の場合に日本経済に特別の負担が生じるわけではない。公債発行によって便益を受ける現在世代と公債償還のために増税を負担する将来世代とが

乖離するケースでは，負担の転嫁がある．しかし，これは上述した世代間での負担の転嫁問題であって，特に内国債に限定されない．外国債の場合であっても，同様の問題は生じる．

債権者が外国人であることが問題になるのは，一国全体の対外純資産にかかわる話である．対外純資産は，自国が全体として外国に対して純資産をどれだけ保有しているのかを示すから，債権者が日本人か外国人かが問題となる．対外純資産の変化は為替レートにも影響して，マクロ経済にも影響する．しかし，個別投資家にとっては国債を保有するか，社債を保有するかは，資産選択の問題でしかない．また，外国人が国債を保有することが，日本経済にとって特別に負担になるわけではない．

■ 中立命題

中立命題とは，政府支出の拡大が公債で調達されても，生じる結果は現在租税で調達された場合と等価になるという主張である．税金を支払うタイミングを変えても，税金支払総額が同じであれば，家計の恒常的な可処分所得は変化しない．すなわち，中立命題は，「政府支出が一定であれば，それが租税によって調達されても，公債によって調達されても，家計の恒常的可処分所得は変化せず，消費も変化しない」という主張である．

中立命題が成立するには，家計が将来の財政政策を予想して，前もって準備することが必要である．親の世代が子の世代にも関心をもてば，子供も自分の子である（親からみれば）孫のことを気にかけるから，親は子を通じて孫の経済状態に間接的に利他的な関心をもつことになる．その結果，親は子の子である孫の世代，さらに孫の子であるひ孫の世代と，ずっと先の子孫の経済状態にも関心をもつ．これは，結局無限の先の世代のことまで親の世代が間接的に関心をもつことを意味するから，いくら公債の償還が先送りされても，人々は自らの生涯の間に償還があるときと同じように行動する．したがって，公債の償還が先送りされれば，その分だけ将来世代の負担が増えないように，現在世代は遺産を増やす．いわば，遺産を納税準備金として将来

世代のために残すと考えてもよい。

　しかし，家計がどの程度将来の財政制度や社会保障制度の動向に関心をもち，また，そうした変化を考慮して現在から貯蓄行動を調整しているのかは，議論があるだろう。まして自らの生存期間を越えた将来の公的再分配に対して，前もって生存期間内に調整すると考えるのは，かなり強い仮定であろう。

　また，生存期間が不確実であれば，事前に意図した遺産や贈与の大きさが事後的に実現する保証はない。公債償還のため将来世間へ転嫁される増税を完全に相殺しようとしても，遺産，贈与による調整は困難となる。さらに，利他的な遺産動機が現実的かどうかについても，議論がある。子供がかわいいから遺産を残すのではなくて，親の面倒をみる代償として子供に遺産や贈与を残すと考えると，親がどれだけ遺産を残すかは，子供の行動にも依存する。その場合は，子供と親のかけひきで遺産の大きさが決まり，中立命題は必ずしも成立しない。

■ 世代間の再分配政策

　公債発行によって将来世代に負担がどの程度転嫁されるかは，大きな論点である。しかし，財政政策や制度によって世代間でその便益や負担が影響を受けるのは，財政赤字に伴う公債の発行と償還だけではない。財政赤字の拡大と平行して，現実の公的再分配の多くが，意図するか意図せざるかを問わず，世代内の再分配ではなくて，世代間での再分配にかかわる政策に重点を移している。

　8.2節で議論したように，同じ世代内での所得再分配としては，累進的な所得税による税負担を通じた再分配や，失業保険，生活保護など移転支出を通じた再分配がある。これらは社会的な公平性のために重要な政策であるが，量的な大きさは相対的に低下傾向にある。所得税の累進性は最近低下しているし，社会保障費に占める生活保護費の割合も減少している。そのかわりに，再分配政策として大きな金額になってきたのが，年金制度や公債発行などによる**世代間の再分配政策**である。

■ 世代別による受益と負担

　高齢者への社会保険給付については，たとえば，高齢者が安心して暮らせる社会が大切だから，勤労者が重い負担をしても高齢者を支えるべきで，高齢者の負担は軽くすべきだという議論や，あるいは，資産をもっている高齢者も多いので，高齢者だからといって資産のある人まで優遇する必要はないという議論もある。また，社会保障の負担を企業に求めることについても，企業は儲けているのだから，税金や社会保険料を負担して，社会に貢献すべきだという議論から，企業に税金をかけても，他の誰かに負担が転嫁されるし，経済活動にもマイナスだから，あまり多くの負担を企業に求めるべきではないという議論もある。

　このように世代間の公平性についてはさまざまな議論があり得るが，もっともらしい結論を出すには，まず，現実の再分配政策で各世代別に受益と負担がどのようになっているのかを明確にすることが重要である。**世代会計**は，こうした理解のもとで，現実の経済政策による世代別の受益と負担を定量的に把握する試みである。

　また，民間部門で行われる贈与や相続など私的な世代間再分配についても，自分が努力して得た成果でもないのに，親からの遺産で裕福に暮らす人がいるのは不公平だから，相続税は重くすべきだという議論から，親が子供に遺産を残すのは当然の行為であり，あまり重い相続税を課しても，脱税を刺激し，親の無駄な支出を引き起こすだけだという議論もある。

　同時に，世代間の再分配には民間部門による相殺効果（たとえば，遺産や贈与などによる親の世代から子の世代への所得移転）がある。総合的な世代間公平・不公平論は，こうした民間部門の再分配も考慮すべきであろう。また，世代間再分配が望ましいかどうかを政策的に判断するには，それぞれの世代の可処分所得が再分配の前にどれだけあるのかも，重要な論点である。仮に将来世代に公債発行による負担の転嫁が行われているとしても，現在世代よりも将来世代の方が，経済成長の恩恵その他の面でより恵まれているとすれば，そうした再分配政策は望ましい。また，政府による再分配政策が実

施されなくても，遺産や贈与による調整で，世代間の経済厚生が最適に調整されているかもしれない。

さらに，世代間で公平，不公平を議論するには，単に，財政・社会保障制度による移転だけでなくて，経済環境の変化も考慮する必要がある。たとえば，わが国では現在の社会保障制度を前提とすると，出生率の低下により将来の勤労世代は，少ない人数で多数の現在の勤労世代（＝団塊の世代）の老後を支えるという厳しい状況に直面している。一方で，団塊の世代が経験した高度成長は今後は期待できそうにない。また今後は平均寿命が長いということが若い時期から十分に予想できるので，老後の資金を前もって準備しておく時間的な余裕がどの世代にもある。とすれば，団塊の世代が財政赤字や社会保障制度を通じて，将来世代へ負担を移転するのは，世代間の公平からみて正当化されないだろう。その意味でも，財政赤字の削減や社会保障制度の抜本的改革が重要な政策課題になってくる。

8.4 社会保障制度の改革

■ 日本の公的年金

図 8.2 に示すように，日本の**公的年金**は**基礎年金**と**厚生年金**の報酬比例部分の２階建てになっている。なお，一部３階部分（厚生年金基金）もある。現在の日本の公的年金制度は建て前としては**積立方式**であり，政府は巨額の積立基金を保有しているが，実質的には**賦課方式**であって，働いている世代がそのときの老年世代を支える仕組みである。現在わが国も含めて，多くの国で，年金制度は事実上賦課方式で運営されている。賦課方式は政府のみが行えるネズミ講である。将来生まれる世代をあてにして，最初の世代が年金給付という受益を，自らの負担なしに手にする。

1970 年代に公的年金制度が拡充された時代の老人世代は，若年期に十分な自助努力による積立が行えなかった。政府がそうした世代への年金給付を行うのは，公平性の価値判断から正当化できる。年金給付に対する政治的な

（平成11年度末）

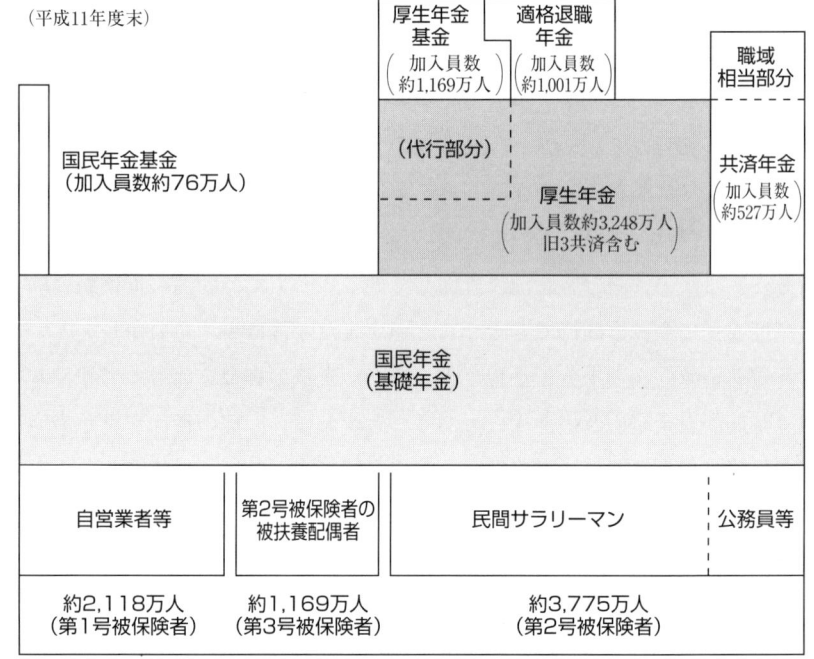

```
                          厚生年金  適格退職
                           基金     年金                  職域
                         （加入員数）（加入員数）           相当部分
                          約1,169万人 約1,001万人
 国民年金基金                                              共済年金
（加入員数約76万人）      （代行部分）                      （加入員数
                                      厚生年金            約527万人）
                                  （加入員数約3,248万人
                                    旧3共済含む）
```

国民年金
（基礎年金）

| 自営業者等 | 第2号被保険者の被扶養配偶者 | 民間サラリーマン | 公務員等 |

| 約2,118万人 | 約1,169万人 | 約3,775万人 |
| （第1号被保険者） | （第3号被保険者） | （第2号被保険者） |

約7,062万人

（厚生労働省年金局作成：http://www.mhlw.go.jp/topics/nenkin/zaisei/01/01-01f.html）

図8.2　日本の公的年金制度

圧力も高く，また，高度成長が続くという期待感もあって，本来積立方式として出発したはずの公的年金が，しだいに賦課方式に転嫁していった。

　これまでの公的年金の制度は，設立当時の時代の経済状況のもとでは，それなりに有益であった。いままでは経済成長率が高く，勤労世代の賃金がどんどん上昇していた。しかも，勤労人口は増加していた。したがって，勤労世代一人当たりではあまり負担をしなくても，老年世代の年金給付をカバーすることができた。しかし，これからは勤労人口が減ってくる。最近になって出生率は大きく低下している。賃金所得が大幅に上昇する高度成長は，これからは期待できない。特にわが国では，出生率の低下が急激であり，賦課方式の年金の収益率は大きく落ち込んでいく。しかも，経済状況も大きく変

化し,経済全体が豊かになるとともに,老年世代も総じて豊かになっていった。今日の老年世代,あるいは,これから老年を迎える団塊の世代は総じて,経済的には恵まれている。

1970年代とは経済環境が大きく変化しているにもかかわらず,賦課方式による勤労世代から老年世代への再分配が相変わらず維持されている。これは,老年世代の既得権となっている。21世紀初頭の今日,賦課方式の年金制度を維持するのは困難になっている。これを放置しておくと,年金制度や租税制度の維持運営に支障をきたすほどの,合法・非合法の負担回避行動が将来予想される。

■ 改革の方向性

急速な少子化,高齢化は,賦課方式を前提としているわが国公的年金のあり方に根本的な問題を投げかける。賦課方式では払う方からみれば,税金と社会保険料は同じ負担である。若年世代,将来世代の負担は限界を超えるのではないか,社会保障負担の増大に日本経済は耐えられるのか,単身世帯の増加や家族制度,労働市場の変容に公的年金は整合性を維持できるのか,こうしたさまざまな観点から,公的年金の問題点とあるべき改革の方向性が議論されている。

社会的な安全装置(セーフティーネット)の機能を果たす社会保障なくして,21世紀においてわが国が目指すべき社会を形成することはできない。しかも,急激に社会構造が変化している以上,家族や地縁の共同体よりは公的な政府や NPO (Non Profit Organization:非営利団体)の役割が重要になってくる。社会保障制度がなければ,少子化に伴って家庭における私的な親の扶養や介護の負担が増大したはずである。社会保障制度は私的な負担を結果的に肩代わりしている。

それでも,持続可能なシステムを構築するために,世代間でより公平で効率的なものにしていく努力が不可欠である。持続可能な社会保障制度の構築には,増加する負担を担う支え手を増やすこと,高齢者も能力に応じて負担

を分かち合うこと,給付のあり方を見直し,効率化して,給付全体の増加をできる限り抑えることが望ましい。

■ 私的年金の役割

21世紀のわが国社会のあるべき姿は,個人が一人一人の能力を十分に発揮し,自立して尊厳をもって生きることのできる社会である。そのなかで,個人の責任や自助努力では十分に対応しがたいリスクに対して,社会全体で支え合い,個人の自立や家庭の機能を支援し,健やかで安心できる生活を最低限保証する社会保障制度が不可欠である。これからは,公的年金は老後の生活に必要な最小限の給付水準に限定して,それ以上の年金給付は**私的年金**の拡充によって対応すべきであろう。今後のわが国でも中途退職が一般化し,終身雇用,年功序列賃金を前提として制度設計がなされている税制や年金制度が,労働市場での効率的な市場機能の活用に障害となる。こうした観点から自由度の高い年金制度は,確定拠出の個人勘定方式である。

個人勘定方式のメリットは,家族形態,就業形態が多様化する社会で,年金制度が個人の意思決定とより中立的になることで,経済の活性化に適応しやすい点にある。デメリットは,自己責任原則がより求められるために,世代内でも運用実績に事後的な格差が生じることであろう。日本の政治環境では,確定拠出で運用した後で,結果が思わしくなければ,政策的な補塡が行われる可能性が高い。したがって,それを見越して,ハイリスク・ハイリターンの株式などに運用バイアスがかかることが予想される。モラル・ハザードの弊害である。これを抑制するには,個人勘定における運用に関して,たとえば,株式への運用割合にあらかじめ枠を設定するなど,ある程度の規制が必要であろう。

このように,年金改革のあるべき方向は積立方式(個人勘定の民営化)への移行である。しかし,これには政治的な障害がある。すなわち,移行時点での勤労世代(=団塊の世代)は,同時期の老人世代の年金給付の財源を負担すると同時に,老後のための積立も自ら行わなければならない。これが二

重の負担と呼ばれる問題である。二重の負担を団塊の世代に負わせる改革には，当然団塊の世代からの政治的な反発が予想される。しかし，現在の勤労世代の中心的存在である団塊の世代は人口の厚みが大きい分だけ，積立方式への移行をしないままで賦課方式を維持すると，その後の世代が団塊の世代の給付を負担するコストも大きくなる。

■ 確定拠出と確定給付

確定拠出か確定給付かの選択は，事前のルールにコミットできるかどうかの問題である。**確定拠出**の場合，拠出額は確定しているが，運用収益は不確実になるから，給付額は事前に確定しない。これに対して，**確定給付**の場合，ある一定の給付水準を維持するように，事後的な調整が行われる。いいかえると，確定拠出か確定給付かの相違は，事後的な給付水準を政策的に調整するかどうかの相違である。

もし，運用収益が予想外に低いとすれば，政策的に給付額を上乗せすることが，年金受給者から要求される。これに応じれば，その時期の年金受給者の実質的な給付水準は改善される。しかし，その財源負担を何らかの形で行う必要がある。通常は，同じ時期の年金負担の引き上げで行われる。したがって，この時期の年金受給者の実質的な給付水準を維持するのが国民経済の公平性の観点から望ましいかどうかは，事後的にそうした政策を実際に行うことが良いかどうかという観点から議論できる。

■ 医療制度の改革

年金以上に**医療制度**の財政基盤は深刻である。なぜなら，**医療保険**では積立金がまったくなく，純粋に**賦課方式**で運営されているからである。もちろん，医療保険の対象は老人だけではない。国民すべてが医療サービスの潜在的な受給者である。しかし，平均的にみれば，年齢とともに医療サービスの需要が増加する。しかも，80歳以上の後期高齢者になれば，飛躍的にその金額は増加する。年金同様に，若年世代の保険料で老人世代の保険給付がま

かなわれている。急速に少子高齢化が進展すれば，老人医療保険の財源はもたなくなる。

老人医療制度の見直しについては，「独立方式」と「突き抜け方式」の2つの改革案が検討されてきた。**独立方式**では，現役世代を対象とする各保険制度から老人医療を独立させて，拠出金を廃止するとともに，財源は患者の自己負担，老人独自の保険料，公費負担とする。**突き抜け方式**では，被雇用者の医療保険と自営業者の国民健康保険などを別々のグループに分けたままで，それぞれのグループごとに老人医療費を現役世代が負担する。前者では国庫負担を重視し，後者では現役世代の保険料を重視するが，いずれの改革案も賦課方式の枠内での見直しにとどまっている。

人口構成が少子高齢化になれば，賦課方式の医療保険を維持する限り，どうしても財政的に困難になる。必要最小限の医療サービスは，これまでと同様，国民全員を対象として公的保険でカバーすべきである。しかし，付加的な医療サービスについては，個人勘定の積立方式を導入することが望ましい。IT 革命の結果，保険料負担も含めて，医療情報の履歴が容易に管理できるようになってきた。老年期に多額の医療負担が予想される以上，若い健康なときからそれにきちんと備える体制を財源も含めて整えるべきである。何らかの積立方式あるいは個人勘定別の私的医療保険を活用することが必要になるだろう。過去の医療サービスに関する受益と負担の情報蓄積は適切な医療行為を行ううえでも有益である。

医療サービスには情報の非対称性が大きい。医者の医療行為を患者が適切に判断することは困難である。わが国ではこの点が過度に強調され，結果として，医者や病院など供給側の都合のいい形で医療サービスがバイアスをもつように提供されている側面もある。たとえば，ガンなど難病の告知を患者本人にしない。諸外国では当然とされる（過去の医療ミスなどの情報も含めた）医療行為の情報開示とそれに基づく患者の意思決定が，わが国で極端に遅れているのも，医者が聖職者としてもっとも適切な医療行為を行うはずだという建前のためである。

8.4 社会保障制度の改革

しかし，現実には医者も利益を追求するし，病院も採算を無視して医療サービスを提供できない。たとえば，本人が希望しないにもかかわらず，過度の検査，投薬が行われる。その結果，医療費が増加すれば，医者・病院の収入も増加する。現状では医者や病院が費用をかけるほど，利益も増加する制度になっている。これでは，効率的な医療行為は期待できないし，医療ミスを誘発させる。患者の過去の履歴情報が医療機関相互間で有効に活用されていない。

患者の主体的な選択をより広範囲に認めれば，無駄な医療行為に対する歯止めになる。本人がどのような医療サービスを受けるか，そのリスクや費用負担も考慮して，自分の責任と判断で決定するのが，望ましい。その際に，情報開示を徹底するとともに，医療サービスを標準化することも重要である。不必要な診療や検査，投薬をすると，患者ばかりでなく，医者や病院にも不利益になる仕組みに改革することが，効率的で公平な医療サービスを提供するうえで有益である。

■ 所得再分配政策のコスト

当初は社会的に有益な政策・制度が経済環境の変化とともに，あまり有益でないものに変質する可能性は常にある。特に，そうした政策・制度がいまでも本当に経済的に恵まれていない人々への再分配になっているのかどうか，疑問な例はいくらでもある。政策・制度の見直しを先送りしてしまうと，不公平・非効率な支出がますます既得権化してしまう。

機会の平等は重要であるが，結果の平等にこだわりすぎると，弊害の方が大きくなる。その意味で，再分配政策を実施する場合には，期間を限定する**サンセット方式**の導入が重要なポイントである。東から昇る太陽は必ず西に沈む。このように，いったん認められた社会保障給付であっても，一定の期間が経過すれば必ず打ちきりとするのが，サンセット方式である。さらに継続する場合は，もう一度新しい予算要求として，新規に査定を受けることになる。これは，既得権益を見直す場合の有効な仕組みである。

─ コラム⑧ ─

失　業

　雇用保険は労働者が失業した場合の失業給付や，事業主に対しての各種助成金を給付して，雇用の安定を図るとともに，60歳以上65歳未満（高年齢者）の在職者に対する雇用継続給付制度や，育児休業を取得中の人々に，育児休業給付を行っている。雇用機会の喪失＝失業のリスクを分散して，安心して働くために，重要なセーフティーネットである。

　2001年からわが国の雇用保険制度は大きく変わった。経済社会の変化や働き方の多様化に対応し，早期再就職を支援するために十分な役割を果たしていけるよう，雇用保険制度を改革したものである。

　改正の要点は，第1に，「一般の離職者」であるか「倒産，解雇等により離職した者」であるかにより，給付日数が異なる仕組みになった。倒産，解雇等により離職した方については，手厚い給付日数となった。第2に，育児休業給付，介護休業給付の給付率が40％となった。第3に，雇用保険料率が15.5/1,000と引き上げられた（事業主負担分9.5/1,000，被保険者負担分6/1,000）。第4に，パートタイム労働者，登録型派遣労働者の適用基準が緩和された。雇用保険の適用基準のうち年収に係る要件（「年収90万円以上の就労であること」）が撤廃された。また登録型派遣労働者について，1年未満の期間や派遣先事業所が複数に変わるように，断続的に派遣就業を繰り返す者でも，派遣元事業所において，1年以上雇用される見込みがある場合には，雇用保険が適用されることが明確となった。第5に，離職証明書等の様式が変わった。

　（厚生労働省HP：http://www2.mhlw.go.jp/topics/koyou/betten.htm 参照）。

　雇用（失業）保険が充実しすぎると，就労するよりも失業のままで給付をもらう方が得になるから，失業率はむしろ上昇する。ヨーロッパ諸国のなかには10％を超える失業率が珍しくない国もあるが，そうした国では失業給付が高く，給付条件も寛容である。失業率が高すぎると，

GDPは減少するし，失業者に対する社会保障の負担も増大する。しかし，失業率は低ければ低いほど望ましいものではない。旧社会主義国では表面上失業者はゼロであったが，人々が自分の能力や好みにあった仕事に従事できたわけではなかった。

わが国でも高度成長期に失業率が1％程度であったが，常に完全雇用の状態では，終身雇用が普通の雇用形態になるため，労働市場は硬直化しやすい。企業間での転職の機会は困難になる。失業率がある程度高いと労働市場も流動化しているから，それだけ企業間，産業間で労働者が移動しやすくなる。

ところで，完全雇用状態では雇用保険の対象者も限定されていた。雇用保険のセーフティーネットとしての役割も重要ではなかった。21世紀に入って失業率が5％を超えるようになると，終身雇用制度も年功序列賃金も崩れはじめてきた。転職が一般的になるとともに，職探しのために一時的に失業することも珍しくなくなってきた。これからは雇用保険の機能を十分に発揮することが重要である。

9

地域間再分配政策

　個人間の再分配と並んで重要な再分配政策が，地域間の再分配である。わが国では交付税制度に代表される国と地方の財政制度を通じて，大規模な地域間再分配が行われている。個人ではなく地域を対象として，なぜ再分配をする必要があるのだろうか。本章では地域間再分配政策の考え方を整理するとともに，地方分権を実現するために望ましい国と地方の役割分担や，自立した地方政府の政策運営についても検討する。

9.1 わが国の再分配政策

■ 地方の既得権

　個人間の所得再分配政策と同様，**地域間の再分配**についても，いろいろな議論があり得る。たとえば，地方に住んでいる人は都会に住んでいる人よりも不便を感じることが多い。もっと便利になるように，政府は地方にお金を出すべきだと考える人もいるだろう。また，地方に住んでいる人は，たとえ不便なことがあっても，それに代え難い良さもあってそこに住んでいるのだから，政府がお金を出して手助けする必要はないと考える人もいるだろう。

　もし地方に住んでいる人が都会に住んでいる人よりも経済的にみて，あるいは，生活水準でみて恵まれているなら，後者の議論の方がもっともらしい。たとえば，北陸3県と千葉，埼玉など東京近郊の県を比較してみよう。所得，金融資産，住環境，教育水準，通勤時間，安全性など多くの指標で経済的な暮しぶりを比較すると，北陸3県の方が千葉，埼玉よりも恵まれている。それでも地域間の再分配では逆方向（地方と呼ばれる北陸3県へ都会と呼ばれる千葉，埼玉から）にお金が流れている。また，1980年代以降，農業世帯の所得はサラリーマンの所得を上回っている。戦後50年間に豊かな地域，貧しい地域の実態が大きく変化したにもかかわらず，財政上の再分配政策は相変わらず都市部から農村部への移転になっている。これは**過疎地方の既得権**が既成事実化し，大多数の有権者の民意が反映されていない結果である。

■ ロビー活動のメリットとコスト

　民主主義の原則は，一人1票という形式的な平等である。しかし，貧しい地域，貧しい人々を，豊かな地域，豊かな人々よりも重視するのが，社会的に公平であるとすれば，選挙による民主主義だけでは社会的公平が達成されない。これを補正するのが，過疎地の人々が精力的に行う政治的な**ロビー活動**（陳情活動などの公共事業獲得運動）である。

こうした政治活動は，高度成長期には公平性の価値判断から許容できた。当時は首都圏など大都市部が豊かな地域であり，農村部は総じて貧しかった。豊かな地域から貧しい地域へ所得や資源が再配分された。都会の人々も同じようなロビー活動ができたはずである。ロビー活動の機会は平等である。それでも都会の人々があまりロビー活動を熱心にしなかったのは，公共事業に依存しなくても，経済活動が可能であり，所得機会もあったからである。これは，形式的な平等しか確保しない民主主義の投票制度を補完する機能をもっており，ロビー活動のメリットである。

しかし，あまり大規模な所得再分配が地域間で行われると，日本経済全体の経済的活力が損なわれてしまって，経済全体のパイ（GDP）が縮小する。結果として，貧しい地域，貧しい階層の人々にとっても長期的にはメリットがない。90年代に日本経済が低迷したのも，こうした再分配政策がマクロ経済の重荷になったためである。

地域間の経済格差の問題を考える大きな論点の1つは，経済力の格差を反映した税収の地方間格差問題である。東京を中心とする大都市の都府県で税収が多いのに対して，過疎の地方では，税収の総額はもちろん，一人当たりの税収もかなり小さい。その分だけ，国からの補助に依存する割合が大きくなる。わが国の地方財政制度では，**地方交付税**という地域間再分配システムが税収の地域間格差を補整する役割をもっている。

すなわち，わが国の財政システムでは，交付税制度によって，地域間で受益の対象となる自治体（住民）と負担の対象となる自治体（住民）とが分離されている。したがって，ケインズ的な財政政策のように，裁量のきく自由度の高い予算編成の場合には，予算をできるだけ多く獲得することが，その利益団体，地域，地方公共団体にとってメリットとなる。その結果，一定の予算配分をめぐって政治的競争が過大となり，そこに投入される資源が国民経済全体にとってコストになる。予算を獲得するために政治的なロビー活動に資源を浪費することは，重大なコストである。さらに，受益と負担の分離された財政システムのもとで，公共投資などの配分が経済的な合理性とは無

縁の世界で決定されると,資源配分上の非効率性も生じてしまう。

9.2 地域間再分配の考え方

■ ナショナル・ミニマムと公共財

　この節では,地域間の再分配政策について理論的に考えてみよう。ナショナル・ミニマムや全国レベルでの公共財を円滑に供給するためには,地域間での均整的な発展も必要であり,ある程度の地域間での再分配政策は必要であるという意見は強い。ナショナル・ミニマムとみなされる公共財は,どの地域でも人口にかかわらず総便益がきわめて大きな財である。たとえば,地域A, Bの人口がそれぞれ1, 10とする。税収を1, 10とする。公共財の費用を5とする。総便益が人口に依存しないで,どちらの地域でも100であるとしよう。こうしたナショナル・ミニマムの公共支出はA, B両地域とも実施すべきである。しかし,A地域では税収が1しかないから,B地域から4の移転を受けてはじめて,この公共財が供給される。これが,地域間での再分配政策を正当化する1つの理由である。

　しかし,ナショナル・ミニマム以外の公共財に関して地域間で再分配を行うには,問題が多い。地方では人口が少ないため,ある公共財を供給するのに一人当たりの負担が多くなり,したがって,国からの補助がなければ公共財を供給できない場合もあるだろう。たとえば,川に橋を架ける場合,都会であれば,人口が多いから一人当たりの負担は少なくて橋を容易に建設できるが,地方では人口が少ないために,国や他の地方からの補助なしでは橋が架けられないというケースである。しかし,第4章でもみたように,公共財の最適供給ルールが意味するのは,便益の総額とコストとの比較である。人口が少ない地方では便益の総額も小さいから,上の例では橋を架けること自体が非効率となる。

　次のような数値例で考えてみよう。公共財の費用が5, 一人当たりの便益が3であれば,A地域では費用(5)の方が総便益(3)よりも大きくなり,

B地域では総便益（30）が費用（5）よりも大きくなる。したがって，この公共財はB地域でのみ供給するのが望ましい。

■ 人口移動と再分配政策

　地域間で再分配を実施する際に考慮すべき大きなポイントは，地域間での人口移動である。人々が自由に居住地を選択できるとすれば，個人間での格差はあり得ても，地域間での格差は考えられない。人々はもっとも有利な地域に居住するから，ある地域が経済的に恵まれていないとすれば，誰もそこには居住しないだろう。もちろん，すべての個人が自由に居住地を選択するというのも現実には成立しないだろう。しかし，人口移動が全然ないというのも極端な想定である。一部の人のみが居住地を選択できる場合でも，地域間の再分配政策は，そうでない場合よりも好ましくない結果をもたらす可能性がある。

　表9.1 (i) のような数値例で考えてみよう。いまA地域に1人（個人A1），B地域に2人（個人B1とB2）居住しているとしよう。A地域では一人当たりの所得は20であり，B地域では一人当たりの所得は50とする。所得を獲得するのにコストがかかるので，それぞれの個人の実質的な利得（＝満足度の金銭的な大きさ）は所得の半分であるとしよう。したがって，A地域の個人の利得は10，B地域の個人の利得は25である。A地域よりもB地域の方が利得が高いので，地域間の移動が可能な個人はB地域に居住するだろう。A地域に1人，B地域に2人という当初の人口分布は，一部の人々（このモデルでは3人のうちの1人）が地域間で移動可能であって，A地域よりもB

表9.1 (i)　地域間再分配政策

	個人A1	個人B1	個人B2
所　得	20	50	50
コスト	10	25	25
利　得	10	25	25
再分配後所得	40	40	40
再分配後利得	30	15	15

地域を選択しているという想定を考えている。

　ここで，政府が地域間での再分配政策を実施して，B地域の個人からそれぞれ10だけ税金を徴収し，10 + 10 = 20をA地域の個人に与えるとしよう。再分配後の所得はともに40で完全平等化するが，各人の利得はA地域の個人が30（= 10 + 20），B地域の個人が15（= 25 − 10）となる。前章で解説したベンサム的な価値判断では，社会全体の総利得は再分配の前後でともに60である。ロールズ的な価値判断では，社会全体の総利得は再分配の前で10，後で15になる。したがって，こうした再分配政策は社会的公平性の価値判断からみてもっともらしいといえる。

　ところが，B地域の個人にとっては，再分配政策によって利得が25から15に税負担分だけ減少している。そして，再分配の後ではA地域の個人の方が利得が30と，B地域の個人よりも大きくなっている。したがって，B地域の住民はA地域に移動する誘因がある。B地域の住民のうち1人だけが移動できると想定しよう。したがって，その個人は，政府による地域間の再分配政策を予想して，B地域ではなくてA地域に居住を変更するだろう。

　その結果を示したのが，表9.1 (ii) である。当初は再分配政策を予想してA地域に2人（個人A1と A2）居住して，A地域での所得が20, 20になる。政府が所得の完全再分配を実施すれば，B地域の個人から20の税金を徴収して，10ずつA地域の2人の個人に配分する。したがって，再分配後の利得は，A地域の個人が20ずつ，B地域の個人が5になる。もとからA地域に住んでいる個人とB地域にとどまっている個人の利得は減少し，BからAへ移動した個人の利得だけが増加している。その結果，再分配政策

表9.1 (ii)　地域間再分配政策

	個人A1	個人A2	個人B1
所　得	20	20	50
コスト	10	10	25
利　得	10	10	25
再分配後所得	30	30	30
再分配後利得	20	20	5

が何ら行われていない表9.1（i）の初期状態と比較すると，社会厚生はベンサム的な価値判断では（60から45へ）低下し，ロールズ的な価値判断では（15から5へ）低下する。人口移動を考慮すると，政府の再分配政策は必ずしも意図するような望ましい結果をもたらさない。

■ 公共財の波及効果

人口移動がなくても，地方公共財が地域間で**波及効果**をもつ場合には，再分配政策は望ましくない可能性がある。都市部で供給される地方公共財は地方部でも大きな波及効果をもたらすが，地方部で供給される地方公共財は波及効果が乏しく，地域限定のサービスしかもたらさないとしよう。たとえば，都市部で道路が整備されれば，都市部に住む住民のみならず地方に住む住民にもメリットがあるが，地方部で整備される道路にそうした波及効果がないとしよう。

この場合，都市部から地方部へ所得を再配分すると，都市部の公共財供給が減少し，地方部での公共財供給が増加する。都市部の人の経済状態は悪化するが，同時に，都市部の公共財を利用してきた地方部に住む人の経済状態も悪化する可能性がある。都市部での公共財に波及効果が大きいほど，また，地方部の公共財に波及効果が小さいほど，そうしたケースになりやすい。その場合には，都市部から地方部への所得再分配によって，すべての住民の経済厚生は悪化してしまう。

■ 地域間再分配政策の評価

地域間再分配政策が有効であるのは，地域間での公共サービスの波及効果もなく，人口移動もない状態である。これは，地域の行政単位がある程度大きくなれば，一応成立する条件と考えられる。逆にいうと，行政単位，地方政府の単位としてあまり小さい範囲を想定すると，上の2つの条件は成立しにくくなり，地域間のリンクが密接になって，地域間の再分配効果は有効でなくなる。したがって，地域間の再分配政策が必要であるとすれば，再分配

の対象とする行政区域をより大きなものとして再編成し，そうした大きな行政区域間で再分配政策を実施すべきである。

　さらに，再分配政策をする以前にまず，公共サービスの生産性を改善すべきであろう。これは，その地域での行政効率の上昇を意味し，また，公共調達の改善による費用低下も意味する。行財政改革や規制の緩和により，まず公共サービスを供給する政府の生産性を上昇させることが，すべての地方での政府の経済活動を活性化させ，人々の経済厚生を上昇させるために，最重要課題の1つである。

　地域間格差の問題は公平性ではなく，むしろ効率性の問題として議論する方が有益である。集積のメリットの高い首都（＝東京）へ一極集中することが，わが国全体の資源配分からみて効率的であれば，あえて，地方に人口を戻すための地方振興政策は必要ない。集積のメリットがあるから人々が集まるのであり，その限りでは市場は失敗しておらず，東京への一極集中を政策的に排除する必要はない。むしろ，地方の中核都市における集積のメリットをより生かすような，地方内での行政区域の拡大や法制度の見直しが有効であろう。

■ 均衡ある国土の発展か，一極集中のメリットか

　「均衡ある国土の発展」という政策目標のもとで過疎地の経済状態の底上げを図るのか，「一極集中のメリット」を活かすという政策目標のもとで，大都市のさらなる発展を図るのかは，地域間再分配政策を評価するうえでの分岐点となる。前者の立場では，できるだけ多くの資源・所得を地域間で再分配するのが望ましい。後者の立場では，最小限のナショナル・ミニマムを除いて，地域間の再分配は極力スリム化するのが望ましい。

　これら2つの考え方は，経済政策を考えるうえでの基本的な分岐点である。たとえば，サッカーのチームを強化する場合，守備力を強化するのか，攻撃力を強化するのか，2つの考え方がある。守備力を強化するのであれば，守備要員全員の守備能力を向上させる必要がある。1人でも守備力の弱いプ

レーヤーがいると，相手チームはそこを集中的に攻撃するから，他の守備要員の能力を強化しても，守備力全体の強化にならない。すなわち，守備力を強化するには，もっとも守備力の弱いプレーヤーの能力を引き上げる必要がある。これに対して，攻撃力の場合は，誰か有能な攻撃要員がいれば，相手のゴールを突破できる。攻撃力のもっとも弱いプレーヤーの能力を引き上げるよりも，もっとも攻撃力の高いプレーヤーの能力をさらに強化する方が得点能力は増加する。

一国の経済政策でも，大都市を活性化することで，その波及効果で全国の地域が活性化することを重視するのか，過疎地の底上げを図ることで，等しくそこそこに豊かな経済状態を維持することを重視するのかの相違である。わが国では，高度成長期には前者の（攻め重視の）発展志向がみられたが，日本全体が豊かになるにつれて，後者の（守り重視の）安定志向が支配的となった。21世紀に入って，もう一度日本経済全体を活性化するには，地域間の再分配政策を発展志向の政策に戻すことが重要である。

地域間で生産性に格差がある場合に，生産性の高い地方を優遇する政策を採ることで，全国的に経済活動が活性化し，結果として，生産性の低い地域での経済厚生も上昇する。逆に，過疎の地方に資金を投入すると，経済全体のパイが小さくなり，地方にとっても結局はマイナスに働く。その意味からも，単なる所得補塡としての後ろ向きの地域間再分配政策には，思い切った見直しが必要となる。全体のパイを大きくすることで，後進地域でもメリットが生じる。

9.3 地域間再分配政策の改革

■ **地方分権のメリット**

　住民のニーズが政府の政策に適切に反映されるメカニズムとして**地方分権**を導入することは重要である。市場で利潤最大を意図して行動している企業の場合と異なり，政府の行動を客観的に評価し，是正する仕組みは困難である。採算の悪い公共サービスであっても，公共の福祉の観点から必要なものもあるだろう。最終的には，公共の福祉という観点から，再分配政策や補助金政策をどこまで行うかを政治プロセスで決定せざるを得ない。中央政府の場合には，選挙による政権交代が唯一の手段であるが，中央政府レベルでの政治改革はあまり進展がみられない。

　住民の選好に敏感になるのが，地方政府の特質である。地方政府の場合には，選挙による議会・与党や首長の交代の他に，地域住民の直接請求やリコールなども容易に行うことができる。これは，「**声による投票**」と呼ばれている。また，住民が自分にとって望ましい地方を選択するという，「**足による投票**」も可能となる。知事など首長を直接公選できることは，中央政府の首相の選出が間接民主制であるのと比較すると，わかりやすい制度である。地方政府の方が有権者と政治家との距離は近い。

　このように，各地方政府間での評価を住民が容易に行える点から，地方分権システムのメリットは大きい。そのためにも，1つの地方政府のなかで税負担と公共サービスの便益がある程度対応している，自立した財政的基盤が必要である。

■ **交付税の評価**

　地域間再分配政策の中核となっている**地方交付税**制度について，検討してみよう。現行制度では，国が交付税を配分する際に，各地方公共団体ごとに基準財政需要額と基準財政収入額を算定する。**基準財政需要額**は，地方公共

9.3 地域間再分配政策の改革

団体が等しく合理的かつ妥当な水準で自主的に事務事業を遂行するに必要な経費を，地域，人口規模などを基準化して各地方公共団体ごとに一定の方法で総務省が算定する額である。**基準財政収入額**は，標準的な状態において徴収が可能な税収を，地域，人口規模などを基準化して各地方公共団体ごとに一定の方法で総務省が算定する額である。基準財政収入額が基準財政需要額よりも少ない場合（財源不足がある場合），そうした地方公共団体（財源不足団体）には，交付税が交付される。大半の地方公共団体は交付税が交付される交付団体である。交付税の交付額は各地方公共団体ごとに基準財政需要額と基準財政収入額の差額を基本として決められる。

現行制度では地方税収が減少すれば，ほぼ同額だけ交付税が増加し，逆に，地方税収が増加すれば，ほぼ同額だけ交付税が減少するから，手取りの地方財源はどちらもほとんど同じになる。したがって，地方交付税のような地域間再分配政策を有効に機能させるためには，地方公共団体が徴税努力をおろそかにして，自らの税負担を軽減し，その分だけ他の地方公共団体の税負担にただ乗りしないという条件が必要である。これは，中央政府による各地方公共団体の徴税努力に対するモニタリングが完全であれば，成立する条件であろう。しかし，モニタリングを完全にしようとすれば，中央政府が多数の役人を定期的に全国3000以上の地方自治体に出向させるなど，多額のコストがかかる。中央政府ににらまれない限り，地方自治体は地方税収を増やす努力をしない。ただ乗りの誘因を生じさせるメカニズムが制度自体にあるにもかかわらず，各地方自治体に自助努力のモラルを求めるのは，困難である。最終的には交付税制度は廃止することが望ましい。したがって，徐々に交付税制度をスリム化して，最終的に廃止する方向を打ち出すべきだろう。

日本経済が豊かになり，世界有数の経済大国になった今日，ナショナル・ミニマム（基準財政需要）を高水準に維持する必要はない。どの地域に住んでいても最低限必要な公共サービスは保証すべきだろうが，それは現行の基準財政需要が想定しているレベルよりはるかに低い水準で十分だろう。たとえば，その地域限定の公共事業について，基準財政需要で財源をみる必要は

ない。仮に，国の政策（景気対策）として公共事業を行う場合であっても，地域限定の公共事業であれば，その地域の住民だけが便益を受ける。当然その地域の住民のみがその財源も負担すべきである。こうした受益者負担の視点から基準財政需要を整理・縮小していけば，その水準を大幅に削減できる。

基準財政収入については，地方税を基準財政収入に取り込む際の係数（＝調整係数）を小さくすることが重要である。現状では，地方税収の75％から80％が基準財政収入に取り込まれている。これでは，地方政府が努力して地方税収を増加させても，その75％から80％が交付税の減少で相殺されてしまう。むしろ，1より相当小さな調整係数（多くても50％以下）を地方税収に乗じて修正した基準財政収入と，基準財政需要とのギャップを相殺するように，交付税を配分すべきだろう。そうすれば，地方公共団体が徴税努力を強化して，地方税収を増加させても，交付税の減収はそれ以下にとどまるために，その自治体の収入総額がある程度は増加する。各地方公共団体は徴税努力に熱心になり，他の地方公共団体の税収にただ乗りする誘因がなくなる。

さらに，現行交付税制度では，（東京都のような）不交付団体が何ら交付税の体系（再分配のシステム）に入っていない。地域間の財源調整が交付税の重要な機能である以上，不交付団体に逆に負の交付税をかける（その分だけ地方税収を中央政府が徴収して，それを他の地方政府の財源に回す）ことが望ましい。そして，交付税の財源を不交付団体の負の交付税に限定すべきである。現状では，所得税や法人税の一定割合をいったん国税として国が徴収して，これを交付税として，交付団体に交付している。地方政府間の財源調整を，国税を経由して，曖昧な形で行っている。その結果，財源の地域間配分の実態は不透明になる。さらに，地方財政における受益と負担が乖離して，無駄な事業に対して住民の監視が働かない。地域間での財源調整メカニズムを完全に透明にすれば，現在のような極端な地域間再分配は抑制されるし，無駄な歳出も少なくなる。

日本経済がある程度豊かになった以上，現行の地方交付税が想定している

ナショナル・ミニマムの役割は小さくなるべきだろう。完全に廃止するまでの移行期間のうちに，地域経済が自立できるように，民間資本の導入や人材の育成に財政面からも（期間を限定して）支援する。また，地方自治体の広域化，再編成を側面から促す。さらに，若い世代をターゲットにして，自助努力がある程度報われる制度を地方財政の仕組みに取り入れることで，有能な人材も地方に根付くようになる。

■ 国と地方の役割分担

21世紀の地方財政改革の大きな課題は**行政の広域化**である。これは，地方分権の受け皿として行われるべきである。金融ビッグバンが進展して，金融制度の護送船団方式が崩壊したのに伴い，金融機関の再編，合併が進んでいるのと同様に，自治体間の競争が激化するときに，競争のメリットを十分に享受できるように，広域化された行政が必要となる。住民に幅広い選択のメニューを提供し，地方レベルで受益と負担がリンクするには，中央政府による再分配を抜本的に見直すことが望ましい。公共事業と地方公務員だけでその地域の経済活動を支えている地方部の自治体を保護したままでは，**地方分権**は進展しない。

交付税に依存しなくても，各地方政府が独立に財政上の意思決定ができるように経済基盤を整備することが，最善の目標である。自立した財源基盤を確保するには，基礎自治体（市町村レベル）の人口規模は30万人程度が必要になる。過疎の自治体を整理統合することは，不可避である。そうはいっても，いきなり基礎自治体を大幅に整理統合して，交付税を廃止するのは現実的ではない。徐々にスリム化するのが現実的だろう。

基本原則として，地方公共財の便益が1つの行政区域内にとどまるように，行政区域を再検討して，この行政体の供給財源を充分まかなえるように地方税の財源を確保すべきである。義務教育，社会福祉，保健行政など，私的財に近い準公共財ないしは私的財とより代替的な公共財は，市町村のような小さい行政体に権限を移譲し，その行政体が住民の要求に合わせて自由に決定

できるようにするのが望ましい。

　交通網の整備，治山治水，広域大規模プロジェクトなど純粋公共財に近い準公共財ないしは私的財とより補完的な公共財は，都道府県や「道州」のような広域の行政体に権限を移譲するのが望ましい。今後，市町村レベルの合併が進展して，基礎自治体の数が小さくなり，また，それぞれの市町村が独自の行政サービスを自前で行うようになれば，それぞれの自治体が進んで自らの情報を全国に発信する誘因も高くなる。そうなれば，情報の収集面での都道府県の役割は小さくなる。いいかえると，市町村の地方分権が進展すれば，都道府県のあり方についても，見直しが求められる。中央政府は，司法，外交，国防，マクロの財政金融政策などに役割を限定することが望ましい。

■ 税率競争と地方債

　公共財の供給に関して地方間の競争が重要であるように，課税面でも地方政府間での競争メカニズムを導入することは，重要である。両者をセットにして住民が自主的に選択することで，特色のある各地方政府の財政活動が可能となり，住民にとって地方政府間での選択の幅も広がっていく。しかし，地方政府の予算制約がきちんと理解されていないと，支出面では増加傾向，課税面では減少傾向のバイアスがかかるだろう。現在の住民が将来の住民の負担にただ乗りすることになる。

　これに対する1つの政策的対応は，**地方債**の発行を中央が制度的に規制することであろう。もちろん，市場メカニズムが完全であれば，そのような規制がなくても，各地方政府が発行する地方債に対する資本市場での格付けの評価を通じて，この問題が処理される。財政規律の甘い地方の発行する地方債は，高い金利でないと消化されなくなる。現実には，資本市場での機能が完全ではないとすれば，何らかの起債制限も必要となる。しかし，中央政府も必ずしも合理的に行動しない。ソフトな予算制約などで，中央政府の規制が失敗する場合には，市場による規律付けも有効である。

　地方債に関しては，地方債の償還を嫌って，増税が行われる前に住民が別

の地方に移動する可能性もある。住民が，地方債を財源として支出される便益だけを享受し，かつ，その地方債の償還のための課税を回避しようとする行動は，地方債の食い逃げと呼ばれている。しかし，このような行動がうまくいくかどうかは，はっきりしない。なぜなら，その地方に住んでいる人が，他の地方に移動するために土地を売却しようとしても，将来の増税が予想されている以上，安く買いたたかれるからである。つまり，将来の増税分だけ地価が減少すれば，現在その土地をもっている人が，売却する際に，将来の増税分を前もって負担し，食い逃げはできなくなる。そうであれば，市場による規律付けもうまく機能するだろう。

■ **地方債とプロジェクト・ファイナンス**

　国であれ地方であれ，公債を発行して借金を先送りすると，受益と負担の関係が曖昧になる。住民が納税コストを意識して，公共サービスの質や量に関心をもつためには，財政赤字に制約を設ける方が望ましい。他方で，財政赤字が許容されると，異時点間で税負担を安定化させたり，景気の変動を緩和させる効果もある。

　したがって，中央政府ではある程度の公債発行はメリットがある。しかし，地方政府ではそうした安定化効果も限定的だろう。地方債を自由に発行することを認めるよりは，個々の投資プロジェクトに限定した資金調達手段として，債券の発行を認める方が望ましいという考え方もある。**プロジェクト・ファイナンス**という手段である。この場合には，債券の償還財源は，一般的な地方税ではなくて，その投資からの収益に限定される。その分だけ，借金を認めても，受益と負担の関係が明確になるというメリットがある。

経済特区

　経済特区とは，企業への税金を安くしたり，規制を少なくしたりすることで，他の地域と違う特別な経済制度を実施するモデル地域である。本来，日本全国に同じ法律が適用されているはずだから，税制や規制も同じはずである。制度の適用を他の地域と差別化すれば，当該特区と他の地域とで「一国2制度」になる。これは法の下の平等に反するという批判もあるが，差別化することで，その地域を活性化できれば，当該地域だけでなく，日本全体にもメリットが及ぶだろう。

　国際的にみると，連邦国家など地方政府の独自性の高い先進国では，地方自治体が独自の経済制度をとっている国が多い。また，中国は80年代に経済開放政策の一環として経済特区を活用して，外資企業への税制優遇や価格の自由化などを行って，大きな成功を収めた。

　わが国では，経済特区の指定を希望する自治体が，国に独自の規制緩和策を柱とする計画を提出し，国が認めれば特区となる。具体的な特区の例として，東京都・神奈川県・横浜市・川崎市の4都県市は，わが国経済の閉塞感を払拭し国際競争力を強化していくため，東京湾岸地域の特定地区に，集中投資を促すしくみとして，税の減免や融資制度の創設・拡充，法規制の緩和など，思いきったインセンティブを講じる「東京湾岸地域における経済特区」を設置するとともに，公共インフラ整備等を促進するように提案している。そうすることで，企業進出を促して，地域経済を活性化させようとしている。(東京都HP: http://www.metro.tokyo.jp/INET/CHOUSA/2002/10/60CAT300.HTM 参照)。

　しかし，単に税の減免や補助金などだけで地域経済を活性化する手法は，経済特区としては古い手法であり，効果もあまり期待できない。単なるコストでみれば，日本国内よりも途上国などの外国に生産拠点を移す方が，企業にとって魅力だからである。国が設ける一律の補助金制度を中心とする従来の手法では，各地に似たような施設やあまり使われな

い施設が乱立するだけで,効果に限界がある。また,特区に対して減税や補助金を大幅に上乗せするのも,国の厳しい財政事情からみると,難しい。

　したがって,質的な面で経済特区を考えることが今後の中心理念になるだろう。なかでも,規制の緩和を先進的に実施することは,有効な手法である。規制緩和を中心とする特区なら財政を悪化させることなく,地域の活性化や新産業の創出を図れる。また,特区だけに限定して緩和してみれば,効果や問題点がわかるはずである。これまで規制で保護されてきた分野で規制を緩和する経済特区が,有望な特区となるだろう。たとえば,農業,医療分野や国際分野を中心とする特区を目指し,農業や病院への株式会社参入,外国人研究者のビザ要件の緩和などを打ち出した自治体もある。

　ただし,特区による差別化は期限限定で行う方が望ましい。成功した特区を参考にすれば,これまで規制や保護の理由としてきた安全性などの視点からの根拠が,どれだけもっともらしくないのかが明確になる。特区の経験を活用して,望ましい規制改革はすみやかに全国に広く適用すべきである。

10

国際経済

　人，もの，カネが国際的に移動するにつれて，経済政策も国際的な視点が重要になってきている。本章では，国際経済を想定して経済政策について説明する。まず，為替レート（たとえば，円とドルの交換レート）がどのように市場で決定されるのかを検討する。また，国際的な貿易や資本移動を考慮すると，閉鎖経済で議論してきた安定化政策がどのように影響を受けるのかも検討する。さらに，国際経済において日本が直面しているいくつかの経済政策（貿易の自由化，国際貢献，経済統合など）を取り上げる。

10.1 国際収支と為替レート

■ **国際収支の均衡**

　国際収支の均衡は，マクロ経済政策の大きな政策目標である。**国際収支表**とは，一国の居住者が非居住者に対して行う経済取引を統括的かつ統合的に記録するものである。すなわち，国際収支表は，ある財・サービス，資産の購入・販売をその実物面と決済の両面で記帳している。

　表 10.1 が示すように，国際収支表は，財・サービスの輸出入である**経常収支**勘定と対外資産・負債の増減を示す**資本収支**勘定の2つのカテゴリーに分類される。つまり，外貨準備の変動を除いたすべての対外資本・金融取引の受け取りマイナス支払いを，資本収支としてまとめている。

　資本取引は機能別に，投資収支とその他資本収支に分類される。このうち，**投資収支**には，直接投資，証券投資（金融派生商品の取引も含む），その他の投資（貸付・借入，貿易信用，現預金，雑投資）がある。**その他資本収支**には，資本移転，著作権，特許権の取得処分などがある。また，通貨当局が保有する**外貨準備の増減**のみが，資本収支勘定とは別に計上されている。

　経常収支の不均衡は対外資産の増減を意味する。たとえば，経常収支が黒字になると，ネットで対外資産が増加する。第1次近似として，サービス収支，移転収支を無視すると，経常収支の均衡は，貿易収支の均衡を意味する。したがって，輸出が増加し，輸入が減少すると，対外資産は増加する。

　短期的に国際収支が不均衡になることはあり得る。しかし，中長期的には国際収支が均衡していないと，国際的な貿易，資金融通のバランスが崩れてしまう。ある国がずっと輸入超過を続けていると，輸入財の代金の支払いが困難になる。あるいは，ある国がずっと資本を外国から借りていると，やがてはその返済に支障をきたすようになる。

　歴史的にみると，国際収支の大幅な不均衡は，戦争や大不況の引き金となってきた。第2次大戦後そうした過去の教訓を活かして，**国際通貨基金**

10.1 国際収支と為替レート

表 10.1　国際収支表

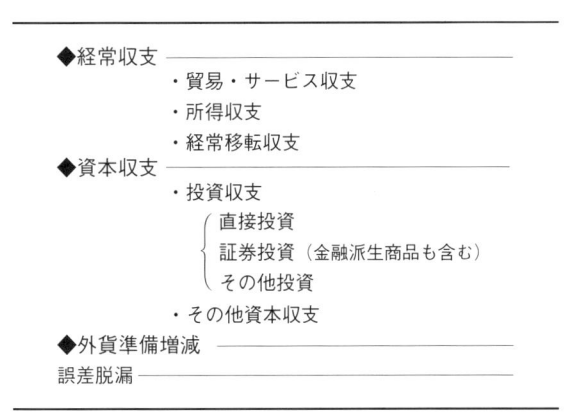

```
◆経常収支
    ・貿易・サービス収支
    ・所得収支
    ・経常移転収支
◆資本収支
    ・投資収支
        ┌ 直接投資
        ┤ 証券投資（金融派生商品も含む）
        └ その他投資
    ・その他資本収支
◆外貨準備増減
誤差脱漏
```

(IMF：International Monetary Fund) が設立され，国際協調体制が確立された。また，最近では，国際収支の均衡は，財政金融政策とともに，為替レートの調整によって行われている。

■ 為替レートの制度

為替レート制度には，為替レートをある所与の水準に政策的に固定したまま維持する固定レート制度と，外国為替市場での需給均衡にまかせる変動レート制度の2つがある。

わが国は1970年代前半まで戦後数十年にわたって固定レート制度を維持してきた。当時は，1ドル＝360円という固定為替レートだった。固定レートのもとでは，景気が良くなり輸入が増大すると，貿易収支が赤字になった。そして，外貨準備が減少して，そのままでは1ドル＝360円が維持できなくなってしまう。そこで，政府は金融政策を引き締めて，景気の過熱を防ぎ，輸入の増加を抑えた。さらに，ドルが外国に逃げないように資本移動を制限したり，為替管理政策を遂行した。その結果，景気は好況から不況に転じる。また，景気が悪くなりすぎると，金融緩和政策を採用して，景気を刺激した。このように金融政策によって景気変動が生じる現象を，「ストップ・ゴー政策」と呼んでいる。

その後は変動レート制度に移行し，為替レートが外国為替市場で毎日変動している。1980年代以降の為替レートの推移をみると，80年代前半には平均230円ほどの円安ドル高時代が続いた。しかし，85年後半からは一直線の円高が進行した。そして1995年には一時80円を突破する水準（79円）まで円高が進展した。その後は，また120円を超える円安を記録するようになっている。戦後数十年間の長期でみると，円高傾向が続いている。これは日本経済が国際的に大きな地位を占め，日本が国際社会においてストック大国となっていくプロセスに対応している。

■ 為替レートの決まり方：金利裁定

変動為替レート制度の基本は，市場で為替レートが決定されることである。しかし，株式市場など他の市場と異なり，為替市場では政策当局の介入を受けやすい。市場で決まる為替レートをどの水準に誘導するかは，政策当局の大きな関心事である。

為替レート，たとえば，円とドルの交換レートはどのようにして決まるのだろうか。政策当局の介入や誘導を所与とすると，為替市場も，リンゴやミカンなど通常の財市場と同じく，需要と供給が一致するところで，値段（円とドルの交換レート）が決まる。円を売ってドルを買いたい人が多くなれば，ドルの需要が増加し，円の供給が増加するから，ドルの値段が高くなり，円の値段が安くなる。つまり，それまでよりも円安になる。たとえば，当初1ドル＝100円の為替レートが1ドル＝120円に変わる。

為替市場で需要と供給に影響する大きな要因は3つある。金利，期待，購買力平価である。以下，それぞれについて簡単に説明しよう。

そのうちの1つは，金利である。たとえば，日本の金利と比べて，アメリカの金利が上昇すれば，資産を運用する場合に，アメリカで運用した方が収益がより有利になる。その結果，円を売ってドルを買う動きが強くなり，円安ドル高になる。特に，国際的に資金移動が自由に行われるようになった1980年代以降，金利の格差は為替レートに大きな影響を与えている。こう

した資金移動を，**金利裁定**と呼んでいる。

ところで，その国の金利水準は，その国の中央銀行の金融政策で動かすことができる。公定歩合を引き上げれば，その国の金利水準は高くなる。したがって，各国の中央銀行がどのような金融政策を採用するかが，為替レートの決定にも重要である。1980年代後半には，アメリカのドル高を容認するような金融政策を各国が採用した。そして，実際にもドル高が進展した。これは，「プラザ合意」と呼ばれた。

■ 為替レートと期待

為替レートの変動に大きく影響するのは，人々の**期待**である。円とドルとの交換レートの現実の動きをみてわかるように，為替レートは日々大きく変動している。国際経済や各国の金融政策に対する予想が不安定，不確実だからである。

ところで，将来に対する期待は合理的に形成されるだろう。今よりも将来は円高になるかもしれないし，円安になるかもしれない。しかし，投資家が現時点で最善の予想をしている以上，予想外に円高になるのか円安になるのか，予想が外れたとしても，その方向に大きなバイアスはないはずである。いいかえると，現在までの為替レートの動きで，次期の為替レートがどう動くかは説明できない。たとえば，これまでの為替レートが上昇していたとしても，次期の為替レートが現在よりも上昇するとは限らない。もし，次期にたしかに上昇すると期待されるのであれば，その期待が生じた時点（つまり現在の時点）で，為替レートは上昇しているはずである。現在から将来への実際の変化は，あくまでも予想されなかった**新しいニュース**に反応したものである。

中央銀行が金融政策を変更しても，それを市場があらかじめ正しく予想しているときには，実際の政策変更で，為替レートが動くことはない。それは，すでに織り込み済みの情報だからである。したがって，予想外の金融政策の変化だけが，その時点での為替レートに影響する。そして，それが大きいほ

ど，為替レートも大きく変動する。逆にいえば，政策当局も，予想外の政策変更で為替レートを変動させようと試みる。日々の為替レートの変動は，市場関係者と政策当局の間の情報合戦の結果でもある。

■ **購買力平価**

為替レートに影響するのは，金融的な側面だけではない。それぞれの国での一般物価水準の相違も為替レートに影響する。たとえば，ハンバーガー1個が日本で100円，アメリカで1ドルだとしよう。1ドル＝100円の為替レートのときに，同じハンバーガーは世界中で同じ価格で販売される。もし，1ドル＝200円であれば，日本のハンバーガーをドル価格で表せば，2ドルになる。このとき，アメリカのハンバーガーよりも割高になる。逆に，1ドル＝50円なら，割安になる。

このように，同じ財を国際的に同じ価格にする為替レートを，**購買力平価**に基づく為替レートと呼んでいる。もし，すべての財が国際的に移動できるなら，長期的には為替レートは購買力平価の水準で決まる。上の例でいえば，1ドル＝200円のレートなら，日本のハンバーガー企業は日本でハンバーガーを売るよりはアメリカでハンバーガーを売るだろう。日本で100円でつくれるのであれば，アメリカでは50セントで売ることができ，アメリカ企業の販売価格1ドルよりも有利に商売できる。その結果，日本からアメリカへの輸出が増加する。日本企業にドルがたまる。したがって，為替市場では，ドルの供給が増加するから，円高＝ドル安に為替レートは動く。長期的には，購買力平価の水準が実現するまで，貿易の不均衡（日本からアメリカへ輸出）が続く。

すべての財が貿易されるのであれば，購買力平価は為替レートを決める有力な決定要因である。こうした観点からみれば，各国の国内物価水準に影響を与える貿易面での政策（たとえば，輸入制限，関税，非関税障壁など）も，長期的に為替レートに影響する。

10.2 国際経済と安定化政策

■ 財政政策の効果：固定レート制度

為替レートの変化を考えない固定レート制度のもとで，財政政策の効果を分析しよう。外国との貿易を考える開放経済では，閉鎖経済での財政政策の効果は，以下のように修正される。

第5章で説明したように，閉鎖経済では政府支出拡大の乗数効果は，限界貯蓄性向の逆数 $1/(1-c)$ で与えられた（ここで c は限界消費性向である）。開放経済では，政府支出拡大の乗数効果は，$1/(1-c+x)$ になる。ここで x（0と1の間）は**限界輸入性向**である。これは，GDP が1円だけ追加的に増加するとき，どれだけ輸入が増加するのかを示すものである。

つまり，限界輸入性向 x が入っている分だけ，乗数の値は閉鎖経済の場合の政府支出乗数 $1/(1-c)$ よりも小さくなる。その理由は，政府支出の増加によって，総需要が拡大するときに，その一部が輸入需要に回るからである。閉鎖経済では，すべての需要は国内の生産に向かっていた。しかし，開放経済では，需要の一部は輸入需要として外国の生産に向かう。その大きさが限界輸入性向である。

したがって，限界輸入性向が大きいほど，国内の総需要の増大がその分だけ抑制される。その結果，乗数も小さくなるから，開放経済の方が公共事業拡大効果は小さくなる。いいかえると，日本の財政政策の効果の一部は，外国への追加需要となり，外国の GDP を拡大する効果に消えてしまう。

■ 外国からみた財政政策

上の議論を，外国の立場で考えてみよう。逆に，外国から日本への需要が増加すれば，日本の GDP を増加させることができる。外国から日本への需要は，日本からみれば輸出である。したがって，日本の輸出が1兆円増加すれば，日本の GDP は $1/(1-c+x)$ 兆円増加する。すなわち，開放経済で

の政府支出乗数は,輸出の波及効果を表す乗数と考えることもできる。これを,**外国貿易乗数**と呼んでいる。

外国へ輸出が拡大すると,乗数倍だけ GDP が拡大して,また雇用の増加も生じる。いいかえると,外国が積極的な財政政策をすれば,日本からの輸出が増加するから,日本にとってプラスの波及効果がある。また,財政政策でなくても,外国が日本の輸出を増加させる政策を採れば,同じ効果が生じる。

わが国での具体例は,アメリカの戦争特需である。朝鮮戦争やベトナム戦争の際に,アメリカからの戦争需要がわが国の総需要の拡大に寄与した。戦争それ自体は,莫大な経済的費用をもたらすが,外国での戦争は,周辺の国からみれば,輸出が増加する絶好の機会となる。

このように拡張的な財政政策は,外国にプラスの波及効果をもたらす。したがって,たとえば,アメリカは常に日本に積極的な財政政策を求める。たとえ,それで日本の財政赤字が拡大して財政が悪化しても,それは日本の国内問題である。特に,アメリカにとっては,自国(アメリカ)で景気が低迷しているときには,外国(日本)に積極的な財政政策を期待しがちである。同様に,90 年代のアメリカの好調な経済は,わが国にプラスの波及効果をもたらした。

■ 財政政策の効果:変動レート制度

次に,変動レート制度のもとで財政政策の効果を考えてみよう。このとき,為替レートは為替の需給が一致するように市場で決められる。ここで,資本移動がまったくないケースを想定する。すなわち,何らかの制度的要因(規制など)によって**資本移動がゼロ**のとき,国際収支,経常収支と貿易収支は一致する。そして,純輸出(輸出マイナス輸入)がゼロになるように為替レートが決まる。

したがって,マクロ財市場の均衡条件は閉鎖経済と同じになる。すなわち,

GDP =民間消費+民間投資+政府支出

という均衡式が成立するように，GDPが決まる．いいかえると，均衡GDPは閉鎖経済のモデルと同じ水準になる．財政政策の効果も，閉鎖経済の議論がそのまま当てはまる．政府支出の乗数の効果は，限界輸入性向がどんなに大きくても，閉鎖経済の場合と同じになる．これが，**変動為替制度の隔離効果**である．

たとえば，外生的な理由で外国において日本に対する需要が増加して，日本の輸出が増加したとしよう．輸出の増加は，為替レートの調整（円高）によって，同じ額だけの輸入の増加をもたらす．つまり，輸出の増加でドル売り，円買いの圧力が為替市場で生まれて，円高，ドル安になる．円高によって外国の財が今までよりも安く購入できるようになり，輸入が刺激される．輸入の増加で輸出の増加が完全に相殺される．

次に，**資本移動**があるケースを考えよう．ここで資本移動が非常に活発であり，外国と国内との金利差に即座に反応するとしよう．資本移動が完全であるケースでは，国内の利子率は外国の利子率と同じになる．自国が，世界の中で小さな国であれば，外国の利子率と同じ利子率が国内でも決まるように，国際的に資本が移動する．

ここで，政府支出のマクロ経済波及効果を考える．第6章の*IS/LM*のモデルで説明したように，GDPが増加するとともに，利子率が少しは上昇する．外国と比べて，国内の利子率が相対的に高くなるから，資本の流入を引き起こす．その結果，ドル売り，円買いの圧力が大きくなり，為替レートは増価（円高）になる．

円高は日本の輸出を抑制し，日本の輸入を刺激する．輸出する場合に，ドル・ベースで同じ収益を上げても，それを円に交換するときに，今までよりも不利になる．したがって，輸出するメリットが小さくなる．逆に，輸入は刺激される．輸出の抑制，輸入の増加は，純輸出を減少させて，日本のGDPを減少させる．これは，利子率を低下させる圧力になる．そして，日本の利子率が元の水準まで低下してはじめて，国際的な資本移動は収まる．このとき，GDPは元の水準に戻るはずである．つまり，財政政策の効果は

為替レートの調整で完全に相殺されるため，乗数の大きさはゼロになる。

■ 金融政策の効果：固定レート制度

次に，金融政策の効果を考えてみよう。まず固定レート制度のもとで議論する。最初に，**資本移動がなく**，国際収支は貿易収支に等しくなる場合から考える。このとき，拡張的な金融政策を採用すると，閉鎖経済と同じく，GDPは増加し，利子率は低下する。GDPの増加は消費を刺激するが，その一部は輸入需要の増加となる。つまり，GDP増加の波及効果の一部は，財政政策の場合と同じく，輸入の増加となって，外国のGDPを増加させる。その分だけ金融政策の乗数効果は，閉鎖経済の場合よりも小さくなる。この点は，財政政策のケースと同じである。

次に，**資本移動が完全**であって，自国の利子率が外国の利子率と等しくなるケースを考えよう。拡張的な金融政策によって，資本移動がない場合と同じように，GDPは増加し，利子率は低下する。しかし，利子率が低下すると，外国に資本が流出していく。これは，円売り，ドル買いの圧力になる。中央銀行は，手持ちのドルを売って，この圧力に応えようとする。しかし，自国の利子率が外国の利子率よりも低い限り，円売り，ドル買いの圧力がずっと続く。自国が小国であれば，外国の利子率に自国の利子率が一致することが均衡条件となる。その結果，最終的に中央銀行は国内の金利を元に戻すような政策を採らざるを得なくなる。つまり，固定相場では独自の金融政策がとれない。また，その効果もなくなる。

■ 金融政策の効果：変動レート制度

資本移動がない場合は，財政政策のケース同様，純輸出がゼロになるように，為替レートが調整される。したがって，財政政策の効果と同様，金融政策の効果も，閉鎖経済の場合と同じになる。つまり，固定レート制度の場合と比較すると，GDPの拡大による輸入需要の増加で，需要増加の一部が国内生産ではなくて外国生産に向かう効果はない。したがって，固定レートの

場合よりも，金融政策の効果は大きくなる。

　次に，**資本移動が完全**なケースを考えよう。このとき，拡張的な金融政策によって，利子率は低下する。そして，利子率の低下によって資本が外国に流出する圧力が加わる。その結果，為替レートが減価する（円安になる）。したがって，純輸出が刺激される。これは，財市場での需要の増加をもたらすから，さらに所得が増大する。したがって，拡張効果は円安によって増大される。こうした為替レートの調整は，利子率が元の水準（外国の利子率と同じ水準）にもどるまで続く。すなわち，金融政策の効果はかなり大きくなる。

　資本移動が完全の場合，変動レート制度では財政政策は無効だった。金融政策の効果は，これと対照的である。いいかえると，資本移動が完全な世界では，固定レート制度で財政政策が有効であり，変動レート制度で金融政策が有効になる。

10.3 国際経済と日本経済

■ 円高のメリットとデメリット

日本経済は高度成長を続けて，GDP が増加するとともに，国際化も進展した。それにつれて，円高が進んだ。円高の最大のメリットは輸入財が安く買えることである。輸入財を用いて生産する企業では，生産費が安くなる。円とドルの交換条件が日本にとって有利化するから，たとえば，原油価格が上昇しても，日本国内での石油価格を引き上げなくてすむ。外国でインフレが起きても，日本のインフレを抑制することができる。

また，海外に出かけて有利なレートで円を現地の通貨に交換できる。その結果，海外旅行が得になる。また，外国にある土地などの不動産や資産も有利な条件で購入できる。このように，国民経済全体で円高はさまざまなメリットをもたらす。

他方で，円高によってもっとも厳しい影響を受けるのは，輸出企業である。外国通貨での販売価格が変化しなければ，円高による分だけ，円ベースでの収入は減少する。また，円高になると国内の資源を用いて生産するより，安い価格で資源を調達できる外国で生産する方が，得になる。なかでも，労働や土地などの生産資源は国境を超えて容易に移動が行われない非貿易財だから，そのような生産要素を集約的に用いる産業は，外国に生産拠点を移動する。こうした動きは，国内の生産拠点の減少を意味する。これが，空洞化現象である。

■ 企業の海外移転と空洞化

このように，円高の結果，企業が海外に拠点を移動すると，わが国の国内では産業基盤が損なわれ，経済が空洞化する。企業の海外進出によって，その分だけ国内での企業の拠点が減少して，国内での雇用も減少し，そこに集積していた地域経済は深刻な打撃を受ける。

しかし，こうした動きにはプラスの面もある。つまり，企業の収益は改善する。企業は国内に立地するよりも採算上望ましいと考えて，外国に拠点を移す。したがって，企業の採算面では当然プラスの効果が期待される。これは，日本の株主にとってもプラスである。空洞化といっても，すべての産業が外国に逃げ出すわけではない。日本で生産する方がメリットのある産業や企業は日本に残るし，また，そうした分野では外国から企業が進出してくる。

また，進出先の現地では，雇用の増大や日本からの技術移転というプラスの効果も期待できる。さらに長期的には，日本からの企業の進出によって，進出先の外国では経済発展が軌道に乗ることが予想される。こうなれば，相乗効果として日本からの輸入（＝日本にとっては輸出）の増加も期待される。このように，長い目でみれば，空洞化も日本経済の活性化にプラスになるだろう。

以上を総合すると，短期的には日本の雇用にある程度のマイナスの効果は避けられないが，長期的には日本にとってもプラスになる可能性は高い。そうしたプラスの効果をより大きくするためには，政策面での対応も必要である。1つは，日本の労働者が比較優位をもっているか，あるいは，日本の消費者が必要としている企業を日本に誘致することで，国内での産業基盤を補強することである。そのために，外国企業が進出しやすい透明な税制，国際的にも魅力ある法人税（法人税の減税）が重要であろう。また，国内での新しい産業，企業を発展させるために，ベンチャー・ビジネスに対する政策面での支援も有益である。

ところで，労働者にとっても自らの人的な資源をより蓄積して，付加価値を増大させることで，流動化していく雇用情勢のもとでも，有利な雇用機会をみいだすことが可能になる。そのためには，労働市場での規制緩和や人的な投資に対する税制上の支援措置も有益である。

■ WTO

世界貿易機関（WTO：World Trade Organization）は，国家間貿易につ

いての世界的なルールを扱う国際機関である。WTO の主要な機能は，貿易が可能な限り円滑に，予測可能に，そして自由に行われるように国際的な環境を整備することである。

WTO の前身で 1947 年に発足したガット（GATT : General Agreement on Tariffs and Trade）は，世界貿易の自由化とルールを策定することにより，その拡大に貢献してきた。そのガットにおいて，貿易の拡大を目指した各国間の交渉は，「ラウンド」と呼ばれる集中的な交渉形式で行われてきた。その主な理由は，さまざまな交渉項目の間の取引を可能にする「ラウンド」形式によってはじめて，利害の異なる国々の立場の調整が可能となったからである。WTO となった現在においても，この基本的状況は変わっていない。このように，多角的貿易体制の機能を維持，強化していくことは，これまでガット・WTO 体制の下で自由貿易による恩恵を享受して経済発展を遂げてきた日本にとって，重要な政策課題である。

関税の引き上げや輸入制限を縮小することは，わが国のように多くの資源を外国に依存し，外国貿易から大きな利益を得ている国では，重要な政策目標である。その際に，1 つの政治的制約になっているのが，農業保護の問題である。コメをはじめ，国内農産物の価格競争力は弱い。自由貿易を農業に拡大すると，日本の農家にとって大きな打撃となる。

■ セーフガード

セーフガードとは，輸入急増による国内産業への重大な損失が生じている場合に，その輸入を制限する緊急措置であり，一定の条件下で国際的に認められている。その発動要件は以下の 3 点である。

(1) 外国における価格の低落その他予想されなかった事態の変化による輸入量の増加があること
(2) 輸入の増加により国内産業に重大な損害またはそのおそれが生じていること
(3) 国民経済上緊急に必要があること

これらの要件を満たしている場合，輸入制限のために，関税引き上げあるいは輸入数量の制限が認められている。

「一般セーフガード」を発動するには，輸入増加の事実およびこれによる国内産業の重大な損害について十分な証拠を提示しなければならない。なお，調査完了以前でも，緊急を要する場合には，「暫定セーフガード」が発動できる。ただし，その場合は関税引き上げのみであり，また，200日以内とされている。わが国では一部の農産物に対して，中国からの輸入が急増したケースで「暫定セーフガード」を発動した。セーフガードは，あくまでも緊急措置であり，むやみに発動すべきものではない。自由貿易の原則を維持しながら，国内産業の価格競争力をつけるとともに，それでも対抗できない場合は，より付加価値の高い製品や分野に資源を移動するような政策も必要である。

10.4　国際化と日本の役割

■ 国際化と政府の役割

国際化の進展は経済全体を活性化して，その国にとってプラスに働く。ところで，GDPに占める貿易量の大きさや資本移動の大きさでみた国際化が進展している国ほど，政府支出も大きくなっている。わが国も戦後の高度成長期を経験して，経済規模が大きくなるにつれて，貿易面でも金融面でも国際化が進展し，同時に，財政規模も大きくなった。これは，国際化に伴って生じるマイナスの影響に対応するためである。

第1にリスクの増大がある。たとえば，貿易量が拡大すると，自国が比較的生産性の高い財やサービスの生産に特化する傾向が生まれる。その結果，外国での天候不順や戦争などのショックがあると，自国で生産していない財の輸入価格が大幅に上昇して，国内経済に悪影響を与える。1970年代に発生した2度の石油危機がその例である。そうしたショックを緩和するには，あらかじめリスクを軽減するような経済援助などの財政支出や，また，ショ

ックが起きた後での景気対策など政策的な対応が必要となる。

また，国内での産業が国際的な競争にさらされる結果，競争力の弱い産業では失業や倒産などの調整が起きる。たとえば，わが国では農産物の輸入自由化に対する外国からの圧力が高くなり，コメも含めて国内の農産物が外国との厳しい競争に直面するようになった。その結果生じる国内農家の不満を緩和するために，財政的な支出も増加する。このような財政支出の増大は，国際化に伴う国内的な調整を円滑に行うためのコストである。

■ 国際公共財と日本の役割

安定・協調的な国際政治・経済システムは，国際社会にとって必要不可欠なものであるが，排除不可能性と消費の非競合性という性質をもつため，**国際公共財**という視点でとらえられる。国際社会を構成する各国がそうしたシステムを維持するために要する資金を，それぞれがその国の経済状況に応じて，応分に負担していかなければならない。最近，国際貢献という言葉が，国際社会における日本の役割を論ずる際に1つのキーワードとして用いられている。これは，国際公共財に対する負担として理解することができる。すなわち，わが国に対して国際貢献が期待されているのは，わが国の経済成長の結果わが国の国民所得が増加し，応分の負担が求められているからである。

まず，純粋な国際公共財に対する日本の負担から考えよう。日本の公共財負担が増加すれば，その便益は世界中に及ぶ。外国はそれによって経済厚生が上昇し，国際公共財の負担を減少させて，私的な消費を増加できるだろう。いわば，わが国の負担に外国がただ乗りする状況が生まれる。その結果，外国の経済厚生は増加する。国際公共財の負担の調整によって，日本の経済成長の便益が日本のみならず，広く世界中に拡散する。

日本が今や世界でも有数の経済大国であることを考えると，まず国際機関のさまざまな活動を支援したり，地球規模での環境保全に取り組むなど，純粋公共財としての国際公共財の負担を中心に，わが国の国際貢献を考えるべきであろう。これは，日本の経済成長の果実を世界全体でわかち合うことを

意味する。純粋公共財として国際公共財を日本が供給する場合には、世界中に便益が及ぶというメリットがある反面、日本の負担の増加が他国の負担の減少を引き起こし、結果として、世界全体としての供給量があまり増加しないという可能性もある。

■ 準公共財の供給

また、**準公共財**としての国際公共財を日本が供給する場合には、日本の貢献がはっきりと世界に明示されるというメリットがあるが、準公共財に対する評価は国によって異なるから、結果として日本の貢献が意図した効果をもたらさない可能性もある。

また、準公共財の場合には、その便益は特定の地域や国に限定される。したがって、どういう意味で日本の負担がわが国の利益になるのかを明確に国民に説明することも重要であろう。その国に対する援助が慈善活動として正当化できる場合もあるだろうが、単に外国の圧力に応じて支出するのであれば、国民の支持は得られない。

なお、国際貢献が日本にとってプラスになるルートは、便益の外部性ばかりではない。各国の経済成長が相互に依存し合っている長期的視点に立つと、対外援助によって世界経済全体のシステムが安定化、活性化することで、結果として日本の経済成長にもプラスに働く可能性もありえる。第9章で説明したように、今後成長が期待できる国や地域に援助することは、わが国にも大きな波及効果がある。そうした生産面でのメリットも対外援助では重要である。

■ 国際貢献と援助

国際貢献とは、国際社会において日本が有益な役割を論ずることである。わが国の国際貢献が期待されるのは、経済成長の結果わが国の国民所得が増加したからである。GDPの規模は、アメリカに次いで世界で2番目の経済大国である。他方で、世界のなかには、経済的に低迷している国、その日暮

らしの所得もままならない人々がたくさんいる。したがって，経済大国となったわが国には，世界中から援助の期待がある。

ODA（Official Development Assistance：政府開発援助）など日本の海外援助は金額ベースでは着実に増大し，世界でも有数の援助国になっている。日本の援助の大きな特徴は，贈与ではなく借款の比重が大きいことである。すなわち，贈与の場合には，相手国がそれを自由に使ってかまわない。これに対して，借款の場合には，低利であっても有償の資金提供だから，長期間で返済される貸し付けである。

日本の借款方式は，紐付きの援助との批判もある。しかし，長期的な観点でみると，日本の援助の中心となってきたASEAN（Association of South East Asian Nations：東南アジア諸国連合）諸国の経済発展がめざましいのに対して，アメリカやヨーロッパ諸国の援助の中心となってきたアフリカなどでは，それほどの経済発展はみられない。その理由の1つとして，援助の効果の相違がある。第3章で説明したように，日本の援助は公共事業など経済の基盤整備を中心とした長期的な発展に役立つものだった。これに対して，他の国の贈与の場合には，消費的な支出に使われる傾向があり，長期的な経済の発展にはあまり役立たなかったことが指摘されている。

■ 経済統合と民族の自立

現在の世界経済システムは，WTO（世界貿易機構）やIMF（国際通貨基金）に代表されるような単一の世界全体を包括するシステムとはみなせない。むしろ，EU（European Union：ヨーロッパ連合）など，地域的に関連する諸国間で地域経済連合を結成する動きの方が活発である。このような**経済統合**の集まりとして，世界の経済システムを理解することができる。

各国が世界全体の経済統合よりも先に，地域ブロックに参加するのには，いくつかの理由がある。国際的に企業や人が自由に動いている現状では，経済的に密接な関係にある国々の間で人為的な障壁（関税や規制など）があると，経済活動に支障をもたらす。自由な経済貿易体制を構築することで，域

内での経済活動を活発化させ，市場を発展させて雇用を創出することが期待できる。世界全体を統合するには，経済状況，民族，宗教価値観などいろいろな面で問題が多い。似たような国同士で貿易，資本調達の面で自由化を進める方が，世界全体を統合するよりも，現実的であり，メリットも大きい。

また，EUのように通貨統合まで実現している場合には，安定的な資本・金融取引を通じて，金融政策の一本化や政治的な統合までも考慮することが可能となる。さらに，経済統合にはもう1つの重要なメリットがある。それは，域内での公共サービスを共同して負担することで，一国あたりの負担を少なくして，より大きな便益を享受することである。このような便益は，ある程度地理的にも近く経済活動が密接に相互依存している国同士でないと，享受できない。したがって，世界全体ではなくブロック単位での統合がまず行われる。

日本の場合は，地理的に近い東アジア諸国が経済成長を続けている。そうした国々との連携を図ることは有益だろう。

■ 環境と南北問題

経済成長は，マクロ経済政策の大きな目標である。わが国を含めて，これまでほとんどの国は高い経済成長を実現するように，経済政策を実施してきた。しかし，21世紀の世界経済をみると，成長だけが必ずしも重要な政策目標ではない。地球環境の保全も重要な関心事となっている。

地球環境保全に対しての取り組みでは，すでに経済的に発展を遂げてきた先進諸国とこれから経済成長を加速させようとする途上国とで，熱意に差がある。一般的に先進国では環境問題への関心も高く，地球規模での環境保全のために政策的な対応も含めて，積極的な姿勢がみられる。これに対して，途上国では環境よりもまず経済的発展や貧困の解決が優先順位として高く，環境保全に消極的な対応がみられる。これは，いままで先進諸国が環境を犠牲にして発展してきた「つけ」を，今度はこれから発展しようとする途上国にも負担させられるのでは，不公平であるという途上国からの反発もその背

景にある。これが，地球環境保全に関する**南北問題**である。

　環境問題に対しては，課税面での手段も有力である。それはエネルギーの消費に対して税金をかけるという「**環境税**」である。これは課税ベースが非常に広いので，税収は相当の規模である。もちろん，環境税は企業の経済活動にはマイナスに働くし，具体的な課税ベースの検討は今後の課題であろう。しかし，経済が発展して豊かな国になるにつれて，環境に対する関心がより強くなるのは，わが国のみならず世界的な傾向である。また，国際的にも，最近一部のヨーロッパ諸国では環境税が導入されており，他の地域でも協調して環境税を導入しようという動きもみられる。

　炭素税など環境税の導入は国際的な波及効果の大きい政策であるから，ただ乗りの問題もある。わが国が環境税を導入して，エネルギーの消費を抑制すると，それによって便益を受けるのは，わが国ばかりではなく，東アジアの他の諸国も同様である。逆に，たとえば中国が環境対策をおろそかにして，経済発展至上主義でエネルギーの消費を拡大し続けると，中国のみならずわが国にとっても環境の悪化というコストを被る。したがって，日本だけが環境税を導入すると，中国は得をし，その結果ますます中国の環境対策がおろそかになると，日本はかえって環境税の導入によって損をするかもしれない。

　このような現象は，ゲームの理論でいう「**囚人のジレンマ**」の状態であり，お互いに利己的な利益のみで環境対策をやろうとすると，まじめに環境対策をやる国が結果として損をするから，どの国も環境対策をしなくなってしまう。こうしたお互いに不幸な状況から抜け出すには，国際的に協調して環境税などの導入を実施することが必要となる。

　また，CO_2の**排出権**を国際的に取り引きする市場を設定することも有効である。その場合，当初の排出権の割り当てを途上国に有利に配分すれば，途上国は排出権を先進国に市場で売却して，所得を得ることができる。すなわち，排出権の総量を規制することで，地球全体の環境汚染を抑制すると同時に，排出権の割り当てを通じて，国際的な所得再分配も実現できる。

　こうした地球環境問題に関する利害の対立は，経済成長に対する評価の相

違によるものである。先進国ではすでにある程度成長したので，今後は成長よりも環境を重視しがちである。途上国も今後成長が進展すれば，その後は環境問題にも関心をもつようになるだろう。南北問題の解決にも，途上国の成長が不可欠である。

━━ コラム⑩

自由貿易協定

　経済グローバル化が進展するなか，自由貿易体制の維持強化はますます重要である。理想としては，WTO のような世界全体を包括する取り決めの果たす役割が大きい。しかし，現実には，むしろ，WTO で実現できる水準を越えた，あるいはカバーされていない分野における連携の強化を図る手段として自由貿易協定 FTA を結ぶ動きが活発化している。これには 3 つの協定が含まれる（外務省 HP: http://www.mofa.go.jp/mofaj/gaiko/fta/policy.html 参照）。

　自由貿易協定（FTA：Free Trade Agreement）：物品の関税及びその他の制限的通商規則やサービス貿易の障壁等の撤廃を内容とする GATT 第 24 条及び GATS（サービス貿易に関する一般協定）第 5 条にて定義される協定。

　経済連携協定（EPA：Economic Partnership Agreement）：FTA の要素を含みつつ，締約国間で経済取引の円滑化，経済制度の調和，協力の促進等市場制度や経済活動の一体化のための取組も含む対象分野の幅広い協定。

　地域貿易協定（RTA：Regional Trade Agreement）：FTA と関税同盟の双方を含む概念。関税同盟は参加国間の共通通商政策を前提として，対外的には共通関税を設定することが FTA と異なる。関税同盟の方が FTA より参加国内の統合度は高い。

　WTO のような包括的な取り決めではなくて，2 国間や地域内という限定された範囲内で自由貿易協定を推進する具体的メリットは，次の 2 つの観点から議論できる。第 1 に，経済上のメリットである。すなわち，自由貿易協定が締結されれば，その範囲内では輸出入市場が拡大して，より効率的な産業構造への転換が促進される。当事者間では経済的な相互依存関係が密接化することで，経済的な対立も少なくなる。第 2 に，

政治外交上のメリットである。経済的な相互依存を深めることにより相手との政治的信頼感も生まれる。

ただし，自由貿易協定といっても地域限定の取り決めであるから，WTO協定との整合性が問題となる。たとえば，地域貿易取り決め（RTA）形成前よりも，当事者以外の国に対して関税等が制限的なものであってはならない。当事者間でも，実質上のすべての貿易について，関税その他の制限的通商規則を廃止する必要がある。

また，国内産業への影響をどの程度配慮するかも政治的には重要な問題点である。特にわが国の場合は，農業分野で手厚い保護政策を採用しているため，地域を限定する場合であっても，その範囲内ですら，自由貿易協定で農業分野を開放することには，国内農業生産者や政治家からの抵抗が根強い。短期的には，農業分野での開放は，国内生産者にとって経済的に損失だろう。しかし，日本の市場開放から生じる痛みを伴わずにFTAによる国民経済全体での利益は確保できない。中長期的に，日本の産業構造をより生産性の高いものに変えるうえで必要なプロセスだと考えるべきである。自由貿易協定を締結しなくても，長期的には農業分野における市場開放と構造改革の推進は避けて通れない。そうであるなら，自由貿易の利益を国民全体がより享受できる方向へ早めに動く方が有益である。

日本は東アジア，北米，欧州の3地域を主要パートナーとしており，この3地域が日本貿易の8割を占めているが，地理的に密接な関係にある東アジアとのFTAが大きな利益を生み出すだろう。

11

政府と政党

　経済政策の問題を議論する際に，政策を決定する主体である政府の行動を考慮することは有益である。本章では，政府の行動について，その信頼性，政府と政党の関係などの視点から，いくつかの重要な問題を取り上げる。まず，なぜ政府は政策を変更するのかを考える。次いで，多くの国民の民意が政策に必ずしも反映されない理由を説明する。また，政党が独自の理念をもつ党派的な政党である場合，政権交代などで政策がどのように影響されるかを考える。最後に，最近のわが国でも現実性をもってきた連立政権の政策運営を取り上げる。

11.1 政府の信頼度

■ **政府の失敗**

　市場が失敗するのと同じく，政府の行動は必ずしも合理的ではなく，政府も理想的に行動しているとは限らない。現実の経済政策が多少とも失敗しているという実感は，多くの人々に受け入れられるだろう。

　経済政策が有効であるためには，経済主体が政府を信頼していることが前提となる。政府がある政策を決定しても，すぐにその政策が変更されると国民が考える場合には，その政策の効果は限定的となる。**政府の信頼度**についても，いろいろな考え方がある。たとえば，政府は国民経済全体の経済厚生を考慮している良識の府であり，民間部門よりも賢い存在であると考えて，最適な経済政策を実施するのが理想的な政府であるとみなす立場もある。これに対して，政府の政策はさまざまな利益団体の利害を反映して決まるし，政治家や官僚あるいは業界団体や労働組合などの利益集団は，自らの利害のことしか考えていないから，政府の政策は最適ではないし，信頼できないと冷ややかに考える立場もある。

　政府の目的は，現実には，公共のためにその社会の構成員の経済厚生を最大にするという理想主義的なものではなく，利害の異なる各経済主体（政党や，政治家，官僚，圧力団体など）の対立を調整しているにすぎないという考え方（**公共選択の理論**）である。この立場では，政府の行動は理想的なものではないから，市場メカニズムが完全であっても，**政府の失敗**による非効率や不公平は避けられない。標準的な経済政策論のアプローチが，理想主義的な経済政策を追求しているのに対し，現実の政治過程を説明しようとするこの立場では，経済政策の弊害を評価することに関心がある。

■ **政策変更のメリット・デメリット**

　朝決めた政策を夕方には変更してしまうという「朝令暮改」は，悪い政策

決定の代表とみなされることが多い。ある政策を決めた以上はその政策の効果が十分に出てくるまで見極めることが重要であり、短期間で**政策を変更**するのは、政策に対する不信感、さらにはその政策を決定した政府に対する不信感を増長させるだけだという批判である。これに対して、たとえば、予想外の大きなショックが生じた場合など、経済環境が当初に政策を決定したときと大きく異なっていれば、それまでのいきさつにとらわれず柔軟に政策を見直す方が望ましいという議論もある。経済環境が変わったのに、過去の政策にこだわり続けるのは、政府のメンツを維持するだけのことでしかなく、無益であるという議論である。さらに、過去の政策を変更しないでいると、既得権益が生じて、非効率で不公平になるという批判もある。

当初の政策をどこまで維持するのが望ましいのかという問題は、いろいろな視点で考えることができる。最近注目されている1つのポイントは、**動学的な不整合性**という概念である。もし、政府にとって将来の約束をして、将来新しい時点でもう一度考え直した場合その約束を実行するのが望ましくないような状況は、「動学的不整合な」約束と呼ばれる。この場合、政府の当初の約束が信頼できないと、民間の人々は考えるだろう。

理想的な政府は計画期間の当初に予算制約式や民間部門の行動を所与として、社会厚生を最大化するように政策ルールを決定する。この最適政策ルールは、政府が現在から将来にわたってどのような政策を決定すべきかを定式化している。しかし、将来時点になると、政府は当初のルールを変更することを望むかもしれない。もしそれが望ましい場合は、当初の最適政策ルールは「動学的不整合」になる。さらに、民間の経済主体がこうした政府の行動変化を予想すれば、結果として実現する均衡は最適にならない。

■ 動学的不整合性の例

経済政策において、動学的不整合性の有名な例は**資本課税問題**である。政府は計画期間の当初では将来の資本所得に対して低い税率で課税すると約束するのが最適な政策である。なぜなら、税率に資本蓄積は敏感に反応するか

ら，そう約束することで民間の経済主体が貯蓄を多くして，資本蓄積を促進することができるからである．しかし，将来時点では，資本蓄積はすでに過去の貯蓄の結果，与件となっている．この時点での最適な課税ルールは，固定的な課税ベースである資本ストックに対して，高い税率で課税すべきであると主張する．もし政府が将来時点で再決定できるとすれば，この課税ルールをもう一度見直して，高い税率で課税するように最適政策ルールを変更することが望ましい．しかし，民間の経済主体がこうした政府の首尾一貫しない政策対応を予期していれば，当初からあまり貯蓄をしない．結果として実現する均衡は，あまり望ましいものとはいえない．

現実の世界でも，ブッシュ元大統領の課税政策に関する公約はよい例である．1988年の大統領選挙の際に，彼は増税はしないと公約した．しかし，1990年の予算では民主党と妥協して，財政赤字削減のために増税に踏み切った．その後1992年の大統領選挙では資本利得課税の減税を公約したが，信用されず，再選を果たせなかった．

このような不整合性の例は，課税政策の他にもいくつも考えられる．人々が洪水多発地域に居住する例を想定しよう．そのような地域に居住するのは最適ではない．当初，つまり，人々が居住しない前では，政府の最適なルールは堤防を構築しないことであり，それによって人々がその地域に居住しないように誘導することである．しかし，人々はそうした政府の政策ルールを信用しない．なぜなら，人々が居住してしまえば，政府は堤防を構築せざるを得ないからである．ひとたび人々が居住してしまえば，洪水の被害を防止するために，巨額の費用を投じて堤防を構築するのが最適な政府の行動になる．したがって，当初の堤防を構築しないというルールは動学的に不整合であり，結果として人々はそこに居住してしまう．

誘拐犯のジレンマという例もある．誘拐された人質は，釈放されても誘拐犯のことを警察に知らせないから釈放してくれと頼むだろう．しかし，誘拐犯は人質をひとたび釈放すると，人質は必ず警察に犯人の情報を漏らすと考える．したがって，誘拐犯の最適な決定は人質を釈放しないことである．あ

11.1 政府の信頼度

るいは、政府の立場では、「テロリストとは交渉しない」というルールがある。テロが発生したあとで、このルールを適用する際にも、動学的不整合性の問題が生じる。

今度は、テスト採点の例を考える。テストの目的が学生に試験勉強をさせることであるとする。学生が試験勉強をした後では、当日に試験をする意味はない。そして、当日教師がテストを本当にするかどうかを再決定できるとすれば、教師はテストをしないのが最適になる。なぜなら、すでに学生は試験勉強をしているからである。

この例では、テストをすると予告しても、学生は信用しない。したがって、教師は当日試験をキャンセルするだろうと学生は予想する。その結果、結局学生は何ら勉強をしなくなる。教師の自由裁量にまかせないで、とにかくテストを必ず実施するという制約を課す方が、結果として望ましい。すなわち、政策当局の将来の行動について、その自由度を法律その他の制度的規制によって束縛する方が、結果として望ましい状況も考えられる。

■ 2つの手法

現在の政府は将来の政府の行動を拘束することができない。動学的不整合性がある場合、政府は政策を変更する誘因をもつ。あるいは、将来の政府が現在の政府と同じ目的をもつ政府であっても、時点が異なると、異なる政策をする誘因が生じる。

間接民主主義のもとでは、憲法ですら修正され得る。たとえば、アメリカでは所得税は南北戦争の後導入されたが、1872年に廃止された。1894年に再び導入されたが、1895年に憲法違反として、また無効になった。最終的に1913年に憲法が修正されて、ようやく正式に導入された。このように、政府は当初に設定した最適解から乖離する誘因をもっている。

分析を単純にするため、通常議論する経済政策の議論では、この問題を捨象している。すなわち、政府が当初の時点で決めた最適ルールに将来もコミットできるという前提で政策ルールを検討している。そこでは当初決定

された政策は変更できない。そして政府はそのルールに最後までコミットする。このケースは分析が比較的容易であるために、さまざまな政策ルールの特徴や政府の行動に関する政策含意を明示的に導出することができる。

これに対して、動学的に整合的であるケースでは、政府は各期に問題を解き直す。すなわち、政府は政策決定問題を毎期解いている。民間部門の経済行動も、一般的に将来の政府の政策に依存している。もし政府が民間のこうした反応を考慮し、また、経済主体の期待形成が将来を考慮したものであれば、当初に決定する政策ルールは時間が経つと最適ではなくなるから、動学的不整合となる。

政策当局が動学的不整合の問題に直面して、政策を時間とともに変更していくと、民間部門がそれを予想して行動するようになる。その結果、政策自体の効果は小さくなる。そうした状況は、政策当局が何も政策の変更をしない場合よりも、結果として民間部門の経済厚生を低下させることにもなる。

11.2 民意と政策

■ 直接民主制

民主主義的な政治プロセスが選挙民や納税者の意向を反映しているとすれば、結局は、選挙民の意向を意識して、経済政策が決定されることになる。**直接民主制**の代表例として、民主主義の基本ルールである**多数決原理**による**投票**で政策を決定する方法を考える。議論を単純化するために、まずこの節では、政党が存在しないで、有権者が直接政策を決定する状況を想定しよう。この場合、有権者間で選好や所得などに異質性があると、それぞれの有権者が望ましいと感じる政策に差が生じる。

多数決で実際の政策が決定されるとすれば、過半数の有権者は実際に採択される結果に100%満足するだろうか。実は、民主主義がうまく機能している場合でも、必ずしもそうではない。有権者間でばらつきがあれば、多くの有権者は結果として採択される政策に違和感を感じることもある。これが政

11.2 民意と政策

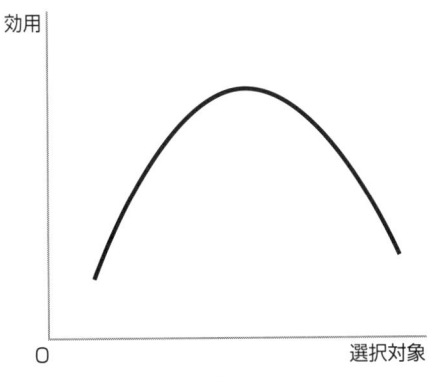

図11.1 単峰型の選好

治不信の要因になる。

直接民主制の下での投票による意思決定について，公共支出の決定メカニズムの理論的分析として，これまで数多くの研究がなされてきた。多数決原理における投票者の行動を分析したものとして，**中位投票者定理**がある。中位投票者定理とは，以下の3つの条件

(1) 投票対象となる公共サービスが1つに限られ，それをどの量まで供給するかのみが争点となる。

(2) すべての投票者の選好が単峰型である。すなわち，図11.1のように，選択対象に量的な大小関係がつけられる場合，各個人にとって効用（＝満足度）最大化点から離れるほど効用が単調に低下する。

(3) どの投票者もある2つの選択肢について投票する。

が成り立つとき，

「多数決投票によって中位投票者の効用最大化点が安定的，支配的な社会的決定として選択される」

ことを主張している。なお，中位投票者とは，全投票者について各投票者の最適点を小さい方から大きい方に順に並べたときの中位数となる投票者のことである。たとえば，投票者が5人いれば，中位投票者は選好の順位を並び替えたときの3番目の投票者である。また，(2)の例としては，100の公共

図11.2 中位投票者定理

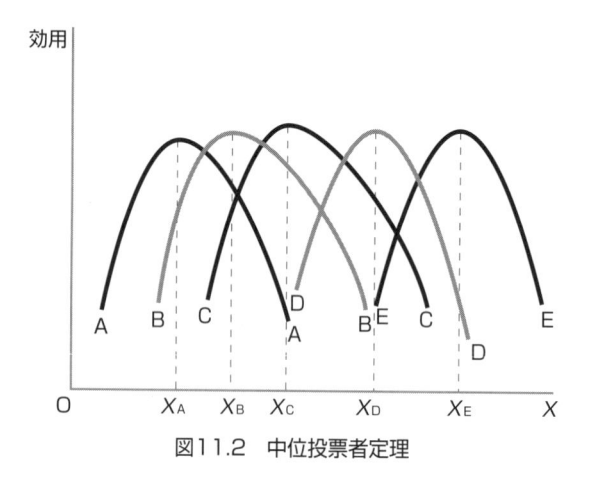

サービス水準が一番望ましい有権者は，90の方が50よりも望ましく，110の方が150よりも望ましい。つまり，100という最適水準に近いほど，望ましいと考えている。

中位投票者定理を図を用いて説明しよう。ある政策対象Xに関して，それぞれの個人にとってもっとも効用の高い水準が一意的に存在するとしよう。さらに，図11.2のように個人A，B，C，D，Eと並んでいて，個人A～Eはその争点Xに関する自分の効用最大化点が$X_A < X_B < X_C < X_D < X_E$であるとする。(2)の仮定によって，各個人は多数決投票において，自分の効用最大化点により近いXの水準に投票するのが合理的である。

いま，個人A～Eは自分の効用最大化点X_A～X_Eをそれぞれ提案する。$(X_A と X_B)$について多数決投票をすると，個人AがX_A，個人B～EがX_Bに投票し，X_Bが採択される。同様に，$(X_D と X_E)$では個人A～DがX_D，個人EがX_Eに投票し，X_Dが採択される。次に$(X_B と X_C)$では，個人A，BがX_Bに，個人C～EがX_Cに投票し，X_Cが採択され，$(X_C と X_D)$では個人A～CがX_Cに，個人D，EがX_Dに投票し，X_Cが採択される。結局多数決投票の結果，中位投票者であるCの効用最大化点(X_C)が採択される。各個人の選好が図11.1のように単峰型であれば，この結果は成り立つ。

11.2 民意と政策

■ やむを得ない政治不信

ここで重要な点は，中位の有権者の数自体はそれほど大きいとは限らないことである。たとえば，100人が「小」レベルの政府支出を望み，別の100人が「大」レベルの政府支出を望み，1人だけが「中」レベルの政府支出を望んでいるとしよう。多数決原理では，中位の有権者の意向に添った「中」レベルの政府支出が勝ち残る。しかし，それで100％満足している有権者は1人だけである。残りの200人はそうした結果に不満をもっている。しかし，そのうちの100人は現状（「大」あるいは「小」）よりは，まだ「中」がましだと思っているので，多数決では，101対100で「中」が選択される。

有権者間での選好がばらついているほど，最終的に勝ち残る政策に，大多数の有権者が程度の差はあれ，それなりの不満をもつ。したがって，政党が有権者の意向を完全に反映して政策を決定する場合でも，大多数の有権者は政党や政治家の政策決定には不満や不信感をもつことになる。戦後の歴史を振り返ってみると，高度成長期には国民の多くが経済の量的拡大に同意していた。有権者間でのばらつきはそれほど大きくなかった。しかし，日本経済が大きくなった現在では有権者の価値観も多様化し，有権者間のばらつきも大きくなっている。その結果，民主主義の意思決定がうまく機能しているとしても，多くの有権者は政治不信を感じるようになってしまう。

■ 政党の行動目的

次に，政党の行動を考慮しよう。政党は，今日の民主主義政治の政策決定においてもっとも重要な政治的役割を果たしている。政党はある目的を実現するための経済政策を提示し，与党になってそれを実行することで，効用を得る（ないしはその政党の支持者が効用を得る）。政党は何を目的に行動するだろうか。その目的は，大きく分けて次の2つである。それは，(1) 政権獲得行動と (2) 党派的行動である。

政党である以上，政権政党＝与党になることを目指して行動する。自らが主張する政策を実行するためには，政権与党になる必要がある。ただし，与

党になるためには有権者の多数の支持がなければならない。そのために役立つのであれば，政党は自らが本当に望む経済政策をいくらでも修正する。これが**政権獲得行動**である。

しかし，政党はあくまでも自らが望む政策や理念などを追求するかもしれない。与党になるために妥協すると，自らが望まない政策や理念を実行しなければならなくなる。それならば，妥協しないのが**党派的行動**である。

この両者は独立して存在するのではなく，各政党に内在するジレンマ（トレード・オフ）ともいえる。どの政党でも，政権獲得を目的とする反面，党派的な立場もできれば堅持したいと考えている。この両者を天秤にかけて，自らの政党の綱領・公約の位置を決める。

■ 政策の収束

まず最初に，政党は有権者の意向を最大限に尊重して行動すると考えよう。政党独自の理念は存在せず，政党は与党になって，与党に投票してくれる有権者の意向を最大限に実現するように行動すると考える。これは，政権獲得を唯一の目的とする政党の行動原理でもある。こうした政党は，有権者の意向に応じて公約を設定するので，有権者の意向が変われば，また，対立政党の公約が変われば，自らの公約を簡単に変更してしまう。

政権獲得行動を最大の目標とする政党間では，しばしば公約として掲げる政策にそれほどの相違がみられないことが多い。こうした**政策の収束**がなぜ生じるのかを考えてみよう。

以下では，単純化のために，1つの政策変数（争点）で選挙が行われるとしよう。まず，有権者は自らの効用を最大にするような政策（争点）の位置（量）を決める。自らにもっとも望ましい政策である。そして，有権者はこれにもっとも近い公約をもつ政党に投票する。また，有権者は棄権しないと仮定する。すべての有権者について，各有権者の効用が最大となる政策の位置とそれを支持する有権者の数についての関係が，図11.3のように並べられるとする。

11.2 民意と政策

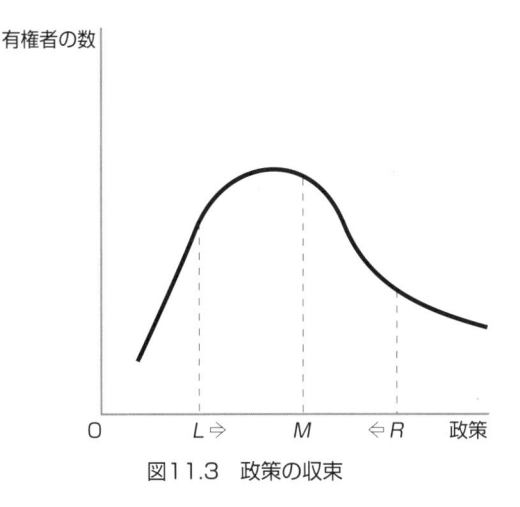

図11.3 政策の収束

政界に二大政党（A党，B党）があるとき，間接民主制（議会制民主主義）では選挙の際に政策実行に関する公約を掲げて，過半数の票（ないしは議席）を得た政党が与党となり，選挙時に公約した政策を行うことができる。議論を単純化するため，有権者にとって投票に出かけるコストはないものとし，有権者全員がどちらかの政党に投票するとしよう。すなわち，一方の政党の公約の位置より左（右）に他の政党の公約がないときは，公約の位置より左（右）の有権者はその政党に投票する。つまり，有権者は2つの政党のうちで，自分の効用が最大となる位置により近い公約を掲げる政党に必ず投票する。両政党はこの有権者の分布を完全に知っているとする。

このとき，両政党はどこに公約を設定するだろうか。図11.3において，A党が点Rに，B党が点Lに公約を設定したとする。このとき，B党は公約を点Lより右に設定するほど，また，A党は公約を点Rより左に設定するほど，その政党に投票する投票者が増える。A党が中位投票者の位置する点Mに公約を設定すると，過半数がA党に投票し，与党になれる（これはB党でも同様である）。つまり，公約が中位投票者に近いものになるほど，与党になりやすくなるから，両党とも公約を中位投票者の位置に近づけてい

くことで，多くの支持を得ようとする。二大政党の公約はやがて中位点に収束して同じになる。

これは，デパートの出店の位置取り競争にも似ている。2つのデパートA，Bが首都圏の東京駅，横浜駅，千葉駅のどこに店を出すかを考えてみよう。消費者は自宅からの距離の短いデパートにのみ出かけるとしよう。人口密度が東京都心から郊外に向かって，しだいに減少しているとすれば，東京駅が重心の点（中位点）となる。したがって，2つのデパートとも都心（東京駅）に出店するだろう。横浜に出店すれば，千葉方面からの消費者は期待できないし，また，千葉に出店すれば，横浜方面からの消費者は期待できない。その結果，2つのデパートがともに東京に出店することになる。

このような政策の収束という現象は，世界中の多くの民主主義国でみられる状況である。たとえば，1990年代に登場したアメリカ民主党のクリントン政権や，イギリス労働党のブレア政権では，それぞれ共和党や保守党の経済政策に近づける形で，民主党，労働党固有の政策を軌道修正して，多くの国民の支持を獲得した。ドイツのシュレーダー政権にも同様のことが当てはまる。わが国の自民党も，1970年代以降に野党の福祉重視政策を意識して，政策の重点を変化させていった。1990年代の日本でも，共産党以外のすべての与野党間で経済政策面での大きな相違はみえにくい。中位投票者が時代とともに変化すれば，それに合わせて政党の公約は変化する。自民党の公約が時代とともに臨機応変に変化してきたのも，そうした対応能力があったからだと解釈できるだろう。

■ 政治的景気循環

このように，二大政党政治において競合する政党の政策は，中位投票者の支持を獲得するために，しだいに共通のものとなり，どちらが政権をとっても実際に行われる政策は同じになる可能性がある。こうした状況での経済政策は，さらに，有権者を欺くバイアスをもたらす。すなわち，選挙のときだけ経済環境をよくしようとする政策を採る。その結果，政治的なショックと

11.2 民意と政策

して不必要な景気循環を生み出す。これが，**政治的景気循環**の理論である。

この理論は，
（ⅰ）　政策当局者は，政権の維持のみに関心がある，
（ⅱ）　彼らは経済政策によって，短期的に景気をある程度操作することができる，
（ⅲ）　有権者は，政治家にいつもだまされているという意味で合理的ではない，

という3つの仮定に基づいている。

政権を担当している政治家は，選挙の前に拡張的な財政金融政策を採り，財政赤字を拡大させ，利子率を低下させる。つまり，多少インフレのコストを支払っても，失業率を引き下げてGDPを拡大させる政策を優先させるだろう。そして，景気を良くして選挙に勝利する。

ところが，選挙の後では財政金融政策を引き締めて，財政赤字を削減し，利子率を引き上げる。選挙後すぐに引き締め政策に転じないと，次の選挙のときに景気が過熱して引き締め政策を余儀なくされるからである。また，選挙が近づくと，再び財政赤字を拡大し，利子率を低下させて，景気刺激策を採る。

この議論では，有権者は投票する時点での失業率が低くて，景気が良ければ，それまでの経済状況の歴史や，その後の景気動向のことは気にしないで，現在の政権政党に投票すると考えている。その結果，1つの選挙が終わって次の選挙が始まるまでの期間が1つの景気循環の期間になる。つまり，選挙の前に景気は上昇し，選挙のあとに，下降に転じる。アメリカであれば，大統領選挙の4年のサイクルに応じて，景気が循環する。したがって，政治的な理由で景気循環が説明できる。

この理論は，アメリカの景気循環をある程度説明できるというので，注目された。すなわち，選挙の前に景気が良くなり，選挙の後で景気が悪くなる現象が実際にも観察された。

11.3 党派的な政府

■ 党派的政党と政治不信 ─────────────

　これまで，政党は有権者の意向を尊重するように政策を決定すると想定してきた。それでも，有権者間の利害対立や政党の政権獲得目的のために，多くの有権者の意向が政党の公約に反映されない可能性を指摘した。以下では，政党がある固有の理念をもっているために，多くの有権者の意向をそのままでは反映しない状況を想定しよう。このとき，ますます，多くの有権者は望む政策が何ら実施されずに，政党や政治家を信じられなくなる。

　この点を議論するには，複数の政党がどのような理由で存在するかを考えることが有益である。政党は有権者に政策という政治サービス（有権者の望む政策の実現，行政当局への圧力など）を提供し，見返りに自らへの投票を求める。選挙は，有権者に対する政治サービスをめぐる複数の政党間での政治的競争である。選挙と政党の問題を考えるときには，まず最初になぜ複数の政党が存在するのかを議論する必要がある。これには，大きく分けて2つのアプローチが考えられる。1つは，政治サービスの供給要因で説明するものであり，もう1つは，政治サービスの需要側の要因で説明するものである。

　複数の政治家やそのスタッフが1つの政党にまとまって，政治サービスを供給するのは，多くの人間が1つの企業をつくって，ある財・サービスを供給するのと，よく似ている。同じ政治サービス（同じ政策目的）を供給している政党が，供給面での組織的，技術的な制約のために複数存在するなら，それらの政党間での政治サービスの質（＝政党の理念）に相違はない。そうした理念を等しくする政党間での政治的競争は，11.2節で説明した政権獲得をめぐる政治的競争である。ここでは，公約は中位投票者の変動に応じて常に変化し得る。しかし，各政党間での公約に相違はみられなくなる。

　11.2節で想定してきた政党は，A党，B党といっても便宜的な呼び名であって，両政党の目的関数が政権の獲得のみにあるという点では同じものであ

11.3 党派的な政府

った。したがって，公約を修正すること自体に何のためらい（＝コスト）はなく，政権の獲得，維持にもっとも望ましい公約を選択すると想定してきた。しかし，現実の政党行動における政党間の違いは，イデオロギーや政策に対する選好の相違などの根本的な点にあって，そもそも相容れないところもある。公約を修正する際のこのようなコストも考慮しながら，政権獲得のためにどこまで公約の修正を試みるかを判断する政党は，**党派的な政党**である。

次に，もう1つの要因である需要サイドに注目してみよう。各有権者が求める政治サービスの質（＝理念）が異なるために，政治サービスの差別化が行われると，異なる政治サービスをそれぞれの政党が専門に供給する状況が生まれる。有権者の異質性によって，複数の政党が存立するのである。こうした状況では，理念の異なる二大政党間での競争が生じやすい。

■ 党派的政党と情報操作

党派的な政党は，政権を獲得したい一方で，政権を獲得するために無理に妥協すると，自らが本当に望む経済政策と異なってしまうというジレンマに陥る。そこで党派的な政党は，自らが実際に実施する政策についての真の情報を，有権者にはわかりにくくさせるために，自党の公約をわざとあいまいにする。そうして幅広い支持を獲得して，政権につくと，できるだけ自らが本当に望む政策に近いものを実現しようとするのである。このとき，そうした政党のあいまいな公約を自分の選好と一致していると（主観的に）評価して投票した多くの有権者は，その政党が実際に実行する政策が当初の公約と異なることがはっきりすると，不信感をもつようになる。

■ 党派的な景気循環

さらに，党派的な政党間での政権交代を考えると，選挙の結果が経済政策に影響を与えて，不必要な景気循環をもたらす可能性もある。すなわち，党派的な理由で景気循環が生じることもある。

党派的な目的をもつ複数の政党が存在するとしよう。この仮定のもとでは，

11.2節で説明した政策の収束定理は成立せず，異なった政党は政権についた場合に異なった政策を行う。たとえば，ヨーロッパ諸国の社会民主主義政党やアメリカの民主党は，ヨーロッパ諸国の保守政党やアメリカでの共和党よりも，これまで常に拡張的なマクロ経済政策を好み，インフレのコストを軽視してきたと解釈できる。その結果，拡張的でインフレのコストを軽視する政策によって，所得を低所得者に再分配し，それが低所得階層の支持にもつながっている。逆に，アメリカの共和党やヨーロッパ諸国の保守政党は，インフレの抑制を重視してきた。

これは，政治的景気循環ではなく，**党派的な景気循環**をもたらす。党派的な政権交代の場合には，どの党が政権につくかで，ある程度その党独自の政策が何であるかは，あらかじめ予想がつく。しかし，選挙でどの党が政権をとるかは，選挙をしてみないとわからない。選挙前に有権者が予想する公約は，選挙後の平均的な公約（党派的な各政党の公約の平均水準）になるだろう。たとえば，10％のインフレ政策を採用するA政党の勝利確率が60％，0％のインフレ抑制政策を採用するB政党の勝利確率が40％とすると，選挙前に予想できる期待インフレ率は6％になる。この予想は，選挙後の実際の政策とギャップをもたらす。このギャップの存在が，予想外の金融政策が実施されたときと同じく，マクロ経済にショックをもたらし，不必要な景気循環をもたらすのである。

政権交代の結果生じる党派的な景気循環の幅は，2つの政党の理念の相違の程度に対応している。2つの政党間でのインフレ率や成長率に対する評価がより異なるほど，景気循環の規模も大きくなる。また，選挙の結果が予想外であるほど，予想外の政権交代がマクロ経済に与えるショックが大きくなり，景気循環の規模も大きくなる。

■ 政 権 交 代

ところで，2つの政党が存在しているとき，過半数の有権者（投票者）の支持を獲得した政党が与党になり，そうでない政党が野党になる。**政権交代**

11.3 党派的な政府

は政党間での競争を促すから,有権者の意向をより政治に反映させやすくする重要な手段である。では,複数の政党が政治活動を行っているときに,与党と野党の政権交代は,どのような理由で生じるだろうか。政治サービスを供給する政党サイドでの効率性に変化があれば,理念を同じくする政党間でも政権交代があるだろう。さらに,政治的なスキャンダルなどの外生的な要因の変化も考えられる。

また,有権者の所得格差や選好の相違が選挙の時期ごとに大きく変動すれば,理念の異なる政党間での政権交代が生じる。有権者の異質性が変動する大きな要因は,有権者の母集団の時系列的な変化である。たとえば,選挙が4年ごとに行われるとして,4年間で人口構成が大きく変化し,高齢化が進展したとすれば,以前と比較して,高齢者の選好を重視した政党の方が,次回の選挙では大きな支持を得るだろう。また,4年間で相対的に高額所得階層の数が大きくなる経済成長が生ずれば,それまでよりも高額所得階層の選好を反映した政党が,より有利になるだろう。

与党＝政府の提供する公共サービスがすべての有権者にとって何らかの便益をもたらすものであり,またそうした公共サービスの供給のみが政治活動の対象とされてきたケースでは,何を供給するかという公共サービスの質に関して,政党間での相違は生じない。問題は,政府が公的サービスをどれだけ供給すべきかという量的な点に関する相違である。このように,同じ公共サービスに対する評価の程度が異なる政党間での交代は,大きな政府と小さな政府との間の政権交代である。

これに対して,有権者間で評価の異なる公共サービスを政府が供給する場合,複数の公共サービスのうち,どれをどれだけ供給するかという問題も生じる。もっとも極端なケースでは,ある政党がコミットする公共サービスと別の政党がコミットする公共サービスとがまったく相違しており,前者はある特定のグループのみに便益をもたらすのに対して,後者は別のグループのみに便益をもたらす。たとえば,福祉サービスか防衛サービスかの選択であり,地方か都会かという地域的な相違に関する選択であり,老人向けか若年

向けかという年齢の相違に関する選択であったりする。こうした異なる公共サービスに対してバラバラの評価をしている政党間での交代は，既得権に踏み込んだ「革命的な」政権交代である。

現実には，2つの意味での政権交代の要素が同時に生じている。また，理念をもった政党でも，政権獲得意欲もあるから，選挙公約ではあまり痛みを伴うことはいわない。どうしても，現在の有権者に不利な改革は先延ばしされる。なぜなら，将来の世代は現在時点では投票権をもっていないからである。その結果が財政赤字の拡大であり，懸案処理の先送りである。また，選挙制度の欠陥のために，有権者の選好や与党への評価が大きく変化しているにもかかわらず，政権交代が生じないこともあり得る。その結果，与党は既得権益の維持拡大に政治的なエネルギーを投入してしまう。

11.4 連立政権と経済政策

■ 連立政権とは何か──────────

西欧の先進諸国ではほとんどの国で**連立政権**を経験している。わが国でも1993年以来，政権政党の組み合わせがめまぐるしく変化し，共産党を除いた主要政党がその間に一度は与党を経験するという連立政権の時代を迎えている。連立政権は，政党間での理念の相違の少ない状況，すなわち，政党が政権獲得を主要な行動目標としている場合に起きやすい。連立政権の組み合わせが，選挙の前に有権者に明示されていれば，連立政権特有の政治不信は生じない。しかし，最近のわが国では連立政権の組み合わせが予想されない形で行われるので，有権者の不信感は大きくなっている。

二大政党は，連立政権の政治のシステムとは異なっている。二大政党がそれぞれの政策的な理念の相違を明確にして，政権獲得をめざすというアメリカ型の政党システムでは，連立政権は起きにくい。この節では，なぜ選挙前に予想されない形で選挙後の連立政権が形成されるのか，連立政権が経済政策に与える影響はどのようなものか，および連立政権のメリット・デメリッ

トをどう考えればよいか，について分析する。

連立政権は3つのパターンに分類される。(1) 最小勝利内閣，(2) 過大規模内閣（最小勝利内閣より大きい内閣），(3) 過小規模内閣（最小勝利内閣より小さい内閣）である。**最小勝利内閣**とは，議会内で過半数を確保するために必要最小限の政党で構成する政権で，過半数を確保するのに余分な政党を含まない。つぎに，**過大規模内閣**（最小勝利内閣より大きい内閣）とは，議会内で過半数よりも多く議席を有する政党で構成する政権で，過半数を確保するのに余分な政党を含んでいる。最後に，**過小規模内閣**（最小勝利内閣より小さい内閣）とは，議会内で過半数を確保できない政党で構成する政権で，過半数を確保するのに十分な政党が含まれていない。単独政権では起こりうるパターンであるが，連立政権では希なパターンである。

■ 連立政権の形成

どのような連立政権が形成されるかは，各政党にとって連立政権に加わることによる便益と費用を検討することで説明できるだろう。各政党は，その便益と費用を比較して便益の方が上回れば政権に参加し，費用の方が上回れば政権に参加しない。そのとき，便益の方が上回って政権に参加すると決めた政党の議席の合計が，過半数をわずかに上回る（最小勝利内閣）か，過半数を大きく上回る（過大規模内閣）か，あるいは過半数を下回るけれども，対抗するグループが連合形成に失敗するなどして，過半数以下でも唯一連合に成功する（過小規模内閣）かは，その時々の政治環境による。

このうちわが国でも西欧諸国でも，もっとも多くみられるのが最小勝利内閣である。単一の政党で議会の過半数を確保できなければ，何らかの形態での連立政権となる。そのときに与党全体での議席の規模を，過半数（ないしは安定多数）を確保するのに最小限でとどめる最小勝利内閣を組閣した方が，連立政権内での合意を得るのに余分な費用を必要とせず，かつ政権与党の便益を享受できる。

政権党＝与党になるメリットは，与党というクラブに入ることで享受でき

る便益である。それには，与党であることによる政治的なサービスの享受（政策の決定に対する影響力，官僚の人的サービス，情報収集を有効に活用できる便益など）であろう。与党というクラブに入るコストはそれほど大きなものではない。特に，政党が政権の獲得のみを目的としている場合には，与党に入る方がそうでない場合よりも，必ず，その政党のネットの便益は増加する。党派的な目的をもつ政党の場合には，自分の政党の目的をある程度犠牲にしてまで与党に入ることには，コストが生じるだろう。しかし，与党に入らなかった場合よりも，与党に入った場合の方が，結果として実施される政策に自分の政党の意向がより反映される可能性が大きい。したがって，政党が合理的に行動する限り，与党に入らないメリットは小さい。

　問題は，与党に入りたい政党がすべて与党を形成できるかどうかである。与党は過半数ぎりぎりの議員数の政党で必要十分であり，それ以上の議員数をもつ政党が与党を形成すれば，政策の不調和や混雑現象のデメリットが大きくなる。たとえば，与党のメリットを有権者からの政治献金の金額で表すとする。有権者は与党の政策に期待して献金すると考えると，すでに与党議員の数が過半数を超えていれば，献金額はそれ以上増えない。その結果，与党議員の数が増加すれば，一人当たりの献金額は減少する。あるいは，大臣になることが与党議員のメリットであるとすれば，与党議員の数が増大すれば，個々の与党議員が大臣になれる確率は低下する。

　したがって，既存の与党グループは，新しい政党が与党クラブに入ることを，必ずしも歓迎しない。クラブへの入会に際しての会費（＝与党になることに対する条件）を高く設定する誘因が生まれる。たとえば，既存の与党の政策を丸飲みしないと，クラブに入れないなどである。各政党は，このような便益と費用とを比較して政権に参加するか否かを決定する。こうした理由で，連立政権のパターンのうちもっとも一般的なものは，最小勝利内閣になる。

　最小勝利内閣の組み合わせは，選挙をやってみないと確定しない。選挙の前では，お互いに他の政党との差別化を図るために，特に，野党はすべて与

党批判を行う。しかし，選挙の後では，最小勝利内閣を組める諸政党は連立する誘因がでてくる。その場合，それまでの与党がそのなかに入ってくる確率は高い。したがって，反自民の野党が選挙後，自民党と連立を組むという現象が生まれる。

■ 連立政権の評価

　最後に，連立政権の経済政策を評価しておこう。連立政権では党派的な理念の相違は明確でなくなる。政権獲得を最優先するどの政党が与党になってもおかしくないので，結果として，政権交代が生じても，経済政策としてはそれほど変化のないものが選択される。党派的な景気循環が起こりやすい二大政党システムと比較すると，政策がより安定化し，政権交代による政治的ショックが経済活動に与える撹乱効果は小さくなり，景気循環の規模は小さくなる。これは，連立政権のメリットである。

　しかし，連立政権にもデメリットがある。このシステムでは与党を構成している政党それぞれが拒否権をもっており，それぞれの政党の背後にある圧力団体にとって不利になる政策を実施することは困難になる。その結果，「総論賛成，各論反対」の行動が支配的となり，強力な経済政策が実施できない。特に，現在の国民（＝有権者）に負担増となる財政赤字を削減するための増税や，圧力団体の既得権を損ねるような補助金の削減という政策は，実施されにくい。どの政党も不人気な政策を実施することに消極的になり，政権与党内の他の政党の行為にただ乗りする誘因が生まれる。逆に，ばらまき政策のような圧力団体にとってプラスとなる政策では，自分の政党の主導権で決定されたと印象づけたい誘因が働く。どの政党も，当面の人気取り政策には熱心に取り組みやすい。

　1990年代中盤からわが国では，連立政権の時代を迎えている。この時期はわが国の財政赤字が大幅に拡大した時期でもある。連立政権の政権与党は，長期的な視点で政策を実行する意欲が乏しく，懸案を先送りする傾向がある。将来，自分の政党が政権与党でない可能性も予想されるから，短期的な利益

を獲得することを，有権者にアピールする誘因をもっている。これは，無駄な公共投資の増大や減税要求となって現れる。

以上まとめると，二大政党と比較すると，連立政権ではより安定的な政策が採られる一方で，強力なリーダーシップが求められる政策（既得権まで踏み込んだ政策）は実施されないという弊害も生まれる。

1997年の橋本内閣では，衆議院の自民党議員が過半数を超えたのを背景として，自民党単独政権として財政構造改革など6つの改革を長期的な視点で行おうとした。当時は，参議院でも自民党が単独過半数を獲得するのが，時間の問題であると思われていた。しかし，1998年7月の参議院選挙での自民党の大敗で，この改革路線は中断に追い込まれた。自民党が参議院で過半数を維持できなければ，長期的な視点に立った改革を遂行することは，政治的に無理だった。

11.5　経済政策の考え方

■ ルールは変わったか

これまでのわが国では，ある特定の政策ルールを維持するというよりは，その場その場で適切と思われる経済政策を裁量的に採用するという決定メカニズムが支配的だった。こうした不透明な裁量政策は，金融面では天下りや過剰接待の温床になり，財政面では予算編成における陳情合戦を引き起こした。それでも**既得権**の弊害がそれほど表面化しなかったのは，日本経済全体が高度成長を続けたことによる。全体のパイが大きくなれば，その分配がある程度不平等，非効率であっても，その弊害は目立たない。

ところが，1980年代に入って日本が国際的にも経済大国になってくると，量的拡大への制約が現実化した。国民経済の規模自体はすでにGDPでみて500兆円を超えるレベルに達している。高度成長期と同じ速度で，国際的には貿易摩擦などの観点から，また，環境面ではCO_2の抑制などの観点から，今後もこれを量的に拡大していくこと自体が困難な状況にある。成長余力が

なくなった分だけ，既得権の弊害も目につくようになった。

また，**情報化・国際化**による企業や資本の移動が自由になるにつれて，国際的な調整・標準化を意識した制度や政策に変えざるを得なくなった。しかし，これまでの日本経済，日本政治，日本社会がある程度成功してきた分だけ，それを改革する際の既得権益も大きくなる。これが，1990年代に入ってから構造改革を困難にしている。さらに，**高齢化・少子化**のスピードが先進諸国のなかでもきわめて高く，これまでの財政・社会保障制度や雇用慣行などを維持するのが困難になってきている。

一般的に，経済水準が向上するにつれて，国民の選好も多様化し，政府に強制されるよりは，自由に選択したいという要求も強くなってくる。わが国も例外ではない。したがって，政府がいままでのように国民の行動を規制し，量的な割り当てをすることに無理がきている。経済政策のあり方も，これからは質的な誘導へ，あるいは行政指導から**透明な**ルールの設定の方へと，重心を移していかざるを得ない。

改革を先送りして，日本経済全体が量的に拡大するなかで問題を処理するのではなくて，早急に問題を処理する方が望ましい。その際の基本原則は，**自己責任**と**自由化**である。政治的な意思決定についても，中央政府・与党が全面的に責任をもって全体をコントロールするのではなく，地方政府にも裁量を認めて，それぞれの特性にあった形で国民の声を柔軟に反映させるような形に変えていくべきであろう。

■ 規制の緩和

経済政策をこのように抜本的に見直す際に，もっとも期待される政策が**規制の緩和**である。現在，金融・保険，運輸・交通，通信，土地と住宅など，さまざまな分野で規制緩和が進められている。規制の緩和により新しい投資需要が誘発され，また，生産性の向上によって供給も拡大して，長期的には経済成長を刺激することが期待できるだろう。

しかし，規制の緩和はすべての国民にとってバラ色であるとは限らない。

多くの国民は，規制による既得権でそれなりの便益を受けていたのも事実である。規制の緩和はそうした既得権への切り込みをもたらす。今日まで幾度となく，規制の緩和が主張されながら，これまで容易に進展しなかったのは規制の緩和によるデメリットが存在するからである。規制の緩和が実施されると，短期的には失業率の上昇などのコストが表面化する。結果として不利益を被る人々への救済を，どのように考えるかが問題となろう。

当初は社会的に有益な政策・制度であっても，経済環境の変化とともに，あまり有益でないものに変質する可能性は常にある。特に，そうした政策・制度が本当に経済的に恵まれていない人々への再分配になっているのかどうか，疑問な例はいくらでもある。政策・制度の見直しを先送りしてしまうと，ますます既得権化してしまう。

したがって，規制産業，参入規制の特権を享受している業界団体，公益団体，また，年齢や地域などを理由にした既得権を享受している人々や，さらには，そうした権益を維持しようとする官僚組織への切り込みが，経済政策の効果を十分に発揮するためにもっとも重要な課題である。人為的な参入・退出規制を緩和して，非効率性を排除すると，結果として，より公平な社会が実現する。機会の平等は重要であるが，結果の平等は弊害の方が大きい。その意味で，再分配政策を実施する場合には，期間を限定するサンセット方式の導入が重要なポイントである。

■ 経済政策の視点

21世紀の経済・社会が自由競争を原則とする市場経済のメリットを追求していく以上，個人が自助努力と自己責任を果たすのは当然であろう。要するに，自分が最終的な責任をとるのが大原則である。事後的な結果の平等ではなく，事前的な機会の平等を重視すべきである。裁量的な政策から透明なルールに転換することで，先送り体質を克服できるし，モラル・ハザードの弊害も解消できる。また，参入・退出の自由を認めることで，既得権益を見直すことも可能になる。もちろん，市場メカニズムがうまくいかない場合は，

政府の経済政策が関与する。しかし、その関与もあくまでも調整・補完の機能に徹しなければならない。これがこれからの経済政策の基本的な視点である。

= コラム⑪ =

規制改革3カ年計画

　本計画は，政府が規制改革について，2001年度から2003年度までの3カ年にわたって取り組む事項をまとめたものであり，現在わが国で進行中の規制改革（規制緩和）の理念と政策目標を示している。それによると，近年，わが国が直面する経済のグローバル化，少子高齢化，情報通信技術革命（IT革命），環境問題の深刻化等の構造的な環境変化に対応して，経済社会の構造改革を進めることにより，(1) 経済活性化による持続的な経済成長の達成，(2) 透明性が高く公正で信頼できる経済社会の実現，(3) 多様な選択肢の確保された国民生活の実現，(4) 国際的に開かれた経済社会の実現等を図り，もって，生活者・消費者本位の経済社会システムの構築と経済の活性化を同時に実現する観点から，行政の各般の分野について計画的に規制改革の積極的かつ抜本的な推進を図ることを目的とするものである（内閣府HP：http://www8.cao.go.jp/kisei/siryo/ 020329/参照）。

　各分野の規制改革の推進に当たっては，特に次の視点を重視し戦略的かつ抜本的な改革に向けて取り組むとしている。第1に，生活者・消費者が安くて質の高い多様な財・サービスを享受することが可能になる経済社会システムの実現である。第2に，企業や個人が多様な選択肢の下で自由に創造性や個性を発揮でき，競争やさまざまな可能性への挑戦を通じて創意や努力が報われる社会の実現である。第3に，構造的な環境変化に対応した制度の再構築等による医療・福祉，雇用・労働，教育等の社会システムの活性化である。第4に，持続的な発展を可能とするための環境負荷の少ない循環型社会の形成推進である。第5に，企業の先導的・創造的な経済活動を促進し，新しい産業と雇用機会の創出を促進するための環境整備である。第6に，高コスト構造の是正等による国際的に競争力をもった事業環境の整備である。第7に，IT革命により情報と知識が付加価値の源泉となる社会を構築するための制度・システム

の改革である。第8に，事後チェック型行政への転換，情報の非対称性の是正等透明なルールと自己責任の原則に貫かれた事後監視・救済型社会への移行である。

　これらは政策目的としてはいずれももっともらしいものであり，規制改革（規制緩和）によって，これらの政策目的が達成されれば，日本経済の活性化にも国民生活の向上にも有益である。しかし，もっともらしい項目を総花的に列挙しすぎると，結果としてスローガン倒れに終わってしまう。他の改革も進展していないのだから，この改革も遅れて当然だという声が，既得権者から出てくるだろう。特に，農業，医療，教育分野など安全，健康，文化という一見経済原則になじまない視点から，規制改革に抵抗する声は大きい。

　規制改革を大胆に進めるには，重要な規制改革の対象を限定するとともに，より具体的な改革のスケジュールを明示することが有効だろう。以前はアメリカの要求など外圧を利用して改革を進める手法がよくみられたが，外国の利害と日本の多くの国民の利害とは常に一致する保証はない。大多数の国民の声が政策決定に反映されるように，政治の改革を同時に実施することが，規制改革を進展させるうえでも重要である。

文献案内

1．本書と同じレベルの入門書としては，
『経済政策の考え方』河合正弘，武藤武彦，八代尚宏（1995年）有斐閣
がある。

2．現実の経済政策とエコノミストの関係を取り上げた興味深いものとして，
『経済政策を売り歩く人々―エコノミストのセンスとナンセンス』ポール・ク
　　ルーグマン（北村行伸他訳・1995年）日本経済新聞社
がある。

3．日本の経済政策に関しては，以下の2冊が有益である。
『経済政策の正しい考え方』小野善康，吉川洋編著（1999年）東洋経済新報社
『経済政策とマクロ経済学―改革への新しい提言』岩本康志，大竹文雄，斉藤
　　誠，二神孝一（1999年）日本経済新聞社

4．最近の新しい分野である政治経済学の優れた解説書として，
『経済政策の政治経済学―取引費用政治学アプローチ』アビナッシュ・K. ディ
　　キシット（北村行伸訳・2000年）日本経済新聞社
がある。

5．経済学の入門書としては，
『入門経済学』井堀利宏（1997年）新世社
がある。

索引

あ行

足による投票　204
アナウンスメント効果　130
安価な政府　12
安全資産　123
安定化政策　100
安定成長　158

異時点間　79
1次同次　150
一極集中のメリット　202
一般政府　11
一般物価水準　29
医療制度　189
医療保険　189
インフレーション　29,158
インフレターゲット　134,142

失われた10年　159
売りオペ　131

円高　164,224

卸売物価指数　29

か行

買いオペ　131
外貨準備増減　214
外国債　181
外国貿易乗数　220
会社人間　159
外需　33
外部経済　42
　　——の内部化　44
外部性　42,156
外部不経済　42
価格破壊　24
確定給付　189

確定拠出　189
家計　4
貸し渋り　139
過小規模内閣　255
可処分所得　103
課税最低限　177
　　最適な——　177
仮想的市場評価法　83
過疎地方の既得権　196
過大規模内閣　255
株価　164
株式　123
株主　123
貨幣の機能　13
為替レート制度　215
環境税　232
間接金融　122
間接証券　123
完全雇用　28

企業　8
　　——倒産　166
危険資産　123
技術進歩の外部性　153
技術進歩の可能性　163
規制改革3カ年計画　262
規制緩和　93,159,165,259
基礎年金　185
期待　217
既得権　60,141,258
寄付　85
　　——控除　85
逆選択　53
キャピタル・ゲイン　30,164
キャピタル・ロス　31
教育投資　156
供給曲線　20
恐慌　31
行政改革　159

索　　引

行政の広域化　207
京都議定書　66
均衡ある国土の発展　202
均衡国民所得　129
均衡予算乗数の定理　104
均衡利子率　126, 129
銀行の銀行　14
金融構造の改革　159
金融再生委員会　135
金融再生法　135
金融市場　13
金融仲介機関　122
金融ビッグバン　135, 159
金利　216
　　――裁定　217

空洞化　224
クラブ財　88
クリーム・スキミング　60

景気　139
　　――循環　31
　　――対策　113
　　――変動　31
経済全体の安定化　36
経済的満足度　5
経済統合　230
経済特区　210
経済目標　16
経常収支　214
ケインズ(Keynes, J. M.)　9
決済勘定資産　123
限界税率　177
　　最適な――　178
限界貯蓄性向　6
限界費用　43
　　――価格形成原理　57
限界輸入性向　219
減税　103
　　――の乗数　103

公害　42
公開市場操作　131
効果の遅れ　106
公共財　34, 71
　　――の限界便益　74
　　――の波及効果　201
公共選択の理論　238

公共投資　154
公共部門　11
公債発行　180
公社民営化　96
厚生年金　185
構造改革　164
構造的失業　161
公定歩合　129
公的年金　185
購買力平価　218
公平　170
公約違反　16
効用　5
効率性　170
高齢化　162, 259
声による投票　204
コース(Coase, R. H.)　45
　　――の定理　45
国際化　227, 259
国際公共財　227
国際貢献　229
国際収支　214
　　――の均衡　215
　　――表　214
国際通貨基金　214
国際分業の利益　32
国内純生産　25
国内総生産　5, 25
国民所得　25, 101
　　――倍増計画　157
国民総生産　25
個人勘定方式　188
個人向け国債　118
コスト・プッシュ・インフレーション　30
護送船団方式　64, 134
固定資本減耗　25
固定レート制度　158, 215
雇用形態の多様化　162

さ　行

債権者　124
最小勝利内閣　255
財政赤字　107, 111
財政構造改革　159
財政政策　100
財政投融資による設備投資の促進　157
最適な所得税体系　176
最適な累進度　177

索　引

再分配　170
裁量　107
サプライ・サイド経済学　149
サムエルソン(Samuelson, P. A.)　74
　　——の公式　74
産業空洞化　158
サンセット方式　191
参入規制　60
3面等価の原則　26

時間選好率　152
シグナリング　55
資源配分機能　24, 34
自己責任　259
自己選択　55
資産価値　30, 164
　　——法　82
資産需要　125
市場均衡点　24
市場取引型資産　123
市場の失敗　44
市場メカニズム　20
市場利子率　80
自然独占　56
失業　192
　　——率の上昇　161
実行の遅れ　106
私的供給　91
私的財　72
私的年金　188
自動安定化装置　105
支払準備率　131
シフト・パラメーター　102
資本　8
　　——課税問題　239
　　——収支　214
　　——集約度　150
　　——ストック　163
　　——損失　31
　　——の限界生産　9, 150
　　——利得　30
　　——労働比率　150
社会的限界費用　44
社会的責任　8
社会的な限界評価　22
社会的余剰　22
社会保障　173
社債　123

自由化　259
収穫逓減　150
就業形態の多様化　160
終身雇用制　160
囚人のジレンマ　232
自由貿易協定　234
需給のミスマッチ　161
需要曲線　20
循環的失業　161
準公共財　87, 229
純粋公共財　12, 71
証券業者　122
少子化　259
消費　4, 5
　　——関数　5
　　——税　159
　　——の非競合性　71
消費者物価指数　29
消費者余剰　21
情報化　259
情報の不完全性　47
将来世代　36, 108, 172
　　——への負担の転嫁　180
将来に対する不安の増加　162
将来の期待　10
女性労働の増加　160
所得　5
　　——格差の是正　170
　　——再分配　35, 52, 156
人口移動　199
新古典派の成長理論　149
人的資本　153
信用創造　132

垂直的分業　32
水平的分業　32
数量的政策　131
スクリーニング　55
スタグフレーション　158
ストック　26
ストップ・ゴー政策　215

政権獲得行動　246
政権交代　252
政策手段　2
政策の遅れ　105
政策の収束　246
政策変更　239

政策目標　2
生産額　26
生産者余剰　21
政治的景気循環　249
税制優遇措置　157
成長率の収束　151
政党の行動　245
政府　10
　——の銀行　14
　——の失敗　238
　——の信頼度　238
政府開発援助　230
政府支出　70
　——の乗数効果　102
制約　3
セーフガード　226
世界貿易機関　225
世代会計　184
世代間再分配政策　179, 183
潜在成長率　163
潜在的な利害関係者　172
先端技術の導入　160

早期健全化法　135
総需要　100
相対取引資産　123
租税　5
その他資本収支　214
ソロー(Solow, R. M.)　149
　——のモデル　149

た　行

多数決原理による投票　242
ただ乗り　12, 72
　——の誘因　140

地域間の再分配　196
小さな政府　158
地価　164
地球環境保全　231
地方公共財　88, 90
地方交付税　197
　——制度　204
地方債　208
地方分権　204, 207
中位投票者定理　243
中央銀行　14
中間投入物　26

中立命題　182
超過利潤　61
直接金融　122
直接証券　123
直接民主制　242
貯蓄　4, 5
　——率　162
賃金の下方硬直性　13

突き抜け方式　190
積立方式　185

低金利政策　164
ディマンド・プル・インフレーション　30
適正成長率　146
デフレーション　29, 133

動学的な不整合性　239
投資　8
　——勘定資産　123
　——収支　214
　——摩擦　158
党派的行動　246
党派的な景気循環　252
党派的な政党　251
動物精神　10
ドーマー(Domar, E.)　146
透明なルール　259
独立方式　190
土地　8
特許　58
富の蓄積手段　14
トラベルコスト法　81
取り付け騒ぎ　135
取引需要　125
トレード・オフ　2, 170

な　行

内国債　181
内需　33
内生的成長モデル　152
ナイフの刃の現象　148
内部補助　60
内部留保　8
ナッシュ(Nash, J.)　84
　——均衡　84
南北問題　232

二重の負担　189
日銀法改正　135
２部料金制度　59
日本の優位性　112
認知の遅れ　106

年功序列型賃金体系　160

は　行

排出権　232
排除不可能性　71
発券銀行　14
バブル　30
　——景気　158
　——の崩壊　136, 159, 164
ハロッド(Harrod, R. F.)　146
　——・ドーマーの成長理論　146

ピーク・ロード料金　59
非営利団体　88, 187
ピグー(Pigou, A. C.)　44
　——課税　44
非効率　171
非自発的失業　13
必要資本係数　146
費用便益分析　77
ビルトイン・スタビライザー　105

不安定性　148
付加価値　25
賦課方式　185, 189
複数均衡　38
不公平　171
物価指数　29
物価の安定　30
物々交換　13
プライマリー・バランス　111
不良債権　135, 139, 159
フロー　26
プロジェクト・ファイナンス　209

平均消費性向　6
平均貯蓄性向　6
平均費用価格形成原理　57
ヘドニック・アプローチ　82
ベンサム(Bentham, J.)　174
　——的基準　174
変動為替制度の隔離効果　221

変動相場　158
変動レート制度　215

貿易　32
　——摩擦　158
奉仕活動　86
法定預金準備率　131
補助金　25
補正予算　113
ボランティア活動　86
ポリシー・ミックス　2
本源的証券　122, 123

ま　行

マクロ　4
　——・バランス論　109
　——経済の均衡点　129
　——の生産関数　150

ミクロ　4
民営化　93
民間設備投資　157

メインバンク　124

モラル・ハザード　49

や　行

夜警国家　12

誘拐犯のジレンマ　240
有効需要　13
輸出　32
　——の拡大　157
輸入　32

ヨーロッパ連合　230
預金保険機構　135
予算制度の改革　115

ら　行

ライフサイクル効果　162

利潤最大化　8
利子率　9
リスク・シェアリング　178
流動性のわな　133
量的拡大政策　114

リンダール(Lindahl, E. R.) 75
　——均衡点　76

累進的所得税　174
ルール　107

レント　61
連立政権　254

労働　5, 7, 8
　——所得　7
　——の国際化　160
労働供給　7
　——の動向　163
ロールズ(Rawls, J.)　174
　——的基準　174
ロビー活動　196

わ　行

割引率　79, 129

欧　字

AKモデル　154
ASEAN　230
CVM　83
EU　230
GDP　25, 101
　——デフレーター　29
GNP　25
IMF　215
IS曲線　128
IS-LM分析　125, 129
LM曲線　127
NDP　25
NI　25
NPO　88, 187
ODA　230
PFI　92
TCM　81
WTO　225
X非効率性　57

著者紹介

井堀 利宏（いほり としひろ）

1952年　岡山県に生まれる
1974年　東京大学経済学部卒業
1980年　ジョンズ・ホプキンス大学Ph.D.
現　在　政策研究大学院大学教授

主要著書

『現代日本財政論』(東洋経済新報社, 1984)　『財政　第3版』(岩波書店, 2008)
『ストックの経済学』(有斐閣, 1993)　『コンパクト経済学』(新世社, 2009)
『日本の財政改革』(ちくま新書, 1997)　『入門マクロ経済学　第3版』(新世社, 2011)
『経済学演習』(新世社, 1999)　『財政学　第4版』(新世社, 2013)
『マクロ経済学演習』(新世社, 2000)　『演習財政学　第2版』(新世社, 2013)
『ミクロ経済学演習』(新世社, 2001)　『入門経済学　第3版』(新世社, 2016)
『入門ミクロ経済学　第2版』(新世社, 2004)

新経済学ライブラリ＝14

経済政策

2003年4月25日Ⓒ　　　初 版 発 行
2017年2月10日　　　初版第11刷発行

著　者　井堀利宏　　発行者　森平敏孝
　　　　　　　　　　印刷者　山岡景仁
　　　　　　　　　　製本者　米良孝司

【発行】　　　　　株式会社　新世社
〒151-0051　東京都渋谷区千駄ヶ谷1丁目3番25号
☎(03)5474-8818(代)　　　サイエンスビル

【発売】　　　　　株式会社　サイエンス社
〒151-0051　東京都渋谷区千駄ヶ谷1丁目3番25号
営業☎(03)5474-8500(代)　　振替00170-7-2387
FAX☎(03)5474-8900

印刷　三美印刷　　　製本　ブックアート
《検印省略》

本書の内容を無断で複写複製することは，著作者および出版者の権利を侵害することがありますので，その場合にはあらかじめ小社あて許諾をお求めください。

ISBN4-88384-055-7
PRINTED IN JAPAN

サイエンス社・新世社のホームページのご案内
http://www.saiensu.co.jp
ご意見・ご要望は
shin@saiensu.co.jp まで